江西财经大学信毅学术文库

公共体育场馆的民营化和政府规制研究

——以大型体育场馆为例

谭 刚 著

中国财经出版传媒集团
中国财政经济出版社

图书在版编目（CIP）数据

公共体育场馆的民营化和政府规制研究：以大型体育场馆为例/谭刚著. -- 北京：中国财政经济出版社，2020.12

（江西财经大学信毅学术文库）
ISBN 978 – 7 – 5223 – 0012 – 2

Ⅰ.①公… Ⅱ.①谭… Ⅲ.①体育场－民营化－研究－中国②体育场－民营化－政府管制－研究－中国 Ⅳ.①G818

中国版本图书馆 CIP 数据核字（2020）第 168817 号

责任编辑：彭 波　　　责任印制：史大鹏
封面设计：王 颖　　　责任校对：徐艳丽

中国财政经济出版社 出版

URL: http://www.cfeph.cn
E-mail: cfeph@cfeph.cn

（版权所有　翻印必究）

社址：北京市海淀区阜成路甲 28 号　邮政编码：100142
营销中心电话：010 – 88191522
天猫网店：中国财政经济出版社旗舰店
网址：https://zgczjjcbs.tmall.com
北京财经印刷厂印刷　各地新华书店经销
成品尺寸：170mm×230mm　16 开　16.75 印张　252 000 字
2020 年 12 月第 1 版　2020 年 12 月北京第 1 次印刷
定价：68.00 元
ISBN 978 – 7 – 5223 – 0012 – 2
（图书出现印装问题，本社负责调换，电话：010 – 88190548）
本社质量投诉电话：010 – 88190744
打击盗版举报热线：010 – 88191661　QQ：2242791300

总　序

　　书籍是人类进步的阶梯。通过书籍出版，由语言文字所承载的人类智慧得到较为完好的保存，作者思想得到快速传播，这大大地方便了知识传承与人类学习交流活动。当前，国家和社会对知识创新的高度重视和巨大需求促成了中国学术出版事业的新一轮繁荣。学术能力已成为高校综合服务水平的重要体现，是高校价值追求和价值创造的关键衡量指标。

　　科学合理的学科专业、引领学术前沿的师资队伍、作为知识载体和传播媒介的优秀作品，是高校作为学术创新主体必备的三大要素。江西财经大学较为合理的学科结构和相对优秀的师资队伍，为学校学术发展与繁荣奠定了坚实的基础。近年来，学校教师教材、学术专著编撰和出版活动相当活跃。

　　为加强我校学术专著出版管理，锤炼教师学术科研能力，提高学术科研质量和教师整体科研水平，将师资、学科、学术等优势转化为人才培养优势，我校决定分批次出版高质量专著系列；并选取学校"信敏廉毅"校训精神的首尾两字，将该专著系列命名为"信毅学术文库"。在此之前，我校已分批出版"江西财经大学学术文库"和"江西财经大学博士论文文库"。为打造学术品牌，突出江财特色，学校在上述两个文库出版经验的基础上，推出"信毅学术文库"。在复旦大学出版社的大力支持下，"信毅学术文库"已成功出版两期，获得了业界的广泛好评。

　　"信毅学术文库"每年选取 10 部学术专著予以资助出版。这些学术专著囊括经济、管理、法律、社会等方面内容，均为关注社会热点论题或有重要研究参考价值的选题。这些专著不仅对专业研究人员开展研究工作具有参考价值，也贴近人们的实际生活，有一定的学术价值和现实指导意义。专著的作者既有学术领域的资深学者，也有初出茅庐的优秀博士。资深学者因其学术涵养深厚，他们的学术观点代表着专业研究领域的理论前沿，对他们专著的出版能够带来较好的学术影响和社会效益。优秀博士作为青年学者，他们学术思维活跃，容易提出新的甚至是有突破性的学术观点，从而成为学术研究或学术争论的焦点，出版他们学术成果的社会效益也不言自明。一般而言，国家级科研基金资助项目具有较强的创新性，该类研究成果常常在国内甚至国际专业研究领域处于领先水平，基于以上考虑，我们在本次出版的专著中也吸纳了国家级科研课题项目研究成果。

"信毅学术文库"将分期分批出版问世，我们将严格质量管理，努力提升学术专著水平，力争将"信毅学术文库"打造成为业内有影响力的高端品牌。

王 乔

2016 年 11 月

前　言

进入 21 世纪以来，我国体育产业发展进入"快车道"，体育产业在政策利好、国民消费升级、体育热度攀升的氛围中，获得了超常规的发展。在体育产业高速发展的势头下，作为体育产业重要载体，并且也是重要资产的体育场馆，如何盘活存量资产，发展增量资产，是一个非常重要的研究议题。本书立足于"政府大力推广 PPP 和推动体育产业发展"两大政策利好，依托国民经济结构调整，消费结构升级，以及体育产业发展向好的势头，对我国大型场馆民营化过程中出现的"市场失灵"和"政府失灵"现象进行深入研究，本书的研究和创新主要表现在以下方面：

（1）研究内容。

大型体育场馆民营化与政府规制的理论分析，对国内外民营化和政府规制理论进行全面回顾。我国大型体育场馆民营化政府规制的现状调查：在全国范围内（北京、广州、深圳、武汉、重庆、长沙、南昌、中山、沈阳、济南等地）选取典型场馆进行调研。分析我国大型场馆民营化的原因、民营化的取向、方式的合规性、适用性，对民营化政府规制的原因、目标、政企关系进行探究，构建我国大型场馆民营化的政府规制体系。

（2）研究创新。

以前的研究多从市场失灵的角度出发，研究如何规范企业行为，对于政府在民营化过程中的失范行为，诸如行政审核过严、干预过多以及行政性垄断研究不够，本书对政府失灵以及政府和企业的关系进行了较为深入的研究。

对于民营化，基于我国体育场馆行政性垄断的现实，指出了"民营优先"的迫切性,提出"民营优先,整体渐进"的场馆民营化取向;在政府规制方面,对政府和企业之间的关系进行厘清,对过往人们惯识的政企关系进行质疑,提出了在民营化中政府和企业两者都是平等的民事主体,都是独立规制机构的规制对象(客体)的观点。

目　　录

第一章　导论 …………………………………………………………… 1
　　第一节　选题背景 ………………………………………………… 1
　　第二节　基本概念 ………………………………………………… 2
　　第三节　文献综述 ………………………………………………… 13
　　第四节　相关理论 ………………………………………………… 25
　　第五节　研究设计 ………………………………………………… 34

第二章　大型场馆供给研究 …………………………………………… 39
　　第一节　大型场馆供给的驱动力 ………………………………… 40
　　第二节　大型场馆供需关系分析 ………………………………… 49
　　第三节　大型场馆政府补贴原因分析 …………………………… 56
　　第四节　大型场馆政府投资决策模式分析 ……………………… 69

第三章　大型场馆民营化 ……………………………………………… 82
　　第一节　大型场馆民营化的原因 ………………………………… 82
　　第二节　大型场馆民营化改革的取向 …………………………… 96
　　第三节　大型场馆民营化的制度安排 …………………………… 110

第四章　大型场馆民营化的政府规制 ………………………………… 133
　　第一节　大型场馆民营化政府规制的动因和规制现状 ………… 133
　　第二节　大型场馆民营化政府规制的主体和客体 ……………… 145
　　第三节　大型场馆民营化政府规制的目标 ……………………… 152

第四节　大型场馆民营化政府规制体系分析 …………… 155

第五章　实践与案例 ………………………………………… 169
　　第一节　存量型大型场馆民营化与政府规制 …………… 169
　　第二节　增量型大型场馆民营化与政府规制 …………… 173
　　第三节　案例分析 ………………………………………… 181

第六章　结论 ………………………………………………… 226

附录 …………………………………………………………… 233
　　附录一　场馆运营方访谈提纲 …………………………… 233
　　附录二　场馆规制方访谈提纲 …………………………… 235
　　附录三　专家访谈提纲 …………………………………… 236
　　参考文献 …………………………………………………… 237

第一章 导 论

第一节 选题背景

2013年，十八届三中全会提出"允许社会资本通过特许经营等方式参与城市基础设施投资和运营"是继续深化改革的重要推动力。2014年，财政部、国家发展改革委员会等部门相继出台文件，大力推广PPP。从2015年开始，以PPP为代表的民营化在中国大地得到积极推广，几年下来，立项数目过万，总投资金额数以10万亿元计，截至2016年9月末，共有201个体育项目入库。2014年国务院颁发《关于加快发展体育产业促进体育消费的若干意见》（国发〔2014〕46号，以下简称国发46号文），这是中央政府大力推进体育产业发展的重要信号，此后，体育产业领域，各部委动作频频。2015年也被媒体和业界称为中国体育产业元年。国务院在文件中提出了2025年的宏伟奋斗目标。在接下来的几年中，体育产业在政策利好、国民消费升级、体育热度攀升的氛围中，获得了超常规的发展，2016年，我国体育产业增加值6475亿元，GDP占比0.9%，就业人口440万，占比达到1%。2014~2016年体育产业增加值年均增速26.6%，是同期GDP的4倍[1]。对于体育产业来说，当经济发展进入上中等收入阶段即超过6500美元之后，体育消费较大规模的有效需求开始形成，进入高收入阶段后体育产业将成为支柱型产业。这个时期是体育产业快速增长期，我国

---

[1] 统计局：2016年国家体育产业总规模1.9万亿元，增加值6475亿元，http://finance.sina.com.cn/7x24/2018-01-13/doc-ifyqqciz6414152.shtml.

目前正处于其中。未来，健康和娱乐服务消费占比可能达到家庭消费的10%，相关领域产业可能成为支柱产业。

在这两大政策利好的引导下，在体育产业高速发展的势头下，体育场馆不能无动于衷，必须主动求变，积极汇入经济和社会发展的大潮。这取决于接下来体育场馆如何盘活存量资产，发展增量资产。

众所周知，随着亚运会、世界大学生运动会、奥运会、世博会等大型综合性体育赛事以及节庆活动相继在中国举行，各地政府投入巨资建设了一批大型体育场馆设施。然而，在大型活动结束之后，体育场馆的运营却成为政府头痛的问题。

体育场馆是体育产业的重要载体，基于体育场馆提供的体育赛事、演艺活动、会务展览、运动休闲等服务产品均属于精神和心理消费。随着国民消费结构的升级，未来精神和心理消费将构成GDP增量的主体，江小涓（2018）认为中国体育产业将会成为支柱产业，今后10年乃至更长时间，将保持快速增长。为达到这个目标，一方面要加大改革创新和开放力度，另一方面要加强监管和引导。①

本书立足于"政府大力推广PPP和推动体育产业发展"两大政策利好，依托国民经济结构调整，消费结构升级，以及体育产业发展向好的势头，研究公共体育场馆领域的民营化及其政府规制问题，从体育场馆视角就如何呼应体育产业发展做出回应。

第二节　基本概念

一、从公共体育场馆到大型体育场馆

（一）公共体育场馆

关于公共体育场馆概念、内涵讨论的观点中有两种基本思路：出资角

---

① 江小涓. 中国体育产业：发展趋势及支柱地位 [J]. 管理世界，2018（5）：1-9.

度和使用角度。从出资角度看，很多论述认为凡是由政府出资或政府为主（包括PPP各种模式建设）的场馆都属于公共体育场馆，私人出资的则属于私有场馆。后一种思路不太强调由谁——政府、社会资本还是公私合作——出资建设，相反，他们认为场馆在使用上是否具有公益性是非常重要的。他们认为体育场馆只要在运营性质上具有公益性，就属于公共体育场馆。从管理实践操作来看，现实中也有采用后一种观点指导场馆管理工作。

关于公共体育场馆的概念，从现有的文献来看，普遍比较认同《体育经济政策研究》一书中的界定：公共体育场馆是指通过政府财政拨款或政府通过其他途径筹集资金兴建的，以满足运动训练、运动竞赛和群众体育娱乐等需要的社会公有体育场和体育馆及其附属配套设施，它是实现我国体育事业发展目标的基础性物质条件。① 李明（2003）、徐文强（2007）、张宝钰（2008）、刘波（2008）、杜娜（2013）、陈文倩（2018）等在相关研究中均采用了这一论述。从这一论述来看，该定义主要是从出资角度来界定，同时融合了场馆使用对象和用途，具有公益性内涵的意蕴。

公共体育场馆一直是研究的热点，然而，从服务对象来看，包括为赛事、运动训练、群体活动等不同活动群体的场地设施；从规模来看，包括从鸟巢、全民健身中心到社区运动场（乃至全民健身路径）这样的场地设施，所涉对象相当宽泛，特质也各不相同。从现实的角度看，目前，场馆领域问题的痛点和难点也主要指向具有一定规模场馆：如存量大型体育场馆资源的盘活，以及以PPP方式推广的增量体育设施的"规划—设计—建设—运营"工作。从已有的研究来看，学界对于公共体育场馆经营管理（包括民营化）等问题的讨论虽未注明所指，但从文章内容来看往往是大型体育场馆。② 因此，本书选择大型体育场馆作为研究对象。

---

① 国务院研究室科教文卫司、国家体委政策法规司．体育经济政策研究［M］．北京：人民体育出版社，1997：90．

② 包括但不限于下列研究：谢萍萍、陆亨伯（2005），陆亨伯（2007），刘东峰（2008），张宝钰、张林（2009），庄永达、陆亨伯（2011），丛湖平、郑芳，等（2013），杨京钟、郑志强（2013），杜娜（2013），陶长琪，等（2016），这些研究中的公共体育场馆都指向大型体育场馆。

(二) 大型体育场馆

就场馆的规模而言，也存在不同的分类标准，这些标准包括座席数量、占地面积、承办赛事级别等，作为应用性研究，为了与体育场馆经营和管理实践相对应，以便理论与实践结合，本书采用财政部、国家体育总局联合发布的相关文件对于场馆级别的界定：观众座位数 20000 个（含 20000 个）以上的体育场、座位数 3000 个（含 3000 个）以上的体育馆、座位数 1500 个（含 1500 个）以上的游泳馆（跳水馆）。① 根据第六次体育场地普查的结果，全国符合上述标准的场馆共有 1093 个。②

大型体育场馆（为行文简洁起见，以下将简称大型场馆或场馆）没有必要与体育之外的其他活动截然分开，甚至排斥其他活动，实践中大型场馆是可以用于多种非体育活动的。场馆在设计、建设时需要把其他活动使用考虑进去，毕竟，到目前为止体育只是一个占用性较低的活动，场馆需要大量其他活动来填充其开放时段。目前，很多大型场馆的叫法已出现了微妙的变化，叫体育会展中心、体育公园、体育展览中心的已经越来越多。

戴维森（2008）③ 认为节事产业，包括运动会、节日、会议、展览、旅游和一系列其他的活动，为商业和休闲相关的旅游业作出了重大贡献，是一个快速发展的行业。在这里，体育和其他活动（节日、展览、旅游）等并列，其共性是娱乐、休闲。现代社会，大型场馆是为大型活动——Event（节事）准备的，而不是单纯的体育活动，即群众性体育活动或竞赛性体育活动。

大型场馆是体育场馆业的主体，在体育领域它主要服务于各类职业赛事和综合性运动会，目标群体是专业运动队和职业体育观众。与大型场馆相关的文化产业还有会展、演艺、节庆等。因此，场馆业的视野必须打开，不能将自己绑在体育一棵树上，上述产业都是潜在的商业机会，此外，相关的餐饮、住宿也会得到商机。例如，上海东亚体育中心将赛事、演艺、公司年会、体育用品售卖、宾馆、超市、餐饮、电影以及俱乐部等

---

① 国家体育总局. 大型体育场馆免费低收费开放补助资金管理办法 [Z]. 2014.
② 第六次全国体育场地普查数据汇编，http://www.sport.gov.cn/pucha/index.html.
③ （英）罗布·戴维森. 节事目的地与场馆营销 [M]. 上海：上海人民出版社，2008：1.

业态一起纳入，取得了良好的经营效果。

由于大型场馆在服务对象、用途、收费等方面存在较大差异，在管理体制、经费使用、运营机制方面也会有所不同，故而，可以对其进行进一步的分类。对于大型场馆应当采用分类管理的思路来推进民营化进程。不同的类型，不同地位的大型场馆可以分为公益服务类场馆和生产经营类场馆。其中公益服务类又可以分为公益一类和公益二类。①

当下，我国政府正在大力推行 PPP 方式，对基础设施和公共服务的提供方式进行改革。因此，从 PPP 角度对大型场馆民营化改革进行研究也是必要的。PPP 方式对于项目分为存量和增量两个方面进行考虑，在 PPP 模式上有很大不同：存量型场馆社会资本多采取委托运营、TOT 等方式参与到场馆的赛后利用，而不涉及场馆的规划、建设环节。而增量型场馆社会资本从建设即开始参与大型场馆的运作，强调社会资本的全过程参与。

二、民营化

民营化理念自提出以来，对其概念、内涵的阐述一直存在多样化的特点，在实践中，不同的国家、地区也有所不同；随着 2014 年以来 PPP 模式在我国的推广，民营化获得极大推进，然而，对于 PPP 的理念，学界和业界也存在多种看法。

（一）民营化概念的讨论

民营化最早由美国管理学家德鲁克提出来，最先使用的词是 re-privatize，即"重新私有化"。目前对于这一概念的表述有很多，具体的有"市场化""国家中空化""国家市场化""市场治理""代理政府"，以及"公私伙伴关系""公私共担风险""PPP"等。

虽然表述各有不同，但是基本包括两种趋势：第一，在公共服务领域引入市场竞争机制，包括将公共事务转让给私营机构（企业、非营利机构）和放松管制（允许私人企业进入公共事业领域）；第二，引入私营部

---

① 陈文倩. 我国大型公共体育场馆事业单位分类改革研究 [M]. 北京：北京体育大学出版社，2018：1-2.

门的管理方式，由此提高公共事业管理效率，加快市场化步伐。

对于民营化的定义与用法，不同的国家和地区是相当不一致的。在美国的研究者，常常把民营化定位于公共服务签约外包。在美国之外的地区，尤其是欧洲的英国等，将民营化与非国有化视为同义词。欧美观点差异的原因是所处环境不同。美国私有经济占绝对优势，其城市公用事业大多已完成私有化，所以其研究的主要内容是公共服务的外包，故其提出的民营化不包含所有权的转移。

民营化有广义和狭义之分。狭义民营化，是指公有企业的所有权和经营权由国家转向民间。在转移过程中可能会出现3种情况：第一，单一的所有权转移；第二，单一的经营权转移；第三，所有权和经营权都发生转移。多数学者认为，前两者情况都不是完整意义上的民营化，后一种是完整意义上的民营化（第3种可以称为最狭义的民营化）。广义的民营化由美国学者萨瓦斯提出：民营化可界定为更多依靠民间机构，更少依赖政府来满足公众的需求。它是产品/服务的生产和财产拥有方面减少政府作用，增加其他机构的作用。①

本书比较倾向于广义的民营化概念：民营化不但包括所有权和经营权都发生转移，也包括单一的所有权或经营权转移。例如，国有场馆以租赁、外包等方式，将经营权全部或部分移交民营企业，都属于民营化的范畴。

之所以这样定义民营化，主要理由如下：第一，有利于倡导民营化。在我们这样一个计划经济传统深厚的国家，要推广民营化，需要克服从意识形态、认知到实践操作多方面的障碍，那种所有权和经营权均发生转变的激进民营化既难以接受，在实践层面也很难进行操作。相反，渐进式的民营化往往是比较容易接受的。第二，有利于民营化的现实操作。我国大型场馆的民营化改革，是从事业单位管理模式向民营企业管理模式转变（如果以后者作为改革路径目标），由事业单位向民营企业的跨越，这是一个非常大的转变，对于所在单位的从业人员来说，是一个非常大的心理考验。我国的国企改革是由国企向私企（民企）转变，如果仅从改革的跨度来说，比国企改革的难度还大（当然，国企改革所涉及的企业个数、资产

---

① （美）萨瓦斯. 民营化与公私部门的伙伴关系 [M]. 北京：中国人民大学出版社，2002：6.

体量要比场馆改革大很多，引起的社会波动也要大得多）。因此，在改革进程中，场馆采用多种方式有利于减少矛盾，有利于民营化的推进。第三，符合我国大型场馆改革实际。实际上，自20世纪80年代以来，我国大型场馆在改革中就开始通过承包、租赁等市场化方式引入企业开展餐饮、体育用品销售等业务，这些方式可以看作是改革初期的民营化探索，随着社会主义市场经济体制的确立，场馆民营化的方式和程度都在不断深入发展。

（二）PPP概念的讨论

目前在我国正在通过PPP模式进行公共服务和基础设施领域的大规模建设，与之相关的一些概念也属于民营化这一谱系，它们包括特许经营、BOT、PFI、PPP、项目融资、政府和社会资本合作以及政府与企业合作等概念。这些概念大多有着相似的理念，在实践中操作上存在不同的侧重点，PPP概念有广义、狭义、主流、私有化等流派，如图1-1所示。

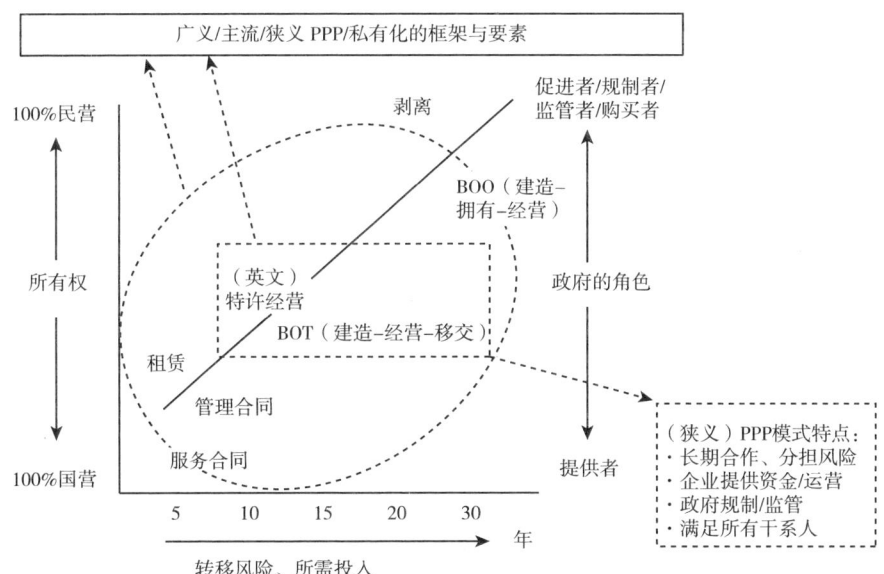

图1-1 PPP相关概念

资料来源：王守清，等．政企合作（PPP）：王守清核心观点（上册）［M］．北京：中国电力出版社，2017：5.

PPP 模式（Public Private Partnership），英文直译为"公私合作"。对于该模式并没有统一又精确的定义，各主体往往根据不同的出发点，赋予其不同的定义表述。

西方发达国家和地区 PPP 模式的发展与应用已非常成熟。其中，欧盟委员会认为，PPP 模式是为了将原本由公共部门提供的公共项目或服务改为由公共部门和私人部门合作提供而建立的一种公共部门和私人部门之间的合作关系。加拿大是国际公认的 PPP 模式运用最好的国家之一，该国 PPP 委员会提出，PPP 模式是公共部门和私人部门之间的一种合作经营关系，它建立在双方经验的基础上，通过适当的资源分配、风险分担和利益共享机制，以满足事先清晰界定的公共需求。

目前，我国实践中采用的 PPP 模式定义主要以财政部发布的《关于推广运用政府和社会资本合作模式有关问题的通知》（财金〔2014〕76 号）、《关于在公共服务领域推广政府和社会资本合作模式的指导意见》（国办发〔2015〕42 号）以及国家发展改革委发布的《关于开展政府和社会资本合作的指导意见》（发改投资〔2014〕2724 号）等文件为准。财政部和国家发改委的文件中，Private 被翻译为"社会资本"，PPP（Public Private Partnership）统一的中文翻译是"政府和社会资本合作"。

《关于推广运用政府和社会资本合作模式有关问题的通知》（财金〔2014〕76 号）中提出 PPP 是指在基础设施及公共服务领域建立的一种长期合作关系。通常模式是由社会资本承担设计、建设、运营、维护基础设施的大部分工作，并通过"使用者付费"及必要的"政府付费"获得合理投资回报；政府部门负责基础设施及公共服务价格和质量监管，以保证公共利益最大化。

《关于在公共服务领域推广政府和社会资本合作模式的指导意见》（国办发〔2015〕42 号）中提出 PPP 模式是公共服务供给机制的重大创新，即政府采取竞争性方式择优选择具有投资、运营管理能力的社会资本，双方按照平等协商原则订立合同，明确责、权、利关系，由社会资本提供公共服务，政府依据公共服务绩效评价结果向社会资本支付相应对价保证社会资本获得合理收益。

《关于开展政府和社会资本合作的指导意见》（发改投资〔2014〕2724 号）中提出 PPP 模式是指政府为增强公共产品和服务供给能力、提高供给

第一章　导　论

效率，通过特许经营、购买服务、股权合作等方式，与社会资本建立的利益共享、风险分担及长期合作关系。

PPP是政府和社会资本在基础设施和公共服务领域建立的一种长期合作关系，双方通过充分发挥自身优势，合理分配风险，以提高公共产品和公共服务供给效率，促进公共利益最大化。①

《基础设施和公用事业特许经营法》（征求意见稿）的主要撰写者之一王守清教授对特许经营的定义与PPP是一样的：本法所称基础设施和公用事业特许经营，是指各级人民政府依法通过竞争方式选择中华人民共和国境内外的企业法人或者其他组织，签订书面协议明确权利义务划分和风险分担机制，授权企业法人或者其他组织在一定期限和范围内投资建设经营或者经营特定基础设施和公用事业，提供公共产品或者公共服务的活动。②此外，王守清认为PPP翻译为"政企合作"比较合理。

上述有关PPP模式定义，尽管各国及地区在表述上有些差异，但存在以下共性：第一，涉及行业领域应是基础设施和公共服务领域。第二，PPP模式下主要参与方应包括政府、私人部门（社会资本）以及公众。其中，政府和社会资本互为合作关系，为公众提供服务；公众无偿或相对低价使用公共产品或服务，并对其进行监督。第三，基于合作关系，政府和社会资本应利益共享、风险共担。

对于PPP概念的讨论就到这里，对于具体操作方式的介绍将会在第三章展开（狭义PPP、BOT、BOOT、BOO、BT、ROT、TOT等）。需要指出的是，与国外PPP强调私人部门（私企、非国有企业）参与不同的是，财政部和发改委推出PPP的社会资本既包括私企也包括国企；另外，PPP包括狭义广义等不同的范畴，在本研究中，课题组秉持广义的PPP概念，但是，在行文中不同的情境下，狭义广义等PPP概念都会用到，对于引用他人的论述，将维持原貌，不做修改。

---

① 郑建新，等. 政府和社会资本合作（PPP）模式解读［M］. 长沙：湖南美术出版社，2017：5.

② 王守清，等. 政企合作（PPP）：王守清核心观点（上册）［M］. 北京：中国电力出版社，2017：3.

三、政府规制

术语"规制"源自英语"Regulation"或"Regulatory Constraint"。在英文版"规制经济学"中,"Regulation"和"Regulatory Constraint"是通用的。[①] 其含义是"有规定的管理,或有法规条例的制约",强调政府执行法律法规来规范经济主体的行为。国内学者对该词汇的使用不统一,有的采用"规制,有的采用"管制"和"监管"。在中文词汇中,"管制"一词很容易让人联想到统治和指挥的经济形式。本书认为,"规制"更接近英语的本义。因此,采用了"规制"的表述。但是,在引用其他人的论点时,如果原始文本是"管制"或"监管",则在引用时不会对其进行修改。政府规制可以分类如表1-1所示。

表1-1　　　　　　　　政府规制的分类

项目		主要目的	政府的主要活动
间接规制	不公平竞争规制		由反垄断法、民法、商法等产生的对垄断等不公平竞争行为的制约
直接规制(狭义的公共规制)	经济性规制	对应于自然垄断等	对在公益事业中的进入、退出、价格、投资等的制约
	社会性规制	对应于外部性、非价值性等	防治公害、环境保护、保证健康、安全、取缔毒品、炸药控制等

资料来源:(日)植草益. 微观规制经济学 [M]. 北京:中国发展出版社,1992:24.

规制的概念从提出到现在,经历了一个从特殊到一般、从较为泛化逐步走向专门化的演变过程。

不同的经济学家对"规制"的含义有不同的理解和解释。一些经济学家将规制视为政府干预的代名词,因此规制是宏观范畴。例如,日本金泽良雄将规制解释为"在以市场机制为基础的经济体制条件下,以矫正、改善市场机制内在问题(广义的'市场失灵')为目的,政府干预和干涉经

[①] Kahn, A. E. The Economics of Regulation: Principles and Institutions [M]. New York: Wiley, 1970; Bailey, E. E. Economic Theory of Regulation Constraint [M]. Lexington, Mass.: Lexington books. 1973.

济主体（特别是企业）活动的行为"。这里提到的"干预"一词不仅包括与微观经济有关的政策，还包括与宏观经济有关的政策，例如，"主要旨在确保分配公平和经济增长与稳定的政策——财政和税收金融政策"。①

根据金泽良雄的定义，日本经济学家植草益提出了更广泛的规制，它根据某些规则来规范构成特定经济行为（在生产和服务经济活动中）的经济实体的活动和行为。由于实施规制行为的主体是私人和社会公共机构，因此分为私人规制，如私人约束的私人（如父母约束孩子）的行为，称为私人规制；社会公共机构制定的规制，如政府部门对私人和其他经济参与者的规制，被称为公共规制。②

大多数学者将规制视为政府对微观经济的干预。1970年之前，经济学对政府规制理论和经验的研究兴趣集中在检验某些特殊行业的价格控制和准入。这些行业包括：公用事业（电力）、通讯、运输（公路货运、铁路、航空）和金融（银行、保险、证券）。这种类型的规制称为"老式"规制，其重点是在规模收益不断增加的背景下关注价格和利率结构问题，以及将成本降至最低的激励措施。卡恩（Kahn，A.E）教授将公用事业和公共部门视为两种"竞争性市场模型无法描述的"经济。

斯蒂格勒对规制理论做出了重要贡献。1971年，斯蒂格勒提出："规制作为一种规则，是对国家强制性权利的适用，其设计和实施是应利益集团的要求以实现其利益。"③ 1981年，斯蒂格勒将规制范围扩大到所有公私关系，不仅包括"老式"公用事业和反托拉斯政策，还包括"对要素市场的公共干预"，债务和投资以及商品的生产、销售或交易。

1981年，Joskow F. L和G. Noll全面总结了竞争性和非竞争性行业的价格规制和准入规制，以及"质量"（环境、健康、就业安全和产品质量）的规制。他们还强调了规制立法和官僚经济理论的重要性，其中以规制政治和行政程序为研究重点。

另外，Spulber在综合经济学、法律和政治学的定义的基础上重新定义了规制的内涵。他认为，传统经济学意义上的规制定义忽略了行政程序的作

---

① （日）植草益. 微观规制经济学 [M]. 北京：中国发展出版社，1992：19.
② （日）植草益. 微观规制经济学 [M]. 北京：中国发展出版社，1992：2.
③ George J. Stigler. The Theory of Economic Regulation [J]. Journal of Economics and Management Science 2 (1)：3-4.

用，并将政府的政策选择与实施这些政策的选择区分开来。规制的法律定义阐明了行政程序的重要性以及官僚机构制定规制的法律框架。规制的政治定义强调公共选择和规制的行政政策方面。Spulber 认为，尽管市场是存在规制政策的原因和规制政策的前提，但所有这些定义都倾向于忽略市场。因此，他从批判性和综合性角度提出了新的规制定义，试图统一行政决策模型和市场机制模型。他对规制本身和规制流程做出了以下两个定义：

定义1：规制是行政机构直接确定并干预市场分配机制或间接改变企业和消费者供求决定的一般规则或特殊行为。

定义2：规制流程是由受规制市场中的消费者和企业、消费者偏好和公司技术、可用策略以及规则组合定义的博弈。①

从以上定义可以看出，Spulber 将规制视为消费者、公司和规制机构之间相互结盟和讨价还价的过程。

改革开放以来，规制理论在中国理论界的应用和研究也经历了从特殊到一般的过程，即研究公用事业的规制及其改革，然后将研究视角扩展到所有生产领域。同时，许多学者也试图界定规制的内涵。监管是指政府的许多行政机构，根据法律，以处理"市场失灵"的责任为己任，使用大量颁布的法律、法规、规则、命令和裁定，对微观经济市场主体市场交易行为进行直接控制或干预。②

"规制是具有法律地位的、相对独立的政府管制者（机构），依照一定的法规对被管制者（主要是企业）所采取的一系列行政管理与监督行为。③

在市场经济条件下，监管是政府干预经济政策的重要组成部分，是为达到既定的公共政策目标，政府对微观经济实体的管制和约束，是监管机构对特定行业和微观经济活动主体的进入、退出、定价、投资以及对环境、安全、生命、健康和其他行为的监督管理，是对"市场失灵"的回应。④

政府规制也称为政府管制和政府监管。也就是说，政府利用公共权力通过某些规则或特定行动来限制和规范个人和组织的行为。⑤

综合前面的研究，在长期的研究过程中，国内外的理论和实践部门已

---

① （美）史普博. 管制与市场 [M]. 上海：上海三联书店，1999：2，45，47.
② 余晖. 政府与企业：从宏观管理到微观管制 [M]. 福州：福建人民出版社，1997：1.
③ 王俊豪. 政府管制经济学导论 [M]. 北京：商务印书馆，2001：1.
④ 徐晓慧，等. 规制经济学 [M]. 北京：知识产权出版社，2009：2.
⑤ 魏成龙，等. 政府规制创新 [M]. 北京：经济管理出版社，2016：1.

经基本达成共识，即规制是政府按照相应规则干预微观经济实体的行为。规制已逐渐成为固定的专门术语。本书中讨论的规制是从现代意义上定义的，即"规制者（政府或规制机构）使用国家强制性权力直接或间接地进行经济、社会控制或干预受规制者（主要是企业）。目的是克服"市场失灵"，最大化社会福利，即实现"公共利益最大化"。

从实际运作的角度来看，规制是一个复杂的现象和制度安排：首先，它体现在某些政府机构在各种政治力量达成协议的前提下行使职能的行政过程中；其次，规制通常采用法律的形式和程序；最后，规制的结果将影响市场交易的特征以及买卖双方之间的合同条件。这决定了规制不仅在经济学上，而且在法律和政治学上会受到研究者的广泛重视。[①] 但各个学科研究的角度和着眼点是不同的。

针对不同的领域和问题，规制可以分为经济性规制、社会性规制、反垄断规制。政府利用不同的规制手段——准入、定价、安全性、质量或者上述手段的组合来对微观领域的企业进行限制，以保护公共利益。

就大型场馆而言，民营化方式的采用，从理论上来讲，对于提高场馆使用效率、提升服务质量、增强对市场的回应等方面都有积极的作用，但是，在现实中，民营化是否能够在上述及更多的地方达到预期的效应？又或者民营化能否自动促进场馆圆满达成所有的目标呢？答案显然是否定的。没有规矩，不成方圆。如果没有适当的规制，民营化也无法自动达成合意的结果。过度的民营化会导致逐利化，一般企业出现的各种弊病，在场馆民营化过程中同样会出现，特许经营下带来的民企垄断型经营同样会导致价格飞涨、服务质量低下等问题。绝对的权力导致绝对的腐败，没有规制的民营化绝对地导致不合意的结果。由此可见，对大型场馆的民营化进行规制研究，既是必要的，也是有意义的。

第三节 文献综述

对大型场馆民营化及其政府规制的研究近年来逐渐增多，这些研究成

---

① 李郁芳. 体制转轨时期的政府微观规制行为 [M]. 北京：经济科学出版社，2003：48.

果多见于公共体育场馆的研究中,下面对相关的成果进行综述。

一、大型场馆民营化研究

我国的大型场馆民营化改革是在社会主义市场经济不断发展的大背景下产生的。民营企业是指我国现阶段除国有和国有控股以外的所有经济结构形式,主要指个体企业、私营企业和外资企业,是我国非公有制经济成分的主要组成部分。在我国逐渐形成的"以公有制为主体,多种所有制形式共同发展"的经济制度和各项支持、鼓励非公有制经济发展的政策背景下,民营企业快速发展,并逐渐加入大型场馆改革过程中,从而开始了我国大型场馆民营化改革的进程。

(一) 大型场馆民营化的必要性

郭惠平、李明(2005)[1]认为我国公共体育场馆经营体制仍不同程度地存在管理体制陈旧,国有资产流失严重,场馆自身经营条件差,主副业方向不明,体育经济政策法规滞后,场馆经营包袱沉重,经营管理人才量少质低,体育市场容量小和消费水平低等一系列问题。提出应突破传统桎梏,树立"资产"观念;实施"脱钩"工程,引进资产运营机制;解放经营思想,树立市场观念;改变经营格局,借力改善条件;完善体育经济政策,规范体育市场管理。王国尊、陈融(2006)[2]提出"公有民营"模式是解决我国目前公共体育场馆资源不足和运营不合理并存现象的有效途径。陆亨伯、陆方喆、戴美仙(2007)[3]通过对体育场馆民营化的现实依据分析,以及体育场馆民营化后经济效益与社会效益如何实现均衡的分析,指出民营化道路是改变公共体育场馆管理机构臃肿、运营成本高、服务质量低的一条有效途径并且是目前为止的最优选择。陈元欣、张崇光、

---

[1] 郭惠平,李明. 公共体育场馆经营管理问题的诊断及对策 [J]. 武汉体育学院学报,2005(8):12-16.

[2] 王国尊,陈融. 公共体育场馆国有民营模式的剖析 [J]. 福建体育科技,2006(6):13-14.

[3] 陆亨伯,陆方喆,戴美仙. 论公共体育场馆民营化后经济与社会效益的均衡——基于典型体育场馆的调研 [J]. 体育文化导刊,2007(8):18-20.

王健（2008）①认为我国绝大多数场馆存在场馆设施需求大，供给严重不足、经营状况普遍不理想，运营成本过高、对消费者缺乏回应性，难以满足消费者多元化的消费需求、闲置严重，利用率过低等问题，而体育场馆设施民营化可以在一定程度上解决这些问题。高阳（2009）②指出场馆存在供给严重不足，局部相对过剩、场馆设施供给主体单一，方式落后、场馆设施提供与生产不分，运营效率低下，场馆设施供给进程缓慢和供给决策缺乏科学性等方面的问题，因此需要对场馆设施供给进行民营化改革。

上述研究分析认为体育场馆之所以民营化，是由于政府管理体育场馆存在一系列的问题和弊端，由此，管理体制和运营机制必须改革，而民营化是可供选择的路向。

（二）大型场馆民营化的可行性

李秀辉、张世英（2002）③分析了PPP模式应用于我国大型场馆建设的优势，认为PPP模式是政府部门和私人之间以协议作为基础而建立的合作博弈过程。曹可强（2003）④通过对上海市公共体育场馆经营管理情况的调查分析，认为各类公共体育场馆可根据自身特点，遵循市场经济规律，选择不同的经营方式，如可采取场馆所有权与经营管理权，使用权分离的委托经营方式、承包经营方式、租赁经营方式等，以提高场馆经营管理的效率。因此民营化是共体育场馆的必然发展趋势，也是公共体育场馆自身发展的客观要求。阿蒙（2003）、霍华德和克朗普顿（2004）等人认为场馆由私人进行运营可以带来诸多好处：经济效益、提高服务质量、增加民营企业的参与机会。⑤谢萍萍、陆亨伯（2005）⑥在运用公共产品理

---

① 陈元欣，张崇光，王健. 大型体育赛事场馆设施的民营化探析［J］. 上海体育学院学报，2008（1）：25-30.
② 高阳. 综合性体育场馆设施供给的民营化研究［D］. 武汉体育学院，2009.
③ 李秀辉，张世英. PPP与城市公共基础设施建设［J］. 城市规划，2002（7）：74-76.
④ 曹可强. 上海市公共体育场馆经营管理现状与对策研究［J］. 沈阳体育学院学报，2003（4）：7-9.
⑤ 陈元欣，李震，黄昌瑞. 体育场馆运营：国际经验与中国前景（江小涓，等. 体育产业的经济学分析：国际经验及中国案例）［M］. 北京：中信出版社，2018：440.
⑥ 谢萍萍，陆亨伯. 公共体育场馆的高成本运作及其民营化改革［J］. 广州体育学院学报，2005（6）：30-33.

论和政府成本理论的基础上,通过博弈论的推演和实证分析指出政府经营管理公共体育场馆的成本过高,这种高成本运转必须经过对公共体育场馆民营化改革才能解决。瓦克(2007)、施帕茨(2008)、图恩(2009)等人认为场馆在委托运营后效益获得明显提升。[①] 刘波、邹玉玲(2008)[②] 以"公共物品理论"为指导,指出政府提供公共物品,作为市场的替代物,其运行是有成本的。政府的规模越大,政府的成本也就越高。因此需要精简政府机构,提高管理效率,动员社会力量,提供更多的公共物品。冯欣欣、荆俊昌等(2009)[③] 结合我国的财政现实,论述了公共体育场馆民营化改革的意义及可行性。认为公共体育场馆民营化有利于吸引民间投资,推进公共体育场馆管理体制改革;民营化能改善公共体育场馆的经营管理,提高效率,降低公共体育场馆运行成本。庄永达、陆亨伯(2012)[④] 认为我国公共体育场馆往往长期处于消耗巨大却运转低效的状态,成为各级政府的沉重负担。尝试民营化路径,将国有场馆的经营权委托给民间及社会组织,引入市场机制,是解决上述问题的有效途径。

上述研究从民营化给场馆带来的潜在改变:改善经营管理、提高效率、降低运营成本等方面对我国场馆民营化改革的可行性进行了较为深入的分析。

(三) 大型场馆民营化实施途径

对于民营化的实施途径,闵健等(2005)[⑤]、陈明(2006)[⑥]、吴晓强

[①] 陈元欣,李震,黄昌瑞.体育场馆运营:国际经验与中国前景(江小涓,等.体育产业的经济学分析:国际经验及中国案例)[M].北京:中信出版社,2018:440.

[②] 刘波,邹玉玲."公共物品理论"视角下我国公共体育场馆民营化改革的思考[J].首都体育学院学报,2008(4):46-48.

[③] 冯欣欣,邹英,荆俊昌.西方国家大型体育场馆民营化改革研究[J].沈阳体育学院学报,2009,28(4):35-38,46.

[④] 庄永达,陆亨伯.我国公共体育场馆民营化路径的障碍与发展战略研究[J].北京体育大学学报,2012,35(3):27-31.

[⑤] 闵健,柳伯力,刘利,乔霞.以市场为导向,把国有体育场馆建成现代体育企业——成都市国有体育场馆改革与发展研究[J].成都体育学院学报,2005(6):12-16.

[⑥] 陈明.亚运会对广州体育场馆建设及经营管理的影响[J].广州大学学报(社会科学版),2006(2):44-47.

等（2006）① 等学者分别对我国不同地区体育场馆经营管理情况进行调查分析，均认为公共体育场馆经营管理模式的建立要以管理体制改革为切入点，以体育场馆经营为核心，以市场为导向进行资源配置，以集约化为经营模式，实现体育场馆的区域化和整体性综合经营管理。陆亨伯等（2008）② 在公共体育场馆民营机制的选择研究中提及，我国部分城市的政府主管部门已尝试将委托授权的模式引入本地的公共体育场馆经营管理，并积累了一定的实践经验。陈元欣、张崇光、王健（2008）③ 在借鉴国外体育场馆设施民营化成功经验的基础上，分析国内场馆设施民营化的现状，指出公私合作伙伴关系方式（PPP）、BOT 及其衍生方式、服务外包、委托经营管理承包或租赁经营等应是国内可行的民营化方式。王永波（2009）④ 认为无锡模式最大的特点是中心不隶属于体育局（直接归属市政府），所谓"一管一办，同级运行"。杨风华（2010）⑤ 在大型场馆赛后民营化探索中提及，国外发达国家公共体育场馆采用的民营化方式有休闲式公共体育场地的经营模式、商业性公共体育场地的经营模式、PPP公私合作模式三种类型。肖华、夏树花、王钦澄（2015）⑥ 认为对于目前已经建成的具有市场竞争力的大中型体育场馆可以采用租赁经营的方式。

综上所述，目前我国对于公共体育场馆民营化实施途径的研究，主要包括两个方面：一是借鉴国外先进的体育场馆民营化经验，从中得到启示，指出国内可行的民营化实施途径；二是分析国内典型体育场馆存在的问题及民营化现状，进而提出建议。

---

① 吴晓强，张爱平．珠三角体育场馆经营模式及市场运作机制的研究［J］．成都体育学院学报，2006（3）：33-36．
② 陆亨伯，徐培兴，谢萍萍．论公共体育场馆民营机制的选择［J］．浙江体育科学，2008（3）：7-9．
③ 陈元欣，张崇光，王健．大型体育赛事场馆设施的民营化探析［J］．上海体育学院学报，2008（1）：25-30．
④ 王永波．体育管理体制改革和制度创新：无锡市体育局"管办分离"改革的个案研究［D］．苏州大学，2009：1．
⑤ 杨风华．武汉"六城会"大型体育场馆赛后民营化探索［J］．成都体育学院学报，2010，36（9）：16-19．
⑥ 肖华，夏树花，王钦澄．公共体育场馆民营化管理模式研究［J］．沈阳体育学院学报，2015，34（3）：13-16，26．

二、大型场馆民营化的政府规制研究

民营化可以解决传统事业单位管理模式下大型场馆存在的诸多问题，获得更多的经济效益，提高服务效率、增加地区就业机会，增加民营机构参与体育场地设施供给的机会，在实现经济效益的同时，也创造了一定的社会效益。但是，民营化并非包治百病的利器，市场能够提高资源配置效率，但其本身也存在"市场失灵"的问题，需要政府这只"有形的手"进行适当的规制，以矫正"市场失灵"。学界对于大型场馆民营化的政府规制研究大致可以分为"场馆民营化'市场失灵'的表现"（为什么要规制）和"场馆民营化的政府规制"（怎么样进行规制）两方面。

（一）大型场馆民营化"市场失灵"的表现

1. 市场存在垄断或不完全竞争，使其并不总是产生最有效的结果

由于民营化往往通过特许经营等方式（如 BOT、TOT、狭义的 PPP）进行，受许企业在一定时期内对场馆实施垄断经营，而且这一期限一般比较长[①]，长期的垄断经营可能带来不良的后果。阿蒙等（2005）[②] 在体育场馆赛事筹办与风险管理中，论述了民营化可能存在的问题：体育场地设施的民营化供给的过程中，由于与民营化有关的成本是隐形的，导致政府对民营化机构的工作质量很难实现有效监督，另外民营化在经济上可能是无效的，会使服务质量降低，并导致低薪就业的产生。盛菊霞、谢萍萍（2010）[③] 认为公共体育场馆民营化后存在效率风险，会产生公共设施过度的消耗、国有资产的严重流失等问题。

---

① 根据财政部颁发的文件精神，我国 PPP 项目期限一般在 10 年以上，部分项目甚至可达 30 年以上。例如，佳兆业集团代理深圳大运体育中心的合同是 40 年。

② 小罗宾·阿蒙，理查德·M. 索撒尔，大卫·A. 巴利等. 体育场馆赛事筹办与风险管理 [M]. 辽宁：辽宁科技出版社，2005：46-47.

③ 盛菊霞，谢萍萍. 公共体育场馆民营化后社会效益保障机制研究 [A]. 中国体育科学学会体育产业分会（Chinese Association of Sport Industry）. 第五届全国体育产业学术会议文集 [C]. 中国体育科学学会体育产业分会（Chinese Association of Sport Industry）：中国体育科学学会，2010：1.

2. 市场机制不能保证公共物品的供给

部分学者对于民营化在公共品提供中的公平性持审慎态度，他们认为民营企业的介入可能会产生公正性问题。

刘利、闵健（2005）[①] 以我国国有体育场馆公益性和经营性的矛盾为研究出发点，分析国有体育场馆具有公益性与经营性双重属性，阐述现阶段国有体育场馆的公益性表现方式和特点，提出在市场化过程中需要正确处理公益性与经营性的关系。陆亨伯、陆方喆、戴美仙（2007）[②] 基于典型体育场馆的调研，对体育场馆民营化后经济和社会效益均衡问题进行了研究，提出在具体操作过程中，需要加强市场准入机制、加强监管力度、建立相关制衡机制。李秀芬、贾文彤（2010）[③] 认为追求大型场馆公益性效益的最大化是大型场馆进行民营化改革的主要目标之一，在民营化改革中应该加大宣传力度，不断加深认识，应牢固树立大型场馆服务于社会的公益性目标。盛菊霞、谢萍萍（2010）[④] 认为公共体育场馆民营化后社会效益保障还存在公平风险，可能造成普遍服务的缺失等负面影响。

3. 市场信息的不完全性或不对称性所导致的经济中的不确定性

在场馆进行民营化后，委托方与代理方之间信息不对称是常态，由此导致的"委托—代理"矛盾常常表现为双方的价值取向、目标的不一致。杨风华（2008）[⑤]，盛菊霞、谢萍萍（2010）[⑥] 在他们的研究中都曾提到场馆民营化可以导致国有资产流失；由于"寻租"引发腐败的问题。盛菊霞、谢萍萍（2010）[⑦] 还提出公共体育民营化后必然导致政府与企业目标函数的不一致，需要制订政策法规加以均衡。

[①] 刘利，闵健. 国有体育场馆公益性与经营性关系分析 [J]. 成都体育学院学报，2005 (3)：33-36.

[②] 陆亨伯，陆方喆，戴美仙. 论公共体育场馆民营化后经济与社会效益的均衡——基于典型体育场馆的调研 [J]. 体育文化导刊，2007 (8)：18-20.

[③] 李秀芬，贾文彤. 大型体育场馆民营化改革思考 [J]. 体育文化导刊，2010 (6)：61-64.

[④][⑥][⑦] 盛菊霞，谢萍萍. 公共体育场馆民营化后社会效益保障机制研究 [A]. 中国体育科学学会体育产业分会（Chinese Association of Sport Industry）. 第五届全国体育产业学术会议文集 [C]. 中国体育科学学会体育产业分会（Chinese Association of Sport Industry）：中国体育科学学会，2010：1.

[⑤] 杨风华. 对我国城市公共体育场馆服务民营化改革的认识 [J]. 首都体育学院学报，2008 (5)：22-24.

4. 场馆民营化带来风险

对于体育场馆 BOT 融资风险的研究。杨茜等（2005）[①] 通过对政府在大型场馆项目 BOT 融资中面临的风险进行分析、提出了防范风险的措施。刘苹（2008）[②] 对大型场馆 BOT 融资风险分类进行分析，并对应对风险的策略进行了探讨。张广选（2011）[③] 运用理论方法和实例相结合，定性指标和定量指标相互补充的方式结合层次分析与模糊综合评价方法，对基于 BOT 模式的大型场馆风险分析进行研究。陈秀莲（2016）[④] 结合美国体育设施风险管理的成功经验对我国公共体育设施民营风险进行研究。

对于民营化风险分担与规避问题的研究。李永强、苏振民（2005）[⑤] 以及韩亚品、蒋根谋（2009）[⑥] 通过博弈论分析了应用 PPP 模式的公共设施项目的风险构成和风险规避机制。王英等（2008）[⑦] 基于风险的分配原则提出 PPP 模式下大型场馆建设的风险分配框架。杜泽超（2012）[⑧] 基于 PPP 视角对大型场馆建管体系的风险管理及风险因素的识别和评价，并在此基础上设计了风险的分担机制。刘伟等（2012）[⑨] 在体育场馆民营化改革风险研究中，从民营化的理论概念入手，对民营化的动因、风险预测以及风险规避进行分析和阐述。陆亨伯等（2015）[⑩] 对公共体育场馆民营制度选择的风险识别与规避进行研究，先从宏观环境风险、中观法律风险和微观操作风险三个层面进行了理论分析，然后对委托方与代理方的风险源

[①] 杨茜，邓春林，黄芳，蔡建辉. 体育场馆 BOT 融资中政府面临的风险及其防范 [J]. 首都体育学院学报，2005（5）：1-3.

[②] 刘苹. 大型体育场馆 BOT 融资风险及其应对 [J]. 体育科学研究，2008（3）：21-23.

[③] 张广选. 基于 BOT 模式的大型体育场馆风险管理研究 [D]. 西安建筑科技大学，2011.

[④] 陈秀莲. 美国体育设施的风险管理及启示 [J]. 军事体育学报，2016，35（3）：61-63.

[⑤] 李永强，苏振民. PPP 项目风险分担的博弈分析 [J]. 基建优化，2005（5）：19-21，24.

[⑥] 韩亚品，蒋根谋. 基于合作博弈 Shapley 解的 PPP 项目风险分担定量研究 [J]. 商场现代化，2009（11）：39.

[⑦] 王英，李纪华，顾湘. PPP 模式下大型体育场馆建设风险承担与分配研究 [J]. 建筑经济，2010（5）：27-30.

[⑧] 杜泽超. 基于 PPP 视角的中国大型体育场馆建管体系研究 [D]. 天津大学，2012.

[⑨] 刘伟，宋杨，赵克. 体育场馆民营化改革风险研究 [J]. 河北体育学院学报，2012，26（2）：31-33.

[⑩] 陆亨伯，刘遵嘉，庄永达. 公共体育场馆民营制度选择与效益评价研究 [M]. 北京：人民体育出版社，2015：116-134.

进行排摸，进而提出政府与企业可以通过体育服务认证安全运作机制、保证金运作机制和转移给第三方的运作机制等来规避各种风险。董雪（2017）① 建议政府建立法律体系、推动角色转变、设立权威部门、放宽扶持政策；培养专业人才、执行绩效考核、提升管理水平；设计分担结构、提高信息透明、选择服务机构、健全监管体系。宋睿等（2018）② 学者认为我国体育场馆民营化管理存在裁员风险、法律风险、人力资源风险、场馆闲置风险、社会风险等主要风险，进而从监管制度建设、法律完善、营销管理、人才培养四个方面提出了规避风险的有效措施。晏超杰（2018）③从定量的角度对分担模型进行构建，以合作博弈为基础构建模型，对PPP项目中的风险进行识别和分担研究。

此外，场馆民营化还可能导致收入分配后果在政治上或道义上无法接受的问题，如原单位富余人员的分流、转岗问题，如果不能很好处置，就有可能导致严重的后果，使民营化流产。

(二) 大型场馆民营化政府规制研究

焦金雷（2005）④ 认为民营化改革与政府监管两者互相依赖，缺一不可。政府对公用事业民营化的行政监管，能够确保企业间有效竞争的实现，同时减少公用企业生产的外部负成本。我国政府对公用企业的监管模式，包括采取特许经营制度以及对公用企业进行行政指导等方式。李娜（2008）⑤ 在委托经营型公共体育场馆政府规制研究中，就委托经营型公共体育场馆政府监管中存在的问题进行分析，以政府规制理论为依据，借鉴国外公共事业的先进经验，探索政府监管的主要内容，并提出对政府规制的框架性意见，对可能出现或者已经出现的问题提出引导性对策。高阳（2009）⑥ 认为，在市场经济条件下，政府与市场的关系应为合作互补。在

---

① 董雪．PPP模式下大型体育场馆建设运营的风险规避研究［D］．沈阳体育学院，2017．
② 宋睿，赵松，宋顺，魏志成．浅谈体育场馆民营化管理风险研究［J］．体育科技文献通报，2018，26（6）：12-13．
③ 晏超杰．PPP项目风险分担问题研究［D］．上海国家会计学院，2018．
④ 焦金雷．公用事业民营化的政府监管［J］．山东师范大学学报（人文社会科学版），2005（5）：140-143．
⑤ 李娜．委托经营型公共体育场馆政府规制研究［J］．科技信息，2008（30）：345-346．
⑥ 高阳．综合性体育场馆设施供给的民营化研究［D］．武汉体育学院，2009．

场馆设施民营化供给过程中应注意其民营化供给并不意味着公共部门的退出，政府对于场馆设施民营化供给的监管非常必要，其监管内容应主要包括规划设计监管、资金使用监管、工程质量监管、建设内容监管、标准监管、持续服务监管、价格监管和服务质量监管等方面。张宝钰、张林（2009）[①] 通过对公共体育场馆民营化的政府规制问题的分析，认为公共体育场馆的规制是指政府体育管理部门有责任保障公民享受公共体育场馆所提供服务的权益，保证公共体育场馆经营活动的良性运行，在效益和公平之间加以制度化约束，使公平和效率得到兼顾。公共体育场馆政府规制主要是采用经济性规制和社会性规制的方法，目前我国公共体育场馆应该以经济性规制为主。同时提出公共体育场馆的民营化一定要发挥民间体育场馆协会的作用，成立自下而上的民间体育场馆协会，使体育场馆行业自律与政府规制相互补充。李秀芬、贾文彤（2010）[②] 通过对大型场馆民营化改革中的问题分析，提出大型场馆民营化进程中对经济效率的追求而忽视了公共管理和私人管理的根本性区别，结果导致了管理实践中诸如民主、平等、公共责任等公共价值和公共利益流失现象的出现。因此就需要在强调大型场馆公益性前提下，积极培育市场，加强民营化法制建设、不断完善监管体系以及积极发展第三部门，构建政府、私营、第三部门多维互动的公共服务新秩序，不断增加体育公共服务供给效率。盛菊霞、谢萍萍（2010）[③] 提到公共体育民营化后必然导致政府与企业目标函数的不一致，这就需要制定政策法规加以均衡，公共体育场馆民营化后社会效益保障，第一，应树立公共意识，将消费者的利益放在首位；第二，基于公共体育场馆服务的特殊性选择不同的改革策略；第三，确保消费者作为公民的民主参与权；第四，推进公共体育场馆民营化的法治化与公开化；第五，实施公共体育场馆民营化相关信息的公开听证制度。从制度机制层面上使公

---

① 张宝钰，张林. 公共体育场馆民营化的政府规制 [J]. 体育科研，2009，30（6）：29-31.
② 李秀芬，贾文彤. 大型体育场馆民营化改革思考 [J]. 体育文化导刊，2010（6）：61-64.
③ 盛菊霞，谢萍萍. 公共体育场馆民营化后社会效益保障机制研究 [A]. 中国体育科学学会体育产业分会（Chinese Association of Sport Industry）. 第五届全国体育产业学术会议文集 [C]. 中国体育科学学会体育产业分会（Chinese Association of Sport Industry）：中国体育科学学会，2010：1.

共体育场馆社会效益得以保障。庄永达、陆亨伯（2011）[①]认为我国的公共体育场馆民营化在取得相应成效的同时，也暴露出一些问题和缺陷，主要表现在监管主体单一、监管内容混乱、监管手段缺失等方面。因此，对公共体育场馆的监管应贯穿于其民营化的全过程，从安全、价格、服务质量、合同等全方位地进行监管。同时引入行业协会、媒体等多元的监管主体，推广第三方参与监管方式，以提高监管的客观性与公正性，从而提高监管的效果。庄永达等（2012）[②]通过对民营化的公共体育场馆委托方监管能力进行分析，认为在公共体育场馆的监管过程中，主要存在组织机构不健全、法律法规不完善、缺乏问责制度、监管主体单一等问题。刘倩、陈元欣（2014）[③]在分析和总结委托经营型公共体育场馆运营中政府监管的理论基础和主要内容的基础上，根据委托经营型公共体育场馆运营中政府监管的现状，发现政府监管存在的问题。并根据实际存在的问题提出落实资产归属和经营权，实行分类监管；采取激励监管措施，确保社会公众参与监管；加强社会性规制，建立补偿机制；科学设计监管指标，建立财政资金支出绩效考核制度等建议。陈飞飞等（2014）[④]在公共体育场馆民营化模式政府规制研究中，就公共体育场馆民营化模式下缺乏相应的政府规制会产生的问题、政府规制包含的内容、政府规制的框架性措施等问题进行了探讨。陆亨伯、刘遵嘉、庄永达（2015）[⑤]在公共体育场馆民营制度选择与效益评价研究中，强调了公共体育场馆民营化监管的政府责任，指出了目前监管机构空白、监管法规不健全、第三方监管缺失等存在的问题。并确定了国有资产不流失、体现公益性的监管目标，遵循公众利益优先、分类与分项监管相结合、针对性与有效性相结合以及保持监管相对独立性的原则，构建了监管体系和多元化监

[①] 庄永达，陆亨伯. 公共体育场馆民营化经营管理的几个瓶颈问题思考 [J]. 北京体育大学学报, 2011, 34 (5): 4-7.

[②] 庄永达，陆亨伯. 我国公共体育场馆民营化路径的障碍与发展战略研究 [J]. 北京体育大学学报, 2012, 35 (3): 27-31.

[③] 刘倩，陈元欣. 委托经营型公共体育场馆运营中政府监管研究 [J]. 南京体育学院学报（社会科学版）, 2014, 28 (3): 62-66.

[④] 陈飞飞，陆亨伯，刘遵嘉. 公共体育场馆民营化模式政府规制研究 [J]. 沈阳体育学院学报, 2014, 33 (4): 19-21, 27.

[⑤] 陆亨伯，刘遵嘉，庄永达. 公共体育场馆民营制度选择与效益评价研究 [M]. 北京: 人民体育出版社, 2015: 179-200.

管主体的基本框架。

上述分析表明，民营化改革离不开政府规制，而目前我国政府规制过程中又存在监管主体单一等一系列问题，因此需要根据实际情况研究解决政府规制存在的这些问题。

三、文献综述小结

对于场馆民营化，学界主要从必要性、可行性、实现方式等方面展开研究，研究的议题包括我国场馆经营管理的现状分析、场馆存在的各种问题（包括但不限于：效率低下、人浮于事、场馆开放率低、运营成本高、对当地政府造成财政负担）、场馆民营化带来的各种改变以及PPP、BOT、委托代理等方式在场馆改革中的应用。

对于民营化的政府规制问题学界从"'市场失灵'的表现和政府如何规制"两个方面展开，对于"市场失灵"主要从市场存在着垄断或不完全竞争、市场机制对公共品供给、市场信息的不对称性、场馆民营化带来风险四个不同视角对场馆民营化带来的问题进行分析。对于政府规制问题涉及规制主体的独立性、规制手段、目标等不同议题，多数研究从某一个议题展开分析，也有部分课题以某个具体场馆展开个案分析。

通过整理和回顾关于公共体育场馆民营化政府规制研究的已有文献，本书认为，从现有文献来看，学界对于场馆民营化的趋势认同已经越来越多。通过对传统事业单位管理模式下管理体制和运行机制弊端的揭示，民营化在资源配置中积极效应的认识，学界对于场馆实行民营化改革路径的研究正在逐步走向深入，并且对民营化的实现方式展开研究，但是，对于场馆民营化究竟如何推动（宏观领域的国家法律、政策如何配套，微观领域民营化各种方式手段如何展开）的研究还有待持续推进。对于民营化的政府规制，已有的成果大多从某一角度切入进行分析，多角度分析的研究不多，系统化的研究成果更少，而且，现有的研究多从"市场失灵"的角度出发，研究如何规范企业行为，对于政府在民营化过程中的失范行为，如行政审核过严、干预过多以及行政性垄断研究不够。

学界的研究成果为本书研究提供了丰富的可供借鉴的素材和经验，本书在上述成果的基础上，基于研究调查，力争在民营化推进的方式、政府规制的展开上进行深入研究，构建一个基于"目标—主体—客体—手段"的大型场馆民营化的政府规制体系。

第四节 相关理论

公共服务民营化和政府规制的实践已有30多年的历史，并且出现了许多理论，包括公共物品理论、公共选择理论、新公共管理理论、政府失灵理论、委托代理理论、公共治理理论、竞争市场理论、激励监管理论、利益集团理论和公共利益理论。这些理论不仅深刻探索了公共服务民营化与政府规制互动之间的关系，也为本书的研究提供了理论指导。

公共物品、公共选择、新公共管理、政府失灵、委托代理和公共治理等理论作为倡导民营化理念的理论为本书的研究尤其是民营化部分的展开提供了思路和分析工具。公共物品理论为场馆物品属性定位提供了理论基础；公共选择理论为场馆投资决策模式分析提供了指引；新公共管理理论为场馆民营化方式讨论提供了开阔的视野；政府失灵理论启示我们政府在提供物品（场馆）时存在的潜在问题，为市场（企业）介入场馆供给开辟了道路；委托代理理论警示我们场馆民营化过程中可能存在的问题，政府进行规制的必要性；公共治理理论对于本书研究的意义则在于强调在场馆民营化及规制过程中要跳出传统政府统治的视角，与企业、社会组织通过合作的方式来提供和改善公共服务，政府不再是高高在上，而是与企业、社会组织平等的法律主体。

竞争市场、激励监管、利益集团和公共利益理论作为规制理论的分支为本书的规制部分提供了理论指引：竞争市场理论强调在场馆规制中要打破垄断（特别是行政垄断）；激励监管理论启示通过设立合理的机制来化解场馆委托代理中的问题；利益集团理论为分析场馆民营化和监管中各主体的行为提供了独特视角；公共利益理论强调公共利益实现则是场馆民营化与规制的内在追求。

一、民营化理论

（一）公共物品理论

萨缪尔森最早研究公共物品理论，他提出公共物品是指每个人对某种产品的消费不会导致他人减少该产品的消费。马斯格雷夫进一步研究了公共物品，形成了公共物品的两个基本特征，即非竞争性和非排他性。公共物品理论认为，公共物品或服务的特征是通过与私人物品或服务的特征进行比较才能得出。也即效用的不可分割性、消费的非竞争性和利益的非排他性。纯公共物品或服务需要同时满足以上三个特征；而准公共物品或服务仅需要满足以上一个或两个特征。

对纯公共物品或服务的需求与对纯私人物品或服务的需求有很大不同。后者表现为水平总和，即纯私有商品或服务的需求曲线，其总和是随时间推移所有单个消费者在所有价格水平下对单个商品或服务的需求曲线的加总。前者表示为垂直相加，即纯公共物品或服务的需求曲线，可以通过垂直加总所有公共物品或服务的消费者的个人需求曲线来获得。在现实世界中，许多物品或服务存在于纯公共物品或服务与纯私人物品或服务之间。它们结合了公共物品或服务和个人物品或服务的特征，被称为"混合物品"。因此，供应方式通常是市场因素和政府因素结合在一起。政府和企业必须在生产公共物品时进行合作。

公共物品理论从物品属性的角度对物品（服务）进行分类，并将物品（服务）分为公共物品、私人物品和混合物品（也称为准公共物品），从而提供了有用的物品（服务）分类。基于这一分类理论，讨论产品（服务）的提供和生产机制，对于本书的研究具有理论基石的意义。

（二）公共选择理论

20世纪40年代末期出现的公共选择理论在50年代和60年代形成了基本原理和理论框架，自60年代末以来其影响力迅速扩大。第二次世界大战结束后，凯恩斯主义经济学无法解决赤字和通货膨胀问题。布坎南开始了开拓性的工作，并开创了公共选择理论。该理论的思想主要来自亚当·斯密的经济理论，维克赛尔的经济思想和意大利公共财政学派的理论。公共选择可以定义为对非市场决策的经济学研究。它的特点是将经济交易和政治决策的基本方面整合到一个私人利益分析模型中。在此基础上，经济学被用来解释个人偏好与政府公共选择之间的关系，并研究消费者如何以投票方式表达其对公共产品或服务决定的意愿。公共选择理论的方法可以归结为三点：个人主义的方法论、经济人和交易政治学。

所谓的政治均衡是在某些规则下关于一种或多种公共物品或服务的分配以及在人们之间分配相应税收份额的协议。公共物品或服务的生产或供应的成本和收益以及选民获得相关信息的难易程度是决定政府均衡的主要因素。选民所偏爱的政治均衡是政府提供的公共物品或服务的数量达到了这样一个水平，即他所承担的税收份额与该公共物品的边际收益完全相同。在选民偏爱的政治结果中，中间状态下反映所谓中间选民意愿的中间物品或服务的提供通常是多数规则下的政治均衡。

此外，公共选择理论研究政治均衡的特征、相互投票的现象、公共选择过程的选民、政客（政党）、政府部门（官员）以及特殊利益集团的行为特征和"寻租"等现象。公共选择理论是公共事业民营化的另一个理论渊源。基本要点是：与政府相比，市场更有利于资源的最佳配置，民营化是一种倾向于在市场中发挥作用的系统选择。为了应对政府在提供公共物品方面效率低下的现实，公共选择学者的处方是：让政府交出不应该做和对市场不利的事情，即政府撤出市场。例如，在政府内部建立两个以上的竞争机构来提供相同的公共物品，从而打破了公共物品生产的垄断；在政府之外引入私人承包商，以在公共物品市场上实现多重竞争。这些思想在实践上演变为一系列相关的具体措施，成为公用事业的民营化运动。

（三）新公共管理理论

自 20 世纪 80 年代以来，管理主义已与公共选择理论、交易成本经济学和代理理论联系在一起，形成了一种新的公共管理理论。新公共管理理论认为，公共部门绩效不佳在很大程度上是管理问题。这个问题源于公共部门官僚体制的固有缺陷以及公共部门特定权力结构降低了管理者执行管理职能的能力。

该理论主张：其一，以客户为导向，奉行客户至上的价值理念。新的公共管理完全改变了传统模式下政府与公众的关系。政府不再是发布命令的权威官僚机构，而是以人为本的服务提供者。政府公共行政不再是"管制"，而是"服务"。其二，治理改革，政府职能从"划桨"转向"掌舵"。新的公共管理主张政府应仅制定政策，而不应在公共管理中执行政策。政府应将管理与特定操作分开。其三，在公共管理中引入竞争机制。传统的公共行政试图建立一个强大的、分级的政府，强调扩大政府行政干预。其四，重视效率。追求效率是公共行政的出发点和落脚点。其五，改革公务员制度。新公共管理主张公务员制度的一些重要原则和核心特征的瓦解，建立一个有爱心和可预见的政府。新的公共行政部门认为："政府必须通过收费筹集资金，以通过创造新的收入来源来保证未来的收入。"

新公共管理从"管理"的角度诊断了公共部门的问题并进行了管理改革。在某种程度上，它是传统公共行政理论中"管理"传统的再现和发展，使隐秘形式的"管理"传统被强调并表现为高级理论形式。新公共管理强调，管理人员应摆脱政府烦琐程序的束缚，而政客和其他人士必须"让管理人员进行管理"。

新公共管理理论的倡导者和研究者包括国外的奥斯本、彼得斯、欧文·休斯，国内的研究者有周志忍、陈振明、薛澜等。自20世纪80年代以来，席卷西方世界的私有化运动一直由新的公共管理理论所倡导的"管理主义"技术和方法所主导。

(四) 政府"失灵"理论

政府"失灵"是解释20世纪70年代新经济自由主义学派取消政府规制的重要理论。它是指公共部门在提供公共物品时往往浪费和滥用资源，从而导致公共支出成本过高、效率低下、政策效果差以及无法有效实现社会福利。为了保护社会利益，政府有必要控制其行为并及时放松规制。

一方面，负责规制的政府可能会由于利益和其他因素的影响而与被规制者发生权利交易关系，产生腐败，这使大量的规制行为无效；另一方面，规章制度的高昂成本进一步加剧了政府的财政压力和负担，进而影响了政府规制的实施，政府失败不断发生。实际上，在市场上，政府经常通过自己的规制行为来创造强大的垄断者，而后者通常利用其强大的垄断权和"寻租投资"来影响政府的行为，从而使政府的规制行为对其有利。结果，原本为公共利益服务的规制行动被私人利益所破坏，规制机构开始破产，进而深深影响了市场上其他企业的正常发展，并导致了市场秩序的混乱。实际上，市场化过程本身要求政府放松其规制行为，以促进自由竞争和市场发展。政府"失灵"现象进一步加快了政府放松规制的步伐，为政府解除或放松规制奠定了基础。

（五）委托代理理论

委托代理理论是由美国经济学家 Burley 和 Means 在 20 世纪 30 年代提出的。核心思想是所有权和管理权是分开的，即企业所有者保留所有权并转让企业经营权。这是支持政府实施监管行动的重要理论基础。委托代理理论是在不对称信息博弈理论的基础上建立的。它是制度经济学和契约理论的主要内容之一，研究对象是委托—代理关系。这意味着一个或多个参与者基于一种明示或暗示契约，任命或雇用其他行为者提供服务并授予后者某些决策权，并根据后者提供服务的数量和质量支付适当的报酬。授权者是委托人，被授权者是代理人。这种关系通常适用于企业的运营。企业所有者将服务外包给具有相关知识和经验的企业，组织或个人，当事人双方便形成了一定的委托代理关系。

委托代理关系在所有类型的经济和社会领域中都很普遍，公共服务领域也不例外。公共服务的市场化过程实际上是基于委托人的。简而言之，政府已通过市场化形式改革了公共服务的供给和运作方式，政府已成为代表公共利益的委托人。加入市场的企业和社会组织已成为追求私人利益的代理商，并且在履行部分供应和运营义务的过程中，不仅在政府内部，也在政府与企业或组织之间，还存在利益冲突：第一，政府为主体，目标的多样性和代理人的目标单一性存在冲突；第二，公共服务中的委托代理人是双重委托代理人关系。政府既是委托人，也是代理人。这些矛盾的综合是政府规制的必要原因。换句话说，公共服务市场化的实现必须基于政府规制的不断完善。

（六）公共治理理论

治理最初被定义为一系列未经正式授权但在某些领域起作用的管理机制。它指的是一种"由共同目标支持的活动，这些管理活动的主体不一定是政府，也不需要依靠国家的强制力来实现。"①

随着公共服务民营化的加速，治理概念开始受到关注。它最早的表现是20世纪80年代初的"地方治理"和80年代后期的"公司治理"运动。地方治理意味着地方政府从原来的公共服务提供商或主要的公共服务提供商，转变为地方准政府机构、私人公司或志愿组织等复杂网络的战略导师。英国政府是实施地方治理的典型代表；公司治理只是将治理的概念应用于公司管理层。它指的是："由于所有权和控制权的分离导致的现代企业系统中由于激励措施不足而导致的代理关系中的相关利益。通过利益相关者的参与并形成新的约束机制和激励机制以促进外生约束向内部制度结构内部化的方式来削弱并提出制度安排。"②

这为公共服务民营化改革的核心意图提供了新的思路和方法，发挥了市场机制的作用。换句话说，治理概念的出现为政府放松垄断和改革行政管理方法提供了新的切入点，即利用准政府机构、私人公司和民间组织的权力来改善政府公共服务的提供。更重要的是，在此过程中，政府以现代企业系统的形式实施政府监管，以分配和提供公共服务项目。

民营化改革的初衷实质上是最大化公共利益的目标。治理理论主要反映了政府应该打破对公共服务领域的垄断，并利用政府与私人、公共和私人部门之间的合作，非政府组织和私人组织的力量来改善公共服务的供应和管理。

二、规制理论

在其形成和发展过程中，规制经济学理论经历了四次转变："市场失灵"和政府规制，反思规制政策的影响，寻求规制政策的政治原因以及规

---

① [美] 詹姆斯·N. 罗西瑙. 没有政府的治理 [M]. 南昌：江西人民出版社，2001：5－6.
② 沈荣华. 地方政府治理 [M]. 北京：社会科学文献出版社，2006：35.

制中的激励问题。在公共利益理论、利益集团理论（包括规制俘获理论和规制经济理论）、竞争市场理论和激励规制理论中，主题转换已经出现了好几次。

（一）公共利益理论

公共利益理论是一种20世纪60年代流行的支持政府进行规制的理论。人们普遍认为，该理论有两个先决条件：第一，"市场失灵"，这意味着市场由于外部性、信息不对称、垄断和破坏性竞争而无法发挥其正常作用，从而引起社会的公共利益损失；第二，福利经济学，它主张福利分配的均等化，即公共利益的最大化，这既是公共服务的目标，也是公共服务市场化改革的动力。公共利益理论的重点是通过政府的直接干预来纠正"市场失灵"等问题，从而最大限度地提高公共利益。

公共利益理论将政府规制视为针对私人行为的政策或基于公共利益的规则。它主张政府直接采取规制行为，创造性地实现公共利益的整合、维护和分配，以防止反社会行为损害公共利益。这为在公共服务的市场化运作中实施规制措施提供了理论基础。因此，无论政府实施反垄断规制，经济规制还是社会规制，都有最适当的理由来保护公民的公共利益：垄断的形成使垄断者能够利用其垄断地位操纵价格，限制产品，损害公众利益，由于其对经济效率的不利影响，从根本上损害了公众利益，因此反垄断规制是为了公共利益；由于公共部门的价格、质量和破坏性竞争涉及公共利益，因此有必要建立政府经济规制；为了消除经济活动的负面外部性对环境、健康和安全的影响，有必要从公共利益的角度加强政府的社会性规制。

但是，公共利益理论在实际运作过程中，由于政府规制行为的目的偏向某些利益集团或个人，因此受到学术界的质疑。公共利益理论充满"家长式"立场，反映了公众对政府维护正义精神、帮助穷人和消除邪恶的心理。但是，实际上，它往往走向反面，并且，其解释能力目前受到挑战。长期以来，它为政府实施规制提供了理论依据。

（二）利益集团规制理论

利益集团理论作为公共利益理论的挑战者，对公共利益理论提出了严厉的批评。该理论强调,利益集团通过寻求规制来促进其(私人)利益,从而强调了利益集团在公共政策形成中的重要作用。利益集团理论可以细分为规制俘获理论和规制经济理论。

规制俘获理论认为,建立规制的立法机关或政府机构仅代表特定群体的利益,而不代表一般公众利益。政府规制是为了满足特定利益群体的需求。立法者和执法者被特定的利益集团所俘虏,而规制者成为获取更多利润的工具。该理论认为,规制对生产者有利,它提高了生产者或特定行业的利润水平,而不是公众的福利水平。这种理论可以解释这种现象,即规制总是对特定行业的生产者有利,比公共利益理论解释力更强。

规制经济理论阐明了谁是规制的受益人、谁是规制的受害者,政府将采取何种规制以及其规制对资源分配的影响。该理论将政府规制视为经济体系的内生变量。它首次尝试使用经济学的基本准则和方法(成本—收益比较以及供求关系)来分析规制的产生。与政府规制俘获理论相比,它解释了为什么规制由生产者而不是消费者或其他利益集团俘获。

(三) 可竞争市场理论

可竞争市场理论是一种指导20世纪80年代初政府规制改革期间的规制行为新理论。在此期间,政府规制的主要特征是适度,而放松规制的主要部分是经济规制,反垄断规制基本保持了原有强度,但标准更加宽松,社会规制有加强的趋势,这种趋势是基于政府对公共服务市场化发展的选择,而可竞争市场理论是政府放松规制席卷全球的一个重要理论基础。

可竞争市场的概念最早于1981年在《可竞争性市场和产业结构理论》一书中提出。该理论认为,良好的生产效率和技术经济表现如效率可以在寡头垄断市场甚至垄断市场的条件下实现,因此不需要很多竞争企业。但只要市场是完全自由的,只要没有特殊的进入和退出市场成本,潜在的竞争压力就会迫使任何市场结构的公司采取竞争行动。根据可交易市场理论,在几乎完整且竞争激烈的市场中,自由放任政策通常比政府规制政策更有效。

根据可竞争市场理论可以发现:首先,潜在竞争压力的存在将迫使市场上的企业，甚至垄断企业维持有效的生产组织，从而阻止其他有效的潜在竞争者加入市场。其次，政府的规制行为会严重影响沉没成本的规模，规制越严格，沉没成本越大，反之越小，沉没成本越小，公共服务市场的竞争就越激烈，竞争越高，潜在的竞争压力就会越强。公共服务供应和运营效率将进一步提高。否则，由于市场竞争压力，企业将很快退出市场。最后，可竞争市场理论不相信自由市场可以自动解决所有经济问题，它认为政府的规制政策应该把重点放在培训潜在的市场竞争者上。

（四）激励规制理论

从20世纪70年代中期开始，规制经济学继续从产业组织理论、信息经济学和其他相关学科的发展中汲取营养，将激励理论和博弈论应用于激励规制理论的分析并建立了激励规制理论。该理论的主张是通过放松政府行为来实现公司自身机构安排的最佳结果。换句话说，这是一种基于绩效的规制方法，它使公司能够自发产生激励措施，以加强内部管理和技术创新，降低成本，同时将政府规制的成本降至最低，并采用某种制度安排，把提高生产力的好处转移给了消费者。从而，有效地提高了公司的生产效率和经营效率。

激励规制理论在很大程度上是一个委托—代理问题。解决这一问题的关键在于设计一种激励机制，以充分激励被规制企业，有效抑制其利用信息优势采取机会主义行为。该理论政策性很强，实际应用主要有特许招标制度、区域间竞争、价格上限规制和社会契约制度。激励规制理论更适用于公共服务市场化的政府规制行为。具体来说，激励规制政策有四种主要方式：

第一，最高限价规制，即政府鼓励参与公共服务运营的企业通过规定价格的上限调整利润和成本，从而在提高公共服务效率的前提下保护公民的利益；第二，社会契约规制，即政府通过与被规制企业签订合同，就产品价格和成本的一系列指标达成一致，政府将根据企业约定的条件采取相应的激励和罚款措施；第三，特许投标规制，强调通过拍卖的形式在政府规制中引入竞争机制，允许多家公司在公共领域竞争特许权，在一定的质量要求下，最低报价的公司会获得许可证；第四，区域之间的比较竞争，是比较经营条件和经济水平相近的同类企业，并以效率最高的企业为参照系，使其他地区的企业能够激发特定地区企业的效率。

第五节　研究设计

一、研究思路

1. 大型场馆民营化与政府规制的理论分析。对国内外民营化和政府规制理论进行全面回顾，以对我国大型场馆民营化政府规制问题的研究理论背景有一个全面的了解，并在此基础上以更加清晰的理论框架研究我国体育场馆民营化中的规制问题。

2. 我国大型场馆民营化政府规制的现状调查。在全国范围内（北京、广州、深圳、武汉、重庆、长沙、南昌、中山、沈阳、济南等地）选取典型场馆进行调研，从实践层面分析政府在场馆民营化过程中的规制问题。对国家体育总局、国资委、各级地方体育主管部门（体育局、文体局）等相关行政管理部门，体育场馆协会等行业协会的相关人员，以及场馆的管理人员进行深度访谈，洞悉我国大型场馆政府规制的现状和发展趋势。

3. 国内外大型场馆民营化政府规制模式的比较。结合调研与文献资料，从国内外已有的体育场馆政府规制经验中归纳出若干种模式，分析各种模式的优、缺点及其适用特征。

4. 我国大型场馆民营化的限度及规制对策。以规制理论为核心，结合新公共管理理论、公共经济学、公共政策等学科的思想，对场馆民营化过程中的"市场失灵"现象进行分析，研究场馆民营化运营中政府规制的角色定位、政府规制的内容、工具和过程，进而，提出民营化过程中政府规制的对策。

二、研究框架

本书的研究框架如图 1-2 所示。

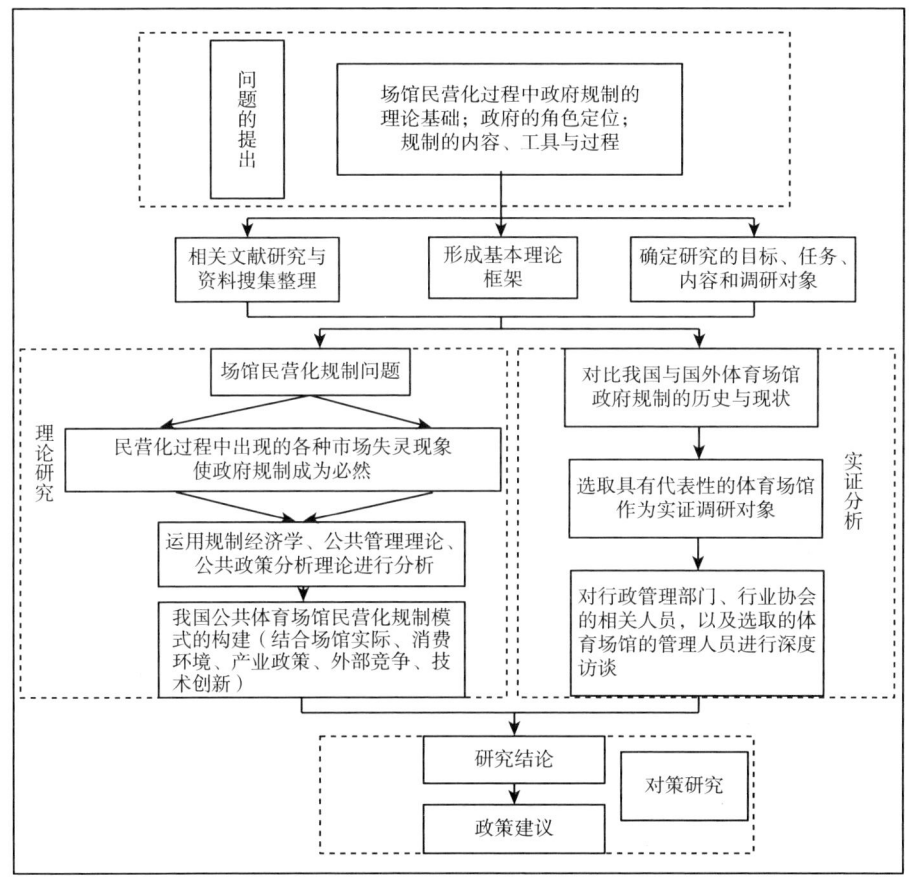

图 1-2 本书的研究框架

三、研究方法

1. 文献资料法。对国内外学者研究场馆民营化、政府规制的文献进行搜集、整理、分析,以便本书能正确把握场馆民营化的内涵、转轨方式以及政府规制理论,为开展相关的定性研究服务。

2. 比较分析法。本书运用比较分析法,通过对国内外场馆规制模式的比较,展开场馆的产业制度的演变和政府规制政策重构的研究。

3. 实地调研和访谈方法。为构建场馆民营化政府规制政策提供实践依据,在研究过程中,本书对全国11个省区市的36个场馆进行访谈、考察,并对部分场馆(通过电话、微信交流等方式)进行了持续跟踪;此外,本书还对一些学者和体育部门管理者进行访谈(具体情况见表1-2)。通过上述方式,本书获得了一手资料(采访录音超过2000分钟,访谈手稿超过26.5万字),使研究得到来自实践的支撑。

表1-2 课题组就本书议题展开调研、访谈情况一览

	场馆名称	访谈/考察	访谈对象
北京	五棵松体育馆	访谈+考察	行政总监、运营总监
	先农坛体育场	访谈+考察	场长
	国家奥林匹克体育中心	访谈+考察	处长
	首都体育馆	访谈+考察	运营科主管
	工人体育场	访谈+考察	运营科主管
	鸟巢	考察	—
	水立方	考察	—
	国家体育馆	考察	—
辽宁	沈阳奥林匹克体育中心	考察	—
上海	三林体育中心	访谈+考察	运营科主管
	虹口体育场	访谈+考察	行政经理
	上海东亚体育中心	考察	—
江苏	南京五台山体育中心	访谈+考察	体育场场长、网球馆馆长
	南京奥林匹克体育中心	访谈+考察	网球馆馆长
	镇江体育会展中心	访谈+考察	运营经理
山东	济南奥林匹克体育中心	考察	—
湖北	武汉体育中心	访谈+考察	办公室主任、群体处负责人
	洪山体育中心	访谈+考察	办公室主任
	新华路体育场	访谈+考察	场长
湖南	长沙贺龙体育中心	访谈+考察	场长

续表

	场馆名称	访谈/考察	访谈对象
江西	南昌国际体育中心	访谈+考察	运营经理
	江西奥林匹克体育中心	访谈+考察	运营经理
	宜春体育中心	访谈+考察	场馆承租人
广东	中山体育中心	访谈+考察	场长
	广州体育馆	访谈+考察	运营经理
	广州亚运城体育馆	访谈+考察	运营经理
	天河体育中心	访谈+考察	运营部负责人
	越秀山体育中心	访谈+考察	办公室主任
	深圳湾体育中心	访谈+考察	运营经理
	深圳大运体育中心	考察	—
四川	绵阳市九州体育馆	考察	—
	绵阳市南河体育中心	访谈+考察	运营主管
重庆	重庆奥林匹克体育中心	访谈+考察	运营主管
	重庆大田湾体育中心	访谈+考察	体育馆馆长
	重庆巴南体育中心	访谈+考察	体育馆馆长
	重庆江南体育中心	访谈+考察	运营主管

采访过的行政人员和体育界专家

体育界专家	易剑东教授	陆亨伯教授	陈锡尧教授
	陈元欣教授		
采访过的行政人员	国家体育总局政策法规司刘岩司长	重庆市体育局产业处刘宁波副处长	重庆市体育局场馆处××主任（应本人要求不曝光姓名，下面类似情况同样处理）
	深圳市文体局××主任	江西省体育局群体处××副处长	江西省体科所××副主任
	江西省国资委杨国安处长	江西省国资管理集团任燕飞	广州市体育局计财处×××主任

4. 案例分析法。本书对场馆的民营化规制问题进行了案例研究。以访谈为基础，结合各种文献资料，将分类管理的思想贯穿于案例分析过程，通过构建"场馆概况—管理机构—运营特色—运营效益—规制述评"的分析框架对存量和增量场馆民营化的规制问题进行研究。

四、研究意义、结论

（一）研究意义

1. 理论意义。本书通过引入规制理论、新公共管理理论、公共经济学、社会学、政治学等学科，对大型场馆民营化的规制问题进行研究。推进体育场馆运营理论的发展，对规制理论、体育经济学、体育管理学的发展提供了实践案例，对于丰富母学科理论有积极作用。

2. 应用价值。本书以我国具有典型意义的场馆为调查对象，在调研的基础上，结合政府规制理论提出相应的民营化规制对策，为体育场馆业的发展提供借鉴。对盘活体育场馆存量，提高现有体育场馆的利用率，推动场馆增量科学、合理发展，促进场馆的经济效益和社会效益均衡，吸引社会资金注入体育场馆运营有积极的促进作用，对于防范场馆民营化过程中政府过度干预和市场失灵也有借鉴意义。

（二）研究结论

1. 在未来体育场馆的设计、建设和运营中，民营化方式应该是作为准公共品的大型场馆提供、运营的主要方式。

2. 国内大型场馆民营化改制中出现的公益性偏失、国有资产流失等问题，与政府规制时出现的越位和缺位有关；信息不对称导致政府规制措施流于形式；政府部门作为有利益诉求的"经济人"，导致规制过程中存在共谋现象；政府在规制中存在不专业现象，主要表现为对行政方式的偏好、规制过度、忽视经济性和社会性规制等。

3. 保障大型场馆民营化的正确路向，必须重构大型场馆规制方式，建立包括政府、行业、媒体以及消费者等利益相关者的规制机制；政府对体育场馆进行适度规制：减少行政干预，加强经济规制和法律规制；通过产业政策和场馆法规的方式对场馆经营进行规制。

第二章　大型场馆供给研究

场馆民营化其实是一个供给方式问题。从理论上来讲，大型场馆是准公共品，因而，在提供方式上市场与政府均可发挥作用。从实践的角度看，大型场馆的提供方式可以分为私人提供、政府提供、公私合作提供三种方式。推动大型场馆发展的力量是什么、政府为什么要补贴大型场馆、大型场馆建设决策是怎样作出的、大型场馆的供给是否过剩，本章将从驱动力、供需关系、政府投资原因、投资决策方式等方面对上述场馆供给问题展开论述，为大型场馆民营化和规制研究奠定基础。

中国大型场馆的供给走过了一条与美国等西方国家不同的道路：国家拥有强大的动员力量，通过政府提供的方式，1949年以来建立了一批大型场馆。代表性的有广州越秀山体育场（1953）、南京五台山体育场（1956）、北京工人体育场（1959）、上海体育馆（1975），即便是在中西部地区，也建立了一批大型场馆，如成都人民体育场（1952）、江西体育馆（1956）、广西体育馆（1966）、湘潭体育馆（1973）等。这些场地设施利用率比较低，在改革开放前除了接待零星的赛事，使用率最高的场合是"文革"期间举办的各种公众集会。这种现状一直延续到改革开放以后才有所改变，逐渐开始面向社会开放。

改革开放以后，民间潜藏的创造力得到释放，经济制度的改变使这种创造力很快转化成生产力，这一时期的市场极其活跃，经济、社会、文化各个领域发展迅猛。市场经济取代计划经济后，城市化建设开始大踏步前进，具有现代都市代表性的大型建筑主体如雨后春笋般在全国各地冒出，各种类型的大型场馆正是在这一时期开始大规模兴建。自20世纪80~90年代以来，从国际到地方，各种大型赛事——奥运会、亚运会、大运会、全运会以及各个地方的省运会等各种赛会——的主办，极大地推动了全国各地大型场馆的建设。"一场两馆"（一个体育场、一个游泳馆、一个体育馆）的体育中心成为各地建设的标配。这些场地设施普遍"高、大、上"，在建设上达到了较高的标准，也极具审美价值。同样，这些场馆也普遍面临"赛后运营难"的问题。进入21世纪以后，这种政府主导的大型场馆建设和管理模式受到了广泛的质疑，中国场馆民营化就是在这样的背景下起步的。

第一节 大型场馆供给的驱动力[①]

大型场馆作为开展体育运动的基本物质条件，其产生和发展与体育活动的出现、发展大致呈共振关系。体育作为一种社会建构，又反映着社会的变迁，它的发展变化也受到不同时期政治、经济、文化、自然环境等因素的影响。

早期的体育设施往往与自然条件、城镇设施相结合，形制粗陋，规模不大。罗马圆形竞技场当然是一个规模宏大的体育场，被称为建筑史上的奇迹，但是这样的情况在古代并不多。现代意义的大型场馆的大量涌现是随着竞技体育的兴起而出现的社会现象，是更加晚近的事。这从现代奥运会与欧美职业体育的场馆发展情况就可以得到答案。1900年巴黎奥运会的田径比赛是在一片长着树木的草地上举行的，而游泳比赛则在塞纳河上举办。[②] 美国职业体育的先行者棒球俱乐部则在1862年开始了"圈地运动"，建造封闭式的赛场以对观看比赛者收取门票。[③] 在英国，公学时代的足球运动并没有严格意义的标准球场，那时的足球场只要是平地就行，人们往往在沙滩或铺着鹅卵石的街道上踢球。[④] 1855年，第一个足球俱乐部——谢菲尔德足球俱乐部建立，建队之初，它的比赛场地并不固定，更遑论拥

[①] 本节内容根据课题组公开发表成果（余胜茹，谭刚．西方大型场馆发展历史回顾 [J]．体育文化导刊，2016，12：175-180）进行改写。

[②] 任海．奥林匹克运动 [M]．北京：人民体育出版社，2005：66．

[③] 张林．职业体育俱乐部运行机制 [M]．北京：人民体育出版社，2001：7．

[④] 亨特·戴维斯．足球史 [M]．李军花，等，译．太原：希望出版社，2005：32．

有一个大型球场。①

第一次工业革命以来，市民对休闲、娱乐的需求迅速增长，刺激了商业化体育的需求，这激发了企业家们建造体育场馆的热情，但是该时期体育场馆仍然数量有限，且规模不大，看台多为简易的木质结构。一直到19世纪末，随着钢筋水泥等新建材的普及，体育场馆的建筑方式才发生改变。②

从西方国家的场馆发展情况来看，观赏性体育与政治性体育是现代体育场馆发展的主要推动力量。而在这两者与场馆的关系中，市场扮演了重要角色，它是推动场馆从原始粗陋向现代华丽转身的主要力量。

一、观赏性体育与大型场馆的发展

观赏性体育是指以满足民众的体育欣赏需求为导向的体育形态，主要包括职业体育、大学体育联赛等形态。观赏性体育以市场为导向，经济效益和价值是其主要的追逐目标。另外，观赏性体育常常以联赛的形式出现，年复一年，具有稳定、持续的比赛节奏。下面分美国与欧洲两个部分对大型场馆与观赏型体育的关系进行讨论。

（一）美国

美国人作为一个狂热的体育民族，公众普遍对体育运动抱有极大的热情，这对于促成体育场馆的建设往往有帮助。各种类型的体育运动都有很大的市场，大学体育和职业体育是其中的重要代表。

1. 美国大学体育场馆情况

以NCAA（全国大学体育协会）主办的赛事为代表的大学生体育赛事是美国大学校园的一道独特风景。这些赛事涵盖了橄榄球、棒球、冰球到田径、击剑、体操等团队和个体项目。大学赛事不但种类繁多，而且拥有很好的市场，像橄榄球等赛事上座率常常能够达到10万人以上。

大学体育联赛的蓬勃发展造就了对于大型场馆的需求，这是大学校园

---

① 维基百科：https://en.wikipedia.org/wiki/Sheffield_F.C.
② 赵钢，雷厉. 体育场馆经营管理概论[M]. 北京：北京体育大学出版社，2007：49.

兴建大型场馆的背景。美国大学体育场馆规模很大，校园中的大型竞技场规模往往超过了同期的奥运设施。第一所拥有钢筋混凝土建造的竞技场是哈佛大学（1909年），拥有42000座席。其后，普林斯顿、耶鲁、斯坦福等大学相继修建（改建）了大型体育场。这些体育场在以后获得了广泛的应用，例如，斯坦福大学体育场曾经作为1984年洛杉矶奥运会足球赛和1994年世界杯足球赛的比赛场地（见表2-1）。①

表2-1　　　　　　20世纪初美国大学体育场地建设情况

学校	座席数量	形状	建设年份
哈佛大学	42000	"U"字形	1909
普林斯顿大学	42000	"U"字形	1914
耶鲁大学	80000	椭圆形	1914
斯坦福大学	60000	—	1921

注：耶鲁大学在1914年将原有的木制竞技场拆除，原地修建了体育场；斯坦福大学体育场在1927年扩容至85000座席。

资料来源：赵钢，雷厉. 体育场馆经营管理概论［M］. 北京：北京体育大学出版社，2007：49-50。

2. 美国职业体育场馆的发展

观看职业体育赛事是美国人日常生活中重要的娱乐方式。以四大联盟（NFL、MLB、NHL、NBA）为首的美国职业体育拥有极高的上座率，如篮球，美国职业篮球协会（NBA）场馆建设规模在过去二三十年间不断扩大，平均规模从1.6万座增长到1.8万~2万座，设施标准也不断提高，但是，其比赛门票仍然非常畅销。

美国职业体育对体育场馆修建的推动作用是明显的。许多著名的大型场馆都与职业体育关系密切，如纽约扬基体育场、斯坦普斯球馆、吉列体育场，它们分别是职业棒球大联盟（MLB）纽约洋基队、职业篮球联盟（NBA）洛杉矶湖人队和快船队、橄榄球联盟（NFL）新英格兰爱国者队的主场。

由于职业体育受到公众的普遍欢迎，在城市经济、社会、文化等方面可能带来好处，许多城市的政府甚至不惜动用公共资金为职业球队修建场馆。仅仅1995年以来，新建场馆达到47座，相当于职业联盟球队设施存

---

① 赵钢，雷厉. 体育场馆经营管理概论［M］. 北京：北京体育大学出版社，2007：49-50。

量的45%。为职业联盟球队修建的球场为数众多,体量巨大,档次较高。

从美国职业体育场馆发展的历史看,市场的力量彰显无遗。职业化初期,体育场馆的修建自不必说,那时的场馆往往由俱乐部业主融资修建,场馆投入多少、规模多大,完全看市场需求、看上座率,与政府关系不大。进入20世纪60年代以后,政府在场馆的修建中介入较深,在一定时期内(酝酿期和公共补贴期)甚至提供了大部分场馆修建的全额补贴,表面看似乎是政府干预市场,实际上,这也是市场作用的结果。职业体育经过大约90年的发展期之后,其经济和政治影响力越来越大,虽然职业体育对于城市的经济、政治发展的促进作用现在仍然存在争议[1],但是,经过媒体放大之后,对于一个城市发展的推动作用越来越为公众和政治家认可。于是,人们对于拥有一个职业俱乐部的期待也越来越高。由于美国职业体育俱乐部的数量是有限的[2],而希望拥有职业俱乐部的城市数量则远大于职业俱乐部数量,这就形成了职业俱乐部的竞争市场。职业俱乐部成了香饽饽,各地政府为了吸引职业俱乐部到本地落户,纷纷开出各种优惠条件,修建高档豪华的体育场馆就是手段之一。这就是20世纪60年代以来,各地政府大力介入体育场馆的修建的背景。

可以说,1960年以来美国职业体育场馆修建是职业体育与政治博弈的结果。这里面当然有市长、州长们出于仕途的考量,因为,在热爱体育的美国人心目中,能够把一支大联盟球队带到本市往往体现了官员作为政治家的能力,这无疑有利于官员的连选连任。但是,需要说明的是,政府虽然介入较多,但它并不是以行政命令的方式进行干预,而是以预算和民主决策的方式介入[3],其基础仍然是满足民众的体育观赏需求。如果民意显示对于职业体育没有特别的偏好,并不支持此项活动,则政府修建场馆的计划也难以实现。

美国体育场馆的发展情况表明,职业体育和大学体育是大型场馆发展

---

[1] 谭刚. 中、美两国政府财政补贴大型体育场(馆)建设的比较研究[J]. 体育科学, 2015(1): 60-67.

[2] 美国职业体育联盟采取加盟制,成为联盟的一员要求极其严格。新俱乐部的加入必须获得联盟原有成员的认可,并支付昂贵的加盟费用。目前主要的职业联盟(NFL、NBA、MLB等)球队数量基本稳定在30支上下。

[3] 大型场馆投资建设决策模式相关论述详见本章第四节"大型体育场馆政府投资决策模式分析"。

的主要推手。这两者都以满足"观赏体育"为主要目的,场馆修建与否和规模大小与市场联系密切。

(二)欧洲

从 19 世纪以来,欧洲大型场馆的修建往往与职业体育的发展关联。足球是欧洲广为流行的体育项目,1888 年职业足球联赛在英国破土而出,此后这一联赛模式扩展到欧洲大陆,各国普遍建立起自己的职业足球联赛体制。由于职业赛事广受欢迎,各俱乐部自己筹资或者在政府的支持下纷纷修建了俱乐部的专属场馆。足球联赛的模式后来被其他项目所借鉴,其他项目也纷纷建立职业联赛以满足市民的体育观赏需求,各类项目场馆也纷纷修建。因此,在欧洲,大型场馆的建设与职业体育结合是一个主流的走向。大型场馆往往成为某一项目(如足球)俱乐部的主场(分为两种情况:由某一职业俱乐部直接斥资修建场馆,或者俱乐部与公有场馆签订协议,成为场馆的使用者)。以足球运动为例,职业足球运动在欧洲的盛行促成一批大型场馆的兴建。21 世纪以来,欧洲国家新体育场馆的建设呈现兴起之势(见表 2-2)。

表 2-2　21 世纪以来欧洲部分国家兴建体育场馆情况

场馆名称	所在地	场馆容量	建设成本(百万英镑)	建设年份
Rhein Energie Stadium	Cologne	50000	118	2004
Allianz Arena	Munich	69901	340	2005
Emirates Stadium	London	60335	440	2006
Wembley Stadium	London	90000	912	2006
Donbass Arena	Donetsk	51504	294	2009
Municipal Stadium	Wroclaw	42771	180	2011
Juventus Arena	Turin	41000	120	2011
Grande Stade Lille Metropole	Lille	50157	324	2012
Olympique Lyonnais Stadium	Lyon	60000	320	2013

资料来源:孙成林,陈元欣,张波.21 世纪以来欧洲国家体育场馆建设发展研究[J].西安体育学院学报,2016,33(1):1-9.

欧洲国家体育场馆发展整体呈现为：欧洲五大足球联盟俱乐部体育场馆的发展良好，其使用率均在 60% 以上，在世界杯、欧洲冠军联赛等大型体育赛事的促推下，欧洲国家体育场馆的建设与发展呈现出蓬勃发展之势。[①] 从上述数据可以看出，职业体育对于欧洲大型场馆的建设和利用都发挥了极其重要的作用。

从美国与欧洲大型场馆建设的历史可以看到，观赏性体育（职业体育、大学体育）通过稳定、频繁的赛事保障体育场馆的使用，践行了"无活动、无场馆"的以内容为王的理念。对于大型场馆的建设、投融资、环保、多功能设计、选址、产权分割、城市更新和地方发展等问题的讨论往往围绕职业体育（足球、篮球、棒球、橄榄球等项目）来展开。

二、政治性体育与大型场馆的发展

政治性体育主要是以大型运动竞技赛会为主，包括各种综合性运动会和单项体育比赛，如奥运会、亚运会、全运会、世界杯、世锦赛等。政治性体育的产生往往与体育组织或政治团体的某种政治诉求相关联，例如，国际奥委会对世界和平的追求，是奥运会发起的一个重要原因；国内全运会的产生和发展，其政治内涵也是不言自明的。此外，赛期较短、不具备持续性的比赛节奏是政治性体育的另一个特征。

以奥运会为代表的现代竞技赛会（各种综合性运动会、单项赛事）在大型场馆的发展中也扮演着重要的角色。它们在一定程度上推动着大型场馆的发展。下面以夏季奥运会为代表对大型赛会与场馆建设进行简述。

（一）奥运会体育场馆的发展

早期奥运会（1896~1919 年）的体育设施（场馆）比较粗陋，出现了不同的形态，也没有统一的标准。例如，举办田径赛的跑道，雅典奥运会长度为 333.3 米，巴黎奥运会为 500 米，圣路易与伦敦奥运会则为 536.45 米，斯德哥尔摩奥运会为 384.10 米，场地条件也不理想，巴黎奥

---

① 孙成林，陈元欣，张波. 21 世纪以来欧洲国家体育场馆建设发展研究 [J]. 西安体育学院学报，2016，33（1）：1-9.

运会的田径比赛是在一片有小树林的草地上举行。其他项目情况大致相似，早期的奥运会游泳比赛没有修建专门的场馆，大多在海边、河流等自然水域举行，圣路易奥运会在人造池塘中比赛，伦敦奥运会则安排在田径场内。这一时期的奥运设施处于摸索阶段，场地设施规模甚至比同期一些美国大学的竞技场还差。

20 世纪 20 年代以后，欧美体育场馆进入一个快速发展的年代。在奥运设施领域，主办国不乏为政治目的或举办职业赛事新建大型竞技场。国际间对于竞技场的标准也开始趋于统一。从阿姆斯特丹奥运会开始，奥运会田径跑道正式统一为 400 米。该时期，体育场馆规模宏大，洛杉矶在 1923 年修建了第一个能够容纳 10 万人的体育场；柏林为 1936 年奥运会重建了规模更大的综合运动中心，同时还建造了标准室外游泳池和体育馆。竞技场设计时注意与城市规划、交通网络相结合，这种理念更为后来竞技场的设计奠定了新的开端。第二次世界大战以后，由于战后社会混乱，经济萧条，1948 年伦敦奥运会、1952 年赫尔辛基奥运会、1956 年墨尔本奥运会的主竞技场都是利用既有设施加以修建。这一阶段开始修建大型场馆，但也并非普遍情况，而且场馆的类型较少，综合使用的场馆比较多。

进入 20 世纪 60 年代，奥运体育场馆开始充满设计感和创意。为了适应新时代的需求，根据不同性质的比赛项目，体育场馆出现多样化，也改变了 20 世纪前半期没有适当的室内运动场供奥运会使用的状况。这一阶段，运动场馆大型化趋势明显，罗马奥运会有了两个设施群，东京奥运会则有了三个设施群。蒙特利尔奥运会由于场馆规模巨大预算超标甚至给当地市民留下了一个巨大的经济负担。莫斯科奥运会则将体育场馆大型化推向了一个新的高度。

1984 年洛杉矶奥运会开创了通过市场化的方式办奥运会的方式，从此，奥运会与经济、商业结下不解之缘。体育场馆在一定程度上延续了大型化的发展趋势，简约的办会方式也得到了发扬，例如，洛杉矶奥运会、亚特兰大奥运会就没有大量新建场馆，而是尽量使用原有的体育设施，临时建筑也开始增加。这也符合国际奥委会（IOC）提出的"节俭办奥运"的倡议精神。

纵观奥运会体育场馆的发展，可以看到，奥运会场馆大型化的发展大致是在 20 世纪 60 年代以后，近些年则呈现大型化、高档化、多样化的发展趋势。例如，悉尼、雅典、北京三届奥运会大部分场馆规模都超出了国际奥委会对于 2012 年伦敦奥运会的标准。①

（二）奥运会体育场馆的变化

以奥运会为代表的大型赛会对于体育场馆的大型化起到了推动作用，但是却留下了很大的赛后运营难题。由于赛事周期短、赛后运营难，不可持续是此类政治性体育场馆的死结。这一状况显然已经受到国际奥委会、运动会承办方（伦敦、亚特兰大等）以及社会各界的重视。奥运会场馆大型化、奢侈化的理念已经受到了挑战。体育场馆规模合理，与当地需求相结合，职业体育融入的理念得到倡导。

国际奥委会奥运会研究委员会的研究报告中就对奥运场馆的发展兴建使用问题作出了很多具体的要求，其中很多提法值得我们警醒，如尽可能使用现有场馆、尽可能利用临时场馆、尽可能共用比赛场馆等。

此外，场馆建设与职业体育相结合的经验也值得称道。洛杉矶、蒙特利尔奥运会的部分场馆交由职业体育俱乐部进行管理和运作，取得了良好的效果。当然，能够这样做的前提是：当地有发达的职业体育市场，例如，上述两个城市分别拥有职业橄榄球、篮球、冰球等俱乐部，洛杉矶纪念体育场更是成为一家职业橄榄球俱乐部袭击者队（Raiders）和南加利福尼亚大学橄榄球队的主场。② 当地职业体育和大学体育的发达，为纪念体育场提供了稳定的赛事活动支撑。而蒙特利尔体育场的失败与枫叶花园体育馆的成功，原因其实也很简单，前者是为奥运会建设，后者是为冰球而生。③ 新近一个奥运场馆与职业体育结合的例子是 2012 年奥运会主场馆的使用。英超西汉姆联俱乐部将成为伦敦奥运会主体育场（简称"伦敦碗"）的长期承租人。④

---

①② 林显鹏. 现代奥运会体育场馆建设及赛后利用研究 [J]. 北京体育大学学报, 2005, 28 (11): 1441-1444.

③ 董红刚, 易剑东. 大型体育场馆的建设逻辑及其出路 [J]. 天津体育学院学报, 2014, 29 (5): 398.

④ 白菜价拿下伦敦碗 西汉姆联捡到世纪大便宜 [EB/OL]. [2016-04-20]. http://sports.qq.com/a/20160420/005295.htm.

三、大型场馆提供的方式

纵观美英等西方国家的大型场馆发展历史，大型场馆的提供主要有两种方式，即政府和私人（市场）①。政府提供主要出于政治考量，私人提供主要出于经济利益目的。从体育场馆的使用效率角度看，市场方式由于往往更加贴合市民对于大型场馆的实际需求而更好地实现了供需的平衡，例如，与英国职业足球赛事相关的大型场馆的建设，基本上由私人（俱乐部的业主）融资兴建。业主们在修建场馆时往往根据赛事的受欢迎程度来决定场馆的规模和档次。

政府提供场馆的方式一般带有某种政治目的，这在政治性体育赛事（如奥运会、世界杯等）中表现得比较明显，不过，在更多的时候也必须考虑市场的实际需求。西方国家往往通过公共选择的方式（投票），力求政府的场馆投资决策在政治目标和经济目标上达成均衡。例如，纽约洋基队新球场的建设，就是这样一个典型。② 由于民众对于体育的狂热，在很多情况下，职业球队都能达成其球场兴建计划。然而，失败的案例也不鲜见。旧金山巨人队所在的地区就曾经否决了 4 项动用公共资金资助场馆建设的请求。③ 由此可见，在政府和市场的关系处理过程中，政府虽有介入，但并不是以行政命令的方式进行干预，而是以民主决策的方式干预。导向还是满足民众的体育需求，市场力量作用明显。

四、小结

通过回顾西方大型场馆发展的历史，可以了解大型场馆的建设主要与观赏性体育需求和政治性体育需求相关，而观赏性体育是大型场馆发展的主要动力，它使大型场馆的运营得到了持续性的活动刺激，由于较好地满足了市民的观赏性需求，因而能够获得比较好的经济效益，进而实现较好

---

① 公私合作方式（PPP 模式）是比较晚近才兴起的方式，在美国场馆领域是从 20 世纪 80 年代末期开始大量采用，在中国，政府正式推出 PPP 模式是 2014 年。
② 陈元欣. 大型体育场馆投融资实务 [M]. 北京：北京体育大学出版社，2012：41 - 42.
③ 陈元欣. 大型体育场馆投融资实务 [M]. 北京：北京体育大学出版社，2012：31.

的社会效益。

第二节 大型场馆供需关系分析

进入 20 世纪 90 年代以后，随着各种赛事的频繁举办，全国各地大型场馆的建设进入一个发展的快车道。目前，我国大型场馆的保有量在世界位居前列，与此相应，大型场馆的运营也面临着巨大压力，场馆使用率普遍不高，闲置状况较为严重，甚至出现了场馆由于无法继续经营而被撂荒或爆破拆除的情况，这些现象造成了巨大的浪费。进入 2015 年以后，以承办 2022 年冬奥会和亚运会为标志，中国将承办大量的国内外各级别赛事，势必掀起新一轮的场馆建设浪潮。前事不忘，后事之师。在承办各类比赛的过程中，必须谨慎地对待大型场馆的营建，以避免场馆沦为某一次大赛的附庸。

一、我国大型场馆的供给现状

（一）大型场馆的供给情况

根据"第六次全国体育场地普查数据汇编"，我国大型场馆的供给基本情况如表 2-3 所示。全国共有各种类型的大型场馆 1093 个，平均每个省级行政区拥有大型场馆约 35 个（不含港澳台地区）。从体量上来看体育场平均 29051 座席，体育馆平均 4703 座席，游泳馆平均 2494 座席，跳水馆平均 3650 座席[①]。从场馆的分布情况来看，除了青海、西藏、宁夏、海南等少数省区大型场馆较少（分别只有个位数的大型场馆），其余省区市均拥有一定体量和数量的大型场馆。不但北上广深等一线城市，大部分省会城市也拥有大型场馆，即便是一些地级市都拥有较大体量的场馆群。以江西省为例，由于省运会、农运会、城运会等运动赛会的推动，除省会南

---

① 数据来源：根据"第六次全国体育场地普查数据汇编"（http://www.sport.gov.cn/pucha/index.html）相关数据整理。

昌以外，宜春、新余、鹰潭、九江、赣州等地级市都配备了相当体量的大型场馆。目前，江西省拥有各种类型大型场馆43个。

表2-3　　　　　　我国大型场馆的数量、体量

大型场馆场地类型	场地数量（个）	场地面积（平方米）	建筑面积（平方米）	用地面积（平方米）	观众席位（座）	平均座席数（座/场馆）
合计	1093	10232868	22056317	45410698	12075715	
体育场	292	7060765	9235077	22728970	8482810	29051
体育馆	721	2578062	11160796	19626870	3391070	4703
游泳馆	78	585312	1616645	3025214	194535	2494
跳水馆	2	8729	43799	29644	7300	3650

资料来源：根据"第六次全国体育场地普查数据汇编"（http://www.sport.gov.cn/pucha/index.html）相关数据整理。

经济效益和利用率是反映大型场馆经营情况的两个重要指标，也是大型场馆供求关系的重要体现。下面就从这两个方面分析我国大型场馆的供求关系。

（二）经济效益

现实中，我国大型场馆面临运营的困境是不争的事实。从相关的研究来看，只有少量场馆可以盈利或者保持盈亏平衡。[①②] 据调查，我国体育中心、体育场、体育馆、游泳馆等大型场馆的亏损面均在4成以上，能够盈利的场馆类型有体育中心（18.9%）和体育馆（17.3%），盈利比例不足2成。[③]

这与国外体育场馆的运营情况有云泥之别。对于这一问题，国内学界研究众多，但大多在管理体制和运行机制的领域（如各种市场化导向、人力资源的流动的讨论等）内做文章，认为只要改善管理体制和运行机制，

---

① 谭刚．中、美两国政府财政补贴大型体育场（馆）建设的比较研究［J］．体育科学，2015（1）：60-67．
② 张林，黄海燕．中国体育产业发展报告［M］．北京：人民体育出版社，2013：77-78．
③ 王健，陈元欣．大型体育场馆运营：理论与实务［M］．北京：北京体育大学出版社，2012：11-12．

大型场馆就可以摆脱目前的困境。这些研究对于个别场馆可能是适用的，然而，此类研究忽略了一个重要的前提，即大型场馆的供需平衡。就整体而言，中国大型场馆问题的核心是中国的大型场馆供给过多，亦即中国大型场馆的保有数量和体量已经大大超过了社会的需求。这从各地普遍可见的场馆空置现象不难得出结论。

（三）大型场馆承接活动的情况

大型场馆的主要功能是承接大型活动（这里主要包括各级体育赛事、文艺演出、会展、公益等各种活动），因此，承接大型活动数量可以作为反映大型场馆利用率的主要指标。

2013年我国大型场馆承担活动次数为35635次（全国共1093个大型场馆），平均每个场馆承担活动次数为32次①，这个场馆使用效率是比较低的，而且由于体育市场发育的不平衡，实际上很多省区市的大型场馆举办活动的次数是远远低于平均数的。一般而言，北上广深等发达地区大型场馆所承担的大型活动数量比较多，而一些欠发达地区则数量较少。例如，江西省大型场馆举办活动的次数不到10场（江西省拥有大型场馆43个，2013年举办各种活动403场，9.37场/场馆）。原因很简单，江西省内缺乏职业化的体育赛事（目前江西省内只有一支中乙球队江西联盛足球队），同时文艺演出、会展等消费能力也不高，没有大型活动的进驻，大型场馆也就失去了生命活力。这种情况在其他不发达省区市也不同程度地存在。

为了提高场馆的使用率，不少场馆也想了不少办法，通过举办俱乐部、面向群众进行全民健身开放等，但这些措施都是治标不治本。因为，修建大型场馆本意并非是面向全民健身开放，而是希望通过举办活动特别是大型的娱乐活动来繁荣文体市场，以达到拉动经济发展、城市扩张、社会繁荣等目的。然而，场馆举办活动如此之少，又何以达成上述经济或政治目标呢？我国大型场馆承担活动的情况如表2-4所示。

---

① 数据来源：根据"第六次全国体育场地普查数据汇编"（http://www.sport.gov.cn/pucha/index.html）相关数据整理。

表 2-4　　　　　　我国大型场馆承担活动的情况

大型场馆场地类型	合计	全国及以上体育赛事	省级及以下体育赛事	文化演艺活动	会展活动	公益活动	其他活动	各类场馆数量	各类场馆主办活动次数（场/场馆）
合 计	35365	1743	9610	3957	2824	6614	10617	1093	32
体育场	8073	590	2293	766	858	1687	1879	292	27
体育馆	25988	1071	7089	3109	1926	4254	8539	721	36
游泳馆	1286	79	227	82	40	669	189	78	16
其他大型场馆	18	3	1			4	10	2	9

资料来源：根据"第六次全国体育场地普查数据汇编"（http://www.sport.gov.cn/pucha/index.html）相关数据整理。

上述结合"第六次全国体育场地普查数据汇编"所做的分析也印证了本书在课题调研中所得到的经验事实，在课题小组的访谈中，当问到大型场馆在经营中遇到的实际困难时，大型活动少、文体消费市场不足、场馆过于密集等是常见的回答选项。

通过经济效益和利用率两方面的分析，大致可以推出以下结论：当下，中国大型场馆总体上存在供过于求的现实状况，而不是像一些研究或者评论所言中国的大型场馆数量不足，难以满足人民群众日益增长的文化体育需求。①

二、经济学视角下的大型场馆供求问题

（一）需求带动供给

一般地，产品的生产总是由社会中的某种需求引发的。大致遵循"需求—市场—供给"的链条，即人们产生对于某种物品（服务）的需求，而这种物品（服务）带有一定的普遍性，于是导致了某种产品市场的出现，作为企业，通过价格信号捕捉到这种需求，于是生产产品去满足该需求。

---

① 房学峰. 伟大的事件需要伟大的地标——一个媒体人眼中的体育建筑 [J]. 城市建筑，2015（9）：28-30.

当价格上升时，企业加大生产力度，增加供给；当价格下跌时，企业减少生产量，减少供给。这种规律在吃穿住行等产品上体现得很明显，如服装、食品等各种消费品的生产。

在体育服务产品上也是如此。由于人们有体育赛事观赏的需求，于是出现了体育赛事娱乐市场，由于有利可图，企业家们开始投资成立俱乐部以生产高水平的赛事满足人们的这种赛事观赏需求，体育赛事观赏需要场地，于是就修建了体育场馆，随着公众对体育赛事热情的提高，原有场馆座席供不应求，大型场馆就出现了。这便是大型场馆修建的一般逻辑。如前所述西方国家体育场馆的建设，常常是先有观赏型体育（职业体育、大学体育）需求，再修建体育场馆，也是这一规律的体现。

当然，大型场馆与鞋子、面包一类的商品的生产、提供在决策上也不完全相同。在早期，大型场馆基本由私人营建，企业主完全是根据市场的需求（大型赛事的上座率等）来决定是否修建场馆以及场馆的规模。当代，大型场馆对一个城市的影响已经复杂化，除了满足体育赛事等需求外，还承担着文艺演出、公益活动、会展等大型活动的功能。因此，当今大型场馆的营建往往有政府的投入，大型场馆的营建决策也成为一个公共事件。公共选择理论是人们在该领域的有益尝试。在决策过程中，市场需求的主导作用，仍然是一个不可忽视的重要因素。

（二）大型活动需求是供需平衡的基础

尽管大型场馆的决策复杂化，但是满足人民群众的观赏赛事、文艺演出等大型活动的需求仍然是重要的考量指标，供需平衡仍旧是一条隐含的规律。大型场馆作为一种产品，其供给也应与需求相适应。具体而言就是要与社会的文化体育等需求发展相适应。当然，大型场馆在产品特征上与普通商品有别，其中一个很重要的特点就是它们大部分属于某一城市的公用设施，不具有流动性（鞋子之类的商品则流动性很强），因而，大型场馆是否建设，建筑的规模、档次等要充分考虑场馆的影响辐射范围内居民对于大型活动和服务的消费能力。

西方国家经过上百年的发展，第三产业已经成为产业门类中的支柱产业，娱乐服务型产品需求具有很大的市场。很多场馆之所以具有较大的规模，是与场馆所在城市的文体市场需求相适应的。例如，丰田中心（NBA

球队休斯顿火箭队主场）作为休斯敦地区举办重大活动的主要场馆之一，每年会至少举办200场比赛和活动，最多的时候可以达到225场，单从天数上看，这个场馆的利用率已经超过了60%（见表2-5）。活动内容繁多，除了举办各种体育比赛活动之外，其他活动也占据重要地位，非体育赛事则占活动总量的40%。[①]

表2-5 2008~2009年丰田体育中心活动安排

体育赛事（场）		文艺活动（场）		家庭活动（场）	其他（场）	
火箭队	46	演唱会	20	30	招聘会	2
航空队	18	杂技	8		社区活动	4
其他	50	舞台剧	5		公益活动	5

资料来源：刘冬梅. 美国大型场馆经营管理成功经验的案例分析及其对我国的启示［D］. 华中师范大学，2009：10-11.

（三）供需平衡是经营管理的基础

通过前述分析，可以知道，在当代，大型活动——繁荣的文体市场、会展需求等——是大型场馆产生的基础，能较好地满足大型活动需求的场馆才能具备可持续发展的能力。在此基础上进一步考虑经营、管理问题（包括体制、机制、品牌塑造、营销等），这才是解开场馆经营管理谜题的钥匙。

对于食品类的产品而言，当供大于求时，必然会有部分产品滞销、腐坏，甚至被生产者处理掉，历史上，著名的倾倒牛奶现象就是例证。大型场馆当然不会腐坏，但是它会失去应有的功能，会破败，时过境迁之后，失去使用功能的场馆就像牛奶一样"腐坏"了。沈阳室内足球馆被拆除、南京市跑马场撂荒、体育场沦为菜地养猪场就是场馆破败后被生产者和所有者处理掉的例证。因此，在中国，讨论大型场馆问题时首先要审视的一个前提是：供需是否平衡。

面对一个供过于求供需失衡的市场，再好的运营策略也无力回天。

---

① 刘冬梅. 美国大型体育场馆经营管理成功经验的案例分析及其对我国的启示［D］. 华中师范大学，2009：10-11.

三、大型场馆供过于求的不良后果

在现实中，我国体育场馆的供给逻辑并不是那么合理。在我国，体育场馆的建设常常是反过来的。普遍的指导思想是"建起场馆，活动就会来"，或者是政治形象工程，不考虑后期利用。这种思维往往造成巨大浪费。当下，全国各地普遍存在严重的场馆产能过剩、供过于求的现象。

为了改善大型场馆的经营和利用，几十年来，我们采用了各种方法，在经营管理层面，我们尝试了各种运营体制，国有国营、国有民营、民有民营各种管理模式，然而，经营效益并没有根本的扭转。

那么，问题到底出在哪里？透过前面的场馆供需分析可以看出，问题的症结就在于场馆的供给供过于求，供需失衡。

在场馆过剩的情况下，面对有限的娱乐市场需求，每个场馆只能提供极其有限的活动场次，这是必然的结果。为了维持场馆的运营，很多场馆只能剑走偏锋，对场馆进行改造，提供酒店、餐饮、超市、体育用品售卖……而这些业态本来是作为大型活动的附属部分存在的，现在则成为体育场馆的主业，完全违背了当初场馆建设设计的意图。

场馆过剩现象在国外同样存在，但在闲置程度上要低于国内，究其原因，主要有以下几个方面：首先，其民主的建设决策机制从根源上使场馆不大可能出现严重的供过于求；[①] 其次，大多数场馆包括为大型赛会修建的场馆由于职业体育、娱乐产业的发达往往能找到合适的下家；最后，俱乐部往往是在原址上扩建场馆以满足体育文化的需求，另选新址修建场馆不多，因而，场馆富余的情况较少。

四、小结

就当下的大型场馆研究而言，多为讨论如何改善管理和经营，这些问题当然有研究的价值，能够解决场馆面临的一些现实问题。然而，从1985

[①] 余胜茹．中、美两国政府投资大型体育场馆决策模式的比较［J］．南京体育学院学报（社会科学版），2016（5）：69.

年提出体育场馆市场化取向以来①，时间已然过去30多年，大型场馆的问题并没有得到根本的扭转，大型场馆"事转企"仍然举步蹒跚，大部分场馆仍然亏损运营。这不但与整个国民经济发展向好的势头格格不入，即便与文化领域的基础设施相比较，在经营状况上也存在较大差距。为何在大致相同的环境中，中国大型场馆的发展会出现如此大的偏差？真的是经营、管理层面的问题吗？

大型场馆是一种综合性的娱乐设施。大型场馆建设应当定位于怎么去满足市民的体育文化需求，保持体育场馆的供需平衡，而不是为了政绩而去修建大而无当的地标式建筑。供过于求是目前国内大型场馆的总体现状。这些场馆在大型赛会举办后除了间或举办一些演唱会和比赛之外，利用率普遍偏低。我们需要能真正满足市民需要，能促进城市发展的大型场馆，而不仅仅是一座豪华的建筑、一个地标。大型场馆的功能发挥，其核心还是要满足民众的实际需求。应当立足于大型场馆的基本功能，主办大型活动。只有大型活动，才能让场馆发挥作用，成为城市复苏和发展的起搏器、发动机。大型活动的主办的数量和质量决定了大型场馆能够在多大程度上为城市的政治、经济发展等宏观目标提供动力。

第三节　大型场馆政府补贴原因分析②

对于大型场馆，长久以来一直存在一种看法，它就像是城市发展的经济引擎，能够给城市的经济发展注入无限活力。正如电影《梦之地》中的祈祷词所说的那样："建起它，他们就会来。"一个城市修建富丽堂皇的大型场馆就仿佛是获得了现金流源源不断的聚宝盆。然而，真相到底如何，大型场馆能不能给城市的经济和社会发展带来显著的积极影响，它对场馆所在地城市的人均收入水平和就业情况能够起到何种作用，政府所宣称的补贴大型场馆的理由都实现了吗？本节在分析中美两国政府（注：书中中美两国政府泛指中美两国联邦/中央政府以及各级地方政府）财政补贴大

---

① 谭建湘，等. 体育场馆经营与管理导论［M］. 北京：高等教育出版社，2014：10.
② 本节内容根据课题组公开发表成果（谭刚. 中、美两国政府财政补贴大型体育场（馆）建设的比较研究［J］. 体育科学，2015（1）：60-67.）进行改写。

型场馆的原因的基础上,对这一问题进行探讨。

一、中美两国政府财政补贴大型场馆的情况

(一) 美国

1961~2003年,美国政府资本在体育场馆投资中一直占据重要位置。虽然20世纪80年代以后,美国体育市场化程度提高,民间资本对体育场馆建设的投资开始升温,但是,在政府投资比重下降的同时,其绝对数字仍然是巨大的,这点在体育场方面体现得较为明显;此外,尽管政府补助的比重持续降低,但随着时间的推移,体育场馆的建设费用上升,财政补贴的货币总值反而提高了。即便是在满载期,政府在各类场馆的投资总额中所占比例仍然达到51%(见表2-6)。

表2-6　　　　　　　　公私部门各时期投资比例

发展时期	体育场(%)		体育馆(%)		总计(%)	
	公共	私人	公共	私人	公共	私人
酝酿期(1961~1969年)	82	18	100	0	88	12
公共补贴期(1970~1984年)	89	11	100	0	93	7
公私合伙过渡期(1985~1994年)	85	15	49	51	64	36
公私合伙满载期(1995~2003年)	62	38	39	61	51	49

资料来源:丹尼斯·霍华德,约翰·克隆普顿.体育财务[M].张兆国,等,译.北京:清华大学出版社,2007:64.

(二) 中国

我国绝大部分体育场馆尤其是大型场馆主要由各级政府投资或筹集国有资本兴建,目前完全由民营资本投资的体育场馆并不多。[①] 中华人民共和国成立到改革开放之前(1949~1978年),体育设施投资几乎完全来自财政拨款;改革开放以来(1979~1992年),大型场馆的投入除财政拨款

---

① 谭建湘,等.体育场馆经营与管理导论[M].北京:高等教育出版社,2014:1.

之外还有银行贷款、企事业单位的自有资金、社会捐赠和外资,资金来源渠道逐渐多元化,但财政拨款仍然是主要部分;市场经济时期(1993年以来),体育设施投入逐步市场化,非公有经济主体积极参与场馆设施供给,社会资金在大型场馆投资中所占比例逐渐上升,但政府拨款仍然占到58.4%,其中体育系统高达77.3%。① 由此可见,在中国,政府财政拨款是大型场馆建设资金投入的主体。

二、美国政府补贴大型场馆的原因

(一) 美国政府宣称的原因——可能的经济收益

尽管各城市之间运动设施和运动队的竞争在某些特定的细节方面不尽相同,但向运动设施和运动队投资的动机却是相同的。

在美国,市政府当局常常宣称运动设施和运动队能产生潜在的经济效应,如提高收入水平、创造就业机会、增加税收、从市区之外来参加体育比赛的人会为运动设施以及许多其他相关或无关的活动而消费,以此来刺激城市消费。此外,一个主要的联盟的运动队可以让一个城市成为"大联盟都市",并进一步吸引新的商业进驻本市。②

在官方的宣传中,最关键的是体育场为地方经济发展产生了几百万美元的"贡献"。来自咨询机构的研究报告往往支持这一观点,此类研究存在一个很大问题是不能保持价值中立,其研究结果常取决于对研究起指导作用的假设,而这些假设常常与研究发起人的意图相一致。这些公司往往是受委托或被雇用来估计这类经济影响。

咨询公司的估测与实际的差异显著在很大程度上是因为对下面的假设产生存在分歧,即是否将当地居民和游客与体育不直接相关的支出包括在内。也就是说,总效应和净效应的不同解释了经济影响估算之间的显著差异。

能保证经济影响研究可信度的原则有以下五个方面:第一,在指定区

---

① 陈元欣. 大型体育场馆设施供给研究 [M]. 武汉:华中师范大学出版社,2011:83.
② 布拉德·汉弗莱斯,丹尼斯·霍华德. 体育经济学(第二卷)[M]. 赵长杰,译. 上海:格致出版社,上海人民出版社,2012:98-99.

域范围内的居民与某一体育赛事有关的消费不应纳入研究的范围,因为这些资金只不过是已有资金的再循环;第二,改期来访者和暂居人员的消费不应纳入研究范围;第三,必须使用影响家庭的收益乘数,因为销售对家庭和就业的影响才是关注的焦点;第四,使用乘数系数而不是比率或正统乘数;第五,仔细解释就业指标。① 而咨询机构的研究常常会违背以上五项原则中的一项或多项。

研究表明,咨询公司所做出的经济影响研究往往采用区域投入产出模型(IMPLAN)来执行,旨在为体育设施的财政补贴辩护。咨询公司采用没有根据的、有倾向性的假定,估计出巨大的、积极的经济影响,如提高人均收入、促进就业、增加税收收入等。

(二) 独立的研究结果

政府建造大型场馆的收益可以分为有形的经济利益和无形的社会效益两个方面。

1. 经济方面

独立的学术研究对政府投资大型场馆的积极经济影响进行肯定的并不多,Santo(2005)对1984~2001年19个大都市区数据的研究表明,体育场馆对城市发展存在混合效应(积极影响和消极影响共存)。② 然而,大部分实证的研究表明,职业运动设施和运动队对大都市的经济只有微小的影响,或者没有明显的积极影响,甚至会有消极影响。③④⑤⑥ 大型场馆带来的经济利益通常包括直接经济收益和间接经济收益。

---

① 丹尼斯·霍华德,约翰·克隆普顿. 体育财务 [M]. 张兆国,等,译. 北京:清华大学出版社,2007:155-157.

② Charles Santo. The Economic Impact of Sports Stadiums: Recasting the Analysis in Context [J]. Journal of Urban Affairs, 2005 (2): 177-191.

③ Mark F Bernstein. Sports Stadium Boondoggle [J]. The Public Interest, 1998 (Summer), 45-57.

④ Robert A Baade, Richard F. Dye. The Impact of Stadiums and Professional Sports on Metropolitan Area Development [J]. Growth and Change, 1990 (Spring): 1-14.

⑤ Phillip A. Miller. The Economic Impact of Sports Stadium Contruction: The Case of the Contruction Industry in St. Louis, MO [J]. Journal of Urban Affairs, 2002 (2): 159-173.

⑥ Andrew Zimbalist. The Economics of Stadiums, Teams and Cities [J]. Policy Studies Review, 1998 (spring): 17-29.

(1) 直接经济收益。

在美国，政府的直接利益主要体现在与球队进行交易的过程中所获得如租金收益、城市在停车场、场地特许使用以及豪华包厢这些收入中的分成。① 但是，为了留住球队，城市往往会与球会签订非常优惠的场馆租用合同，结果，城市获得的租金收益是非常低的。同理，城市在停车场、场地特许使用以及豪华包厢上所获得的收益也非常低。

(2) 间接经济收益。

大型场馆的间接经济收益主要表现为对城市人均收入、就业等方面的积极影响。美国学者常常采用严谨、规范的经济学研究方法对体育设施的间接经济影响进行研究，利用一些整合的时间序列数据和具有代表性的区域经济模型来考察运动设施和运动队对当地经济发展的作用。学术研究人员使用计量经济学的前沿方法，采用时间序列和横截面数据的组合数据，从评估体育场馆对人均实际收入水平或增长率以及就业情况的影响，来估计大型场馆对大都市经济情况的影响。这些研究并没有在回顾性实证研究中发现预测性研究中提到的积极的经济影响。②

采用这种方法对体育设施的经济影响的事后研究最早由 Baade 和 Dye (1990)③ 做出。其研究估计了 NFL、MLB 的球队及新建的体育馆对大都市地区收入的影响，使用了 9 个大都市区 1965~1983 年的数据。结果表明，NFL 球队、MLB 球队以及新建或翻新的体育馆的存在对经济的影响并不显著。

Coctes 和 Humphreys (1999)④ 使用了更大的样本规模（37 个标准都市区）和更长时间，更新的时期（1969~1994 年），发展了 Baade 和 Dye 的方法，在增加体育环境变量的基础上做出的研究结果表明体育变量的总体影响都是会减少实际人均收入。

---

① 迈克尔·利兹，彼得·冯·阿尔门. 体育经济学 [M]. 杨玉明，等，译. 北京：清华大学出版社，2003：186.
② 布拉德·汉弗莱斯，丹尼斯·霍华德，主编. 体育经济学（第二卷）[M]. 赵长杰，译. 上海：格致出版社，上海人民出版社，2012：98-114.
③ Robert A Baade, Richard F. Dye. The Impact of Stadiums and Professional Sports on Metropolitan Area Development [J]. Growth and Change, 1990 (Spring): 1-14.
④ Dennis Coates, Brad R. Humphreys. The growth effects of sport franchises, stadia, and arenas [J]. Journal of Policy Analysis and Management, 1999 (Autumn): 601-624.

Hudson（2001）[①] 对 Baade 的理论进行了拓展，其文章对地区增长模型的理论发展过程进行了回顾，准确地控制了非体育因素对经济体就业增长的影响，得出的结论与早期理论相一致，认为职业体育队与大型场馆对就业增长没有显著的影响。

其他的基于体育场地选址[②]、在体育馆内比赛的球队的数量[③]、替代效应[④]的研究亦表明大型场馆对经济没有积极影响甚至会有消极的影响。

（3）成本问题——会计成本与机会成本。

分析大型场馆的经济影响除了经济利益（直接经济利益和间接经济利益）外，还要考虑成本问题（包括会计成本和机会成本），否则，很难准确估算大型场馆真正的经济影响。

首先，刨除固定资产折旧，假设一个城市在一个30年后变得毫无价值的设施上花费了1亿美元，并且面临的实际利率是3.5%，在不存在通货膨胀并且假设城市每年所付款项相等的情况下，该设施的年成本约为540万美元。[⑤]

其次，城市还必须考虑该行动的机会成本。对体育场馆和球队的财政补贴会减少当地在基础设施、教育以及其他领域的开支。在这一问题上支持者和反对者争论的焦点不是投资于体育场馆是否会带来积极的经济影响，而是来自体育场馆的经济影响是否是所有可供投资的选择中经济影响最显著的。也就是说，投资于体育场馆是否是最佳选择。因为投资于体育设施就等于放弃了备选方案带来的回报。

在上述例子中，如果城市把同一笔钱投在另一个项目上，能够每年获得稳定的1000万美元收益，而其每年能从体育设施投资获得500万美元的收益，那么，它虽然每年取得了500万美元的会计利润，而实际上却是

[①] Ian Hudson. The Use and Misuse of Economic Impact Analysis. The Case of Professional Sports [J]. Journal of Sport and Social Issues，2001（1）：20 – 39.

[②③] Arthur C. Nelson. Prosperity or Blight? A Question of Major League Stadia Locations [J]. Economic Development Quarterly，2001（3）：255 – 265.

[④] Dennis Coates，Brad R. Humphreys. The effect of professional sports on earnings and employment in the services and retail sectors in US citie [J]. Regional Science and Urban Economics，2003（2）：175 – 198.

[⑤] 迈克尔·利兹，彼得·冯·阿尔门. 体育经济学 [M]. 杨玉明，等，译. 北京：清华大学出版社，2003：186.

500 万美元的经济损失,将体育馆的会计成本也计入时,城市的净损失——也即对运动团队的补助,就是 1040 万美元。①

此处,考虑会计成本和机会成本,投资于体育场馆显然不是一个好的选择。

2. 非经济收益

大型场馆这部分溢出效应主要体现在增加地区知名度,提升地区形象、刺激相关发展和精神收益。② 职业球队会吸引大量的媒体报道,给球队所在地带来相当大的知名度。这将有可能吸引新的企业落户,并因此扩大当地的税基。美国公众一直认为没有大联盟球队的地方就不能成为大联盟城市。体育队是城市有代表性的特征,是外界对城市的感受。还有人认为体育队是一个城市整体形象的象征。因而,引进一支大联盟球队,会给城市领导人戴上有能力的光环,如果城市失去一支体育队则可能给城市领导人带来相反的评价。大型体育设施有效刺激市区复苏及其他发展的能力依据主要有两条:第一,累积效应的下限,即游说人们进驻市区;第二,体育设施是市区复苏的综合、统一的宏伟计划的一部分,而不仅仅是一个涉及周边地区发展的模糊希望。精神收益是指居民自己感受到他们享受的感情或心理上的收益,即便他并未实际参与体育赛事。体育队就像是某一地区投资于感情的设施。体育队和体育赛事为构建地区认同感提供了一个焦点。社区居民的情感在这里汇聚,球队胜利时,所有居民都会产生集体荣誉感,提升集体自尊心。

目前,关于无形利益的研究较少,而且都是描述性的。③ Rosentraub 承认体育几乎没有经济影响,它们对社会的重要性在于任何没有球队或一流场馆的城市处于西部文化主流之外,他把体育看作文化偶像和联盟粘合剂。Noll 和 Zimbalist 也提出,在美国,职业联盟球队的文化重要性远胜过其作为商业的意义。尽管职业体育是地区经济很小的组成部分,不足以成

---

① Roger Noll, Andrew Zimbalist. "The Economic Impact of Sports Teams and Facilities" in Sports, Jobs, and Taxes [M]. Washington, D. D.: Brookings Institution Press, 1997: 62.
② 丹尼斯·霍华德,约翰·克隆普顿. 体育财务 [M]. 张兆国,等,译. 北京: 清华大学出版社, 2007: 195.
③ Rick Eckstein, Kevin Delaney. New Sports Stadiums, Community Self-Esteem, and Community Collective Conscience [J]. Journal of Sport and Social Issues, 2002 (3) 235-247.

为经济引擎或推进产业，但这并不意味着体育对城市生活、城市活力和城市经济的作用不重要。即使一贯坚持关于体育的积极影响的证据几乎不存在的 Baade 也承认他没有将无形利益包括在内的原因不是无形利益不重要，而是财政补贴体育的支持者认为其理由是基于经济影响。

综合来看，大型场馆产生的无形利益大概可以分为 5 种类型：公共消费利益或参与者的消费者剩余；通过媒体和日常交谈对非参与者产生的外部效应；通过职业体育球队提升城市的声望、社会自尊和公共形象；涉及共享价值、利益和经验的将社会成员团结起来的社会集体良知；提高社会能见度。

来自体育场馆的无形利益早就被研究者注意到，但是由于无形利益的现实意义是难以量化的，几乎没有人对其进行深入研究。

(三) 合理的原因

学术研究的大部分证据表明，宣称的经济效应并没有证明这些经济影响来自大型场馆。那么，美国联邦和地方政府为什么愿意为大型场馆的建设提供财政补贴呢？

政府对大型场馆进行投资的原因主要是非经济因素，如提高生活质量、提升公民自豪感或社会自我认同感、提升作为大联盟城市的形象、增加心理收益[1]以及体育联盟和球队的垄断性。[2][3]

城市不是，并且也不应该用与公司同样的目标来经营。建造和维护一个体育馆可能对城市而言并不盈利，但是，它能产生足够的正外部性来证明这种开支的合理性。外部性反映的是对那些与运动团队没有直接关系的个人或公司的好处。这些能感知到的收益多来自一种看法，即地方经济中巨大的乘数效应正在对支出发生作用。尽管大多数证据表明，体育设施的收益并不能超过其成本。

---

[1] John Crompton. Beyond Economic Impact: an Alternative Rational for the Public Subsidy of Major League Sports Facilities [J]. Journal of Sports Management, 2004 (1): 40 – 58.

[2] 布拉德·汉弗莱斯，丹尼斯·霍华德. 体育经济学 (第二卷) [M]. 赵长杰，译. 上海：格致出版社，上海人民出版社，2012：114.

[3] 丹尼斯·霍华德，约翰·克隆普顿. 体育财务 [M]. 张兆国，等，译. 北京：清华大学出版社，2007：194.

另一个原因是体育联盟和球队的垄断性。由于北美主要联盟控制着球队的供给、不同市场的特权分配以及能在任意地区参赛的球队的数量、球队的选址、所有权的归属等，这种状况使城市对运动队的需求远大于运动队的供给。运动市场结构的这种特征决定了运动队和城市的议价能力。城市常常面临这样一个选择：是提供财政补贴获得或保留一个运动队，还是不提供财政补贴失去一个运动队。① 现实中，面对这种"非有即无"的境况，城市往往会选择前者，通过财政补贴运动队来获得或保留运动队。

各大都市之间为了吸引和保留职业运动队而相互竞争。以 2006 年的货币值计量，1961～2006 年对使用中以及在建体育场馆的总投资达到 289.6 亿美元，其中 195 亿美元来自政府财政。② 政府财政所占比重达 67.3%。

三、中国政府财政补贴大型场馆的原因

（一）官方认可的理由

当今各级政府都更加注意发挥大型场馆的作用和效益，不仅希望大型场馆通过发挥自身功能，承办国际、国内高水平体育赛事来促进地方经济的快速发展，同时也希望大型场馆能够带来更好的社会效益，为全民健身事业的发展作出贡献。③

（二）学界的观点

学界对我国政府财政资助大型场馆的原因进行专门研究的几乎没有，相关论述常常散见于各种有关体育场馆产业发展的论文、教材和专著中。学界对该问题的看法可以从大型场馆的意义、作用或功能的论述中管窥。

---

① 布拉德·汉弗莱斯，丹尼斯·霍华德. 体育经济学（第二卷）[M]. 赵长杰，译. 上海：格致出版社，上海人民出版社，2012：102.
② 布拉德·汉弗莱斯，丹尼斯·霍华德. 体育经济学（第二卷）[M]. 赵长杰，译. 上海：格致出版社，上海人民出版社，2012：99.
③ 高扬，闵健. 大型体育场馆建设与产业化运作研究 [M]. 成都：电子科技大学出版社，2011：7.

建设大型场馆作为一个国家或地区对外文化交流、展示政治经济风貌及建筑技术水平成就的重要形式，对其政治经济、文化科技以及社会发展、城市规划起带动作用，影响深远，意义重大。①

大型场馆的作用主要表现在推进城市化进程（加快城市扩张速度；提升城市基础设施建设速度；加速城市人口的聚集；促进区域间的动态平衡与发展），作为城市和地区社会、文化、体育事业发展的物质基础和完善城市功能的重要条件（城市再生运动的重要内容；促进城市和社会发展的物质载体；城市和地区体育事业、文化体育产业发展的物质前提；完善城市功能、提升城市形象的基础条件），以及综合社会效益（增强大众的荣誉感和对城市的认同感和归属感；维护城市社会的稳定，促进城市的安定团结与和谐发展；提高城市大众的体育健身娱乐意识，促进人的完善与全面发展；承办高水平的大型赛事；政府能从大型场馆中获得税收收入；突出环保效益，可持续发展效益）三个方面。②

大型场馆的建设是为了满足大众日益增长的精神文化生活和健康的需要，满足社会体育事业发展的需要，满足当地区域经济和社会发展的需要。③ 具体而言，包括承办各种类型的体育竞赛和表演活动、提供大众健身休闲服务、提供高水平运动员训练服务、提供青少年业余运动训练服务、文化艺术娱乐活动、城市经济活动服务、城市生态和应急服务。④ 体育场馆是体育事业发展的重要设施，它不仅是人类社会文明与科技进步的成果反映，是社会经济发展的体现，是体育健儿展现运动才华的舞台，而且还是大众强身健体、休闲娱乐的活动中心，同时也是大型集会、文化交流与经贸展示的场所。因此，体育场馆设施是各国政府发展体育事业、建设现代化城市、保证公民权益的普遍措施，它与国家、城市、单位的发展相辅相成，其功能远远超过了体育的范畴。⑤

由以上描述可以看出，学界对于中国大型场馆在推动城市经济、社会

---

① 高扬，闵健. 大型体育场馆建设与产业化运作研究［M］. 成都：电子科技大学出版社，2011：1.
② 高扬，闵健. 大型体育场馆建设与产业化运作研究［M］. 成都：电子科技大学出版社，2011：7 - 10.
③ 谭建湘，等. 体育场馆经营与管理导论［M］. 北京：高等教育出版社，2014：1.
④ 谭建湘，等. 体育场馆经营与管理导论［M］. 北京：高等教育出版社，2014：13 - 16.
⑤ 王德炜. 体育场馆运行管理［M］. 北京：人民体育出版社，2011：2.

发展过程中的作用给予了深切的肯定和希望，可视作政府财政补贴大型场馆合法性的理由。然而，由于缺乏从经济学角度对该论题进行研究，而且大多数的相关研究多属于描述性的定性研究，缺乏定量的数理分析，因而缺乏足够的说服力。

（三）来自现实的验证

中国政府和学界倡导的补贴理由是否实现，这一点可以从大型场馆经营效益和面向社会开放两个方面进行了解。

1. 经济效益

根据第二次全国经济普查的调研结果，2007年全国体育场馆业（报告中以"体育场馆管理活动"指代，即为社会公众提供观赏比赛和专业训练的体育场馆管理活动[①]）的增加值占当年全国体育及相关产业增加值总额的1.82%。虽然体育场馆整体经济效益增长较快，且吸纳了一定的就业人员（见表2-7），但是其整体而言还是一个比较小的经济规模，较之于其他行业，体育场馆业对体育产业的贡献相对较小。而且，体育场馆业的经营效益并不乐观，在所有体育产业子产业中，体育场馆产业主营业务收入和主营业务利润两项指标均比较小，且排名靠后。[②] 事实上，考虑到整个体育产业在国民经济中也属于较小的经济规模（根据全国第一次体育及相关产业专项调查数据及2009年、2010年两年数据显示。到"十一五"末，我国体育及相关产业增加值占GDP总量比重为0.55%[③]），体育场馆业对整个国民经济的积极影响非常有限。如果计入兴建体育场馆的会计成本和机会成本，以及政府在场馆运营中的财政补贴，其经济影响将进一步缩小。

---

① 中国体育科学学会体育产业分会. 中国体育及相关产业统计 [M]. 北京：人民体育出版社，2011：309.
② 国务院第二次全国经济普查小组领导办公室，国家体育总局体育经济司. 中国体育产业发展研究报告 [M]. 北京：中国统计出版社，2012：32-33.
③ 刘扶民. 2011年全国体育产业工作报告 [EB/OL]. [2011-12-01]. http://www.sport.gov.cn/n16/n1077/n1467/n2455897/n2455950/n2456284/2456830.html.

表 2-7　　　　　　体育场馆产业发展规模一览表

年份	总产值（亿元）	增加值（亿元）	增长率（%）	占体育产业的比例（%）	就业人数（万人）	从业机构数（家）	平均就业人员（人）
2006	28.44	18.24	—	1.86	2.58	573	45
2007	34.49	23.04	22.99	1.82	2.41	583	41
2008	—	30	27.53	—	2.62	1432	18

注：2008 年体育场馆产业增加值和从业人员有两个版本，《中国体育产业发展研究报告》的数据是 27.64 亿元和 3.08 万人，此处采用的是中国体育科学学会体育产业分会发布的报告结果。

资料来源：张林，黄海燕. 中国体育产业发展报告 [M]. 北京：人民体育出版社，2013：60-82；国务院第二次全国经济普查小组领导办公室，国家体育总局体育经济司. 中国体育产业发展研究报告 [M]. 北京：中国统计出版社，2012：18-36；中国体育科学学会体育产业分会. 中国体育及相关产业统计 [M]. 北京：人民体育出版社，2011：297-309。

大型场馆还可能存在拉动第三产业发展、提升周边房地产价格等经济影响，[①] 但是，这部分的经济影响到底如何，尚未得到来自实证研究的支持。

2. 社会效益

目前，我国大型场馆存在比较严重的闲置现象，一些大型场馆一年举行的活动不足 20 余次，加之大型场馆的竞赛定位，难以对群众的健身开放，致使许多体育场馆资源闲置问题更加凸显。2009 年有 63.3% 的被调查场馆全年举办大型活动在 20 次以下，仅有 3% 的被调查场馆举办大型活动在 50 次以上。[②]

当然大型场馆的社会效益还包括作为城市标志、带动市政建设、提升居民生活水平、增加居民的心理收益等方面，但是，迄今为止国内尚缺少对社会效益的量化研究。

四、比较分析

（一）补贴原因

从以上论述可以看到两国政府宣称的财政补贴大型场馆的原因有所不

[①] 陈元欣，方曙光，王健. 我国综合性大型体育赛事场馆设施建设的双重困境 [J]. 上海体育学院学报，2007（4）：25.

[②] 张林，黄海燕. 中国体育产业发展报告 [M]. 北京：人民体育出版社，2013：77-78.

同。注重实用的美国政府宣称修建大型场馆能够带来潜在的经济效益，如提高收入水平、创造就业机会、增加税收等，以此为政府资助大型场馆提供合法性。作为资助方的中国各级政府对大型场馆则抱有更多期望，除类似的经济理由外，还有更多的社会效益诉求，如带动全民健身、作为城市名片、带动市政建设，促进城市现代化等。

（二）补贴效果

从实证的角度看，中美两国政府财政补贴的效果也有所不同。

1. 社会效益

在社会效益方面，由于体育是西方文化的主要元素，人们把球队视为社会文化的代表，[1] 美国民众在体育领域往往投入巨大热情，体育场馆成为维系城市情感的重要纽带，修建大型场馆可以吸引职业联盟球队入驻从而给社会公众带来巨大的心理收益。此外，修建体育场馆还可能带来增加地区知名度、提升地区形象等潜在收益。中国作为一个发展中国家，通过承办大型赛会、修建大型场馆，往往能加快城市基础设施的建设，在一些城市甚至能呈现跨越式的发展，如北京、广州。然而，大型设施的修建对于带动全民健身、体育普及所起的作用并不明显。

2. 经济效益

修建大型场馆的经济效益可以从对城市的总体经济影响和体育场馆业两个方面展开。从对城市的总体经济影响的角度看，中美两国均未达到预期的效果。实证的研究结果表明，美国大型场馆对城市的经济影响有限，甚至可能带来负面的影响；中国大型场馆在吸纳就业、产业增加值等方面对所在城市的影响也相当有限。修建大型场馆作为刺激城市经济发展的措施并未得到相应的数据支持。大型场馆作为城市经济发展的引擎作用并未显现。就体育场馆业自身而言，中美存在较大差异：美国场馆业供求大致平衡，场馆经营状况良好；中国场馆业在运营中举步维艰，仍然离不开政府资助。

---

[1] 丹尼斯·霍华德，约翰·克隆普顿. 体育财务 [M]. 张兆国，等，译. 北京：清华大学出版社，2007：104.

五、小结

对于大型场馆，美国人都抱有这种期待：它就像是一个"锚"，围绕着这个"锚"，城市能够让它那日渐没落的市区重现生机。州和地方当局想象着这样一番景象：游客被吸引到市区观看比赛，居民居住在市区而不是居住在郊区，当地商人让市区生机勃勃并重新部署市区。中国人则希望通过修建大型场馆来带动第三产业发展，拉动就业，拉抬周边房地产价格，促进全民健身，对经济和社会发展做出全方位的贡献。

然而，美中两国的经验表明，大型场馆并不是带动城市经济发展的引擎。就我国而言，甚而体育场馆作为一种产业的地位都未完全确立，虽然国家层面发布了推动体育产业发展的政策，然而，受制度惯性的影响，加之体育市场发育尚不成熟，体育职业化进程总体而言处在起步阶段，在这种背景下，我国体育场馆的产业经营环境尚不正常，希望体育场馆在短时间内实现良性发展是过分乐观的想法。因而，在大型场馆的投资决策上，要进行反复的论证，根据实际情况设计其规模，不能盲目地攀大求高，造成不必要的资金浪费。将来体育场馆的建设，应注重市场导向，发挥市场在资源配置中的决定性作用。

第四节　大型场馆政府投资决策模式分析[①]

当代，大型场馆由于具有较为明显的外部性特征，社会效应明显，政府往往会在大型场馆的建设上给予政策和财务倾斜，政府投资场馆是其直接体现。这种现象在国内非常普遍，如鸟巢等奥运场馆的修建，财政投资占了相当的比例。

由于财政收入来源于税收，很显然，其投资决策属于公共决策的范畴，应当遵循合理的公共决策方式，否则，会带来很大的隐患，如经济损

---

① 本节内容根据课题组公开发表成果（余胜茹. 中、美两国政府投资大型体育场馆决策模式的比较［J］. 南京体育学院学报，2016（5）：69－74）进行改写。

失、市民的反对。广州亚运会在申办时提出 20 亿元的预算,最终花出去 2577 亿元,亚运预算因屡次提高未经人大审议多次受到代表质疑。① 对于场馆领域来说,政府投资失败最直接的后果则是大型场馆的供过于求,导致产能过剩、闲置严重。在公民意识觉醒的当下,面对一个不成功的投资,政府所面临的压力可想而知。因此,必须对相应的政府投资决策进行反思,寻找应对之策。

与中国类似,美国政府在大型场馆投资中占据重要位置,② 然而,美国体育场馆并未普遍出现供过于求问题。本节试图从中美两国大型场馆投资决策的对比分析角度,透过两国决策的背景、过程、效果等环节,挖掘两国场馆不同供求状况的决策影响因素,以期在未来改善国内大型场馆供求不平衡的状态,促进体育场馆业发展。

一、公共决策相关理论

公共决策是国家、政府及执政党为公共物品的生产及供应,为宏观调控经济及社会的运行作出的决策,它不同于市场决策,其决策主体和决策过程均有所不同。③

公共决策作为集体行动体现为政治权力的运作过程,它按照政治的程序和规则而运转。公共决策程序和规则是公共决策体制的一个基本组成部分。在现代社会中,有民主的决策体制和非民主的决策体制两种基本的公共决策体制。非民主的决策体制的典型是独裁决策体制。在这种体制下,公共决策或公共物品的供给取决于独裁者本人的偏好,由他们说了算,他们宣称自己是为社会或公众做决策,标榜其偏好与公众的偏好相一致,做出的决策符合公共利益,但实际上并非如此。其决策往往会给全社会带来灾难与损失。

民主的决策体制有两种形式,即直接民主制和代议民主制。前者能全

---

① 政府应该怎么花钱——从广州办亚运财政负债 2100 亿说起 [EB/OL]. [2011-02-24]. http://news.ifeng.com/opinion/special/guangzhouzhengfuhuaqian/.
② 谭刚. 中、美两国政府财政补贴大型体育场(馆)建设的比较研究 [J]. 体育科学, 2015(1):60-67.
③ 陈振明. 公共管理学 [M]. 北京:中国人民大学出版社, 2005:266.

面反映选民的偏好但决策成本高;后者往往由选民或投票人选举出代表,再由这些代表作公共决策。相对而言,代议民主制在平衡决策成本和公民偏好的一致性上具有一定的优势,是一种在全球较通行的决策体制。

合理的公共决策要求要做到科学化、民主化和法制化。民主化是现代化公共决策的基础,科学化是现代化公共决策的主导,法制化是现代化公共决策的保证。

二、美国大型场馆政府投资决策模式

美国对于政府投资项目通常采用项目管理模式进行管理,① 在政府参与的大型场馆投资中也属此类投资模式。

（一）美国政府投资项目管理的一般方法

1. 管理体制

美国政府投资项目涉及面较广,主要包括教育、文化、医疗、社保、养老、农林、水利、交通运输、住宅及城市规划、军事和国防设施、政府办公用房等方面。联邦政府设有住宅与城市建设部、交通部、拓垦局、国家公园管理局、后勤总署等部门实施专业化管理。州及地方政府投资工程的管理体制与联邦政府大体相同,均是由几个政府部门对本级政府投资的工程实施专门管理。

在联邦政府投资工程实施的过程中,最终用户部门以及白宫预算办公室（OMB）、国会以及财政部都要以不同的形式参与,最终用户一般要参与审定设计和验收工程,白宫预算办公室（OMB）要对项目的预算进行审定,预算须经国会批准后方可正式执行,财政部负责工程建设资金支付。州与地方政府投资工程的实施程序与联邦政府基本相同。

2. 决策与实施程序

从程序上来看,美国联邦及州的政府投资项目管理一般具有以下特点:在项目的决策阶段,项目要经过同级财政部门和议会的严格审查;在

---

① 小约瑟夫·斯图尔特,戴维·M. 赫奇,詹姆斯·P. 莱斯特. 公共政策导论［M］. 北京:中国人民大学出版社,2011:28-30.

项目的实施阶段,则由项目的执行机关严格按照规定程序以及有关合同对项目进行管理。美国政府投资项目管理流程如图2-1所示。从中可以看到,使用单位、主管部门、财务部门、议会等机构在一个项目的立项决策中都发挥了作用。其中,议会作为选民的代表发挥着重要的作用,一个项目是否能够通过,议会的意见是至关重要的,其意见是最终意见,决定着一个项目的命运。

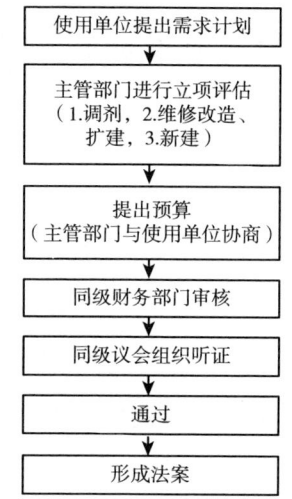

图2-1 美国政府投资项目管理流程

(二) 美国大型场馆投资决策的过程

作为政府投资项目的一种,大型场馆在投资决策过程中也遵循上述投资项目管理的一般模式。下面以纽约洋基队①的新球场建设为例进行说明。美国职业棒球联盟（MLB）纽约洋基队2005年6月15日宣布计划兴建一座新球场。这座球场的投资决策过程大致如下。

在项目初期,为了赢得球场当地居民的支持和认可,纽约洋基队计划向当地信托基金捐助2800万美元,用于当地社区和新场馆周围区域建设。球队还将提供免费门票、周边公园维护、向社区学校捐赠设备等。在新洋

---

① 纽约洋基队的投资决策案例参考陈元欣作品（《大型体育场馆投融资实务》41-49页）进行改写。

基球场的所有96个建筑包工合同中，大约有三分之一的建筑份额将给予纽约市布朗克斯区（球场所在地区）的建筑公司。参与建筑的承包商也承诺他们所购买的建筑材料很大一部分来自布朗克斯区，并且雇用部分当地居民。

尽管如此，球场新建计划并不十分顺畅。许多当地社区居民非常关注新场馆项目的交通和环境影响问题，他们认为这个项目的建成将会使当地的区域交通变得十分拥挤和繁忙，而且，由于场馆的建成，将损失22英亩的城市公园以及大量居民面临搬迁。此外，很多人对大量的公共资金用于资助新洋基球场建设也表现出强烈的关注。为了反对新洋基球场的建造计划，有社区代表在由负责扬基球场计划的市政部门举行的公共听证会上表达了对失去公园以及大量使用公共资金的担忧。为此，土地用途小组委员会在2006年3月28日进行了公共听证会，听取了各方意见。市议会对新洋基球场的建造计划在4月5日进行投票决定。

如果市政部门批准发行免税债券来建造场馆，那么洋基队的巨额开支将得到缓解。但是，1986年通过的《税收改革法案》禁止利用免税债券建造体育设施，因此融资计划必须由市议会财政委员会和美国国内税务局进行复议。2006年4月26日，市议会成员对场馆的融资计划进行投票，结果以压倒性多数通过了将发行2亿美元的免税债券以及其他资助措施用于新洋基球场的建造。工程建造和融资计划都得到了纽约市议会的批准通过。纽约市工业发展局批准发行免税债券以资助场馆的停车场建设，纽约州的帝国发展公司也对新场馆的停车场建设给予捐助。

至此，纽约洋基队兴建新球场的计划通过，并形成决议。新的洋基体育场在2009年建成，并于当年4月4日启用，同年4月16日举行的开幕战由洋基队对战克利夫兰印地安人队。

在这个项目投资决策的过程中，我们可以看到政府投资项目管理的程序得到遵循。作为使用单位的洋基队提出需求计划，主管部门（纽约市政府）进行立项评估，评估通过后，地方政府和纽约市政府与洋基队共同提出预算计划，纽约市议会财政委员会对预算进行复议（审核），预算计划通过后，市议会对球场兴建计划进行表决。在此过程中，纽约洋基队、地方长官、纽约市长、市财务委员会、市议会各司其职，在各自相对独立的背景下，参与到纽约洋基队新球场的建设决策过程中。在此过程中，充满了各种力量的博弈,支持和反对的意见均得到表达的机会,正是在这种相互的制衡中,民主决策的精髓得以体现,决策的科学性也有了保障。

值得指出的是,美国人作为一个狂热的体育民族,公众普遍对体育运动抱有极大的热情,这对于促成体育场馆的建设决策往往有帮助,在很多情况下,职业球队都能达成其球场新建计划。然而,失败的案例也不鲜见。旧金山巨人队所在的地区就曾经否决了 4 项动用公共资金资助场馆建设的请求。①

(三)投资决策效果

虽然这种利益博弈方式并不完美,但相对民主的决策方式使利用公共资金修建体育场馆的支持和反对意见都能得到较为充分的表述。尽管这一过程并不能保证总是产生合理的结果,但是在多数情况下,可以使大型场馆的供需处于相对平衡的状态。例如,美国职业篮球协会(NBA)场馆建设规模在过去二三十年间不断扩大,平均规模从 1.6 万座增长到 1.8 万座至 2 万座,设施标准也不断提高,但是,其比赛门票仍然非常畅销。② 此外,大多数的新球场在建成后都获得了较好的经济和社会效益。

三、中国大型场馆政府投资决策模式

(一)中国政府公共决策的特点

从历史的角度来看,我国政府公共决策采用过内部集体决策、"一言堂"决策、咨询决策和准公共决策四种模式③。总体而言,中央及地方各级政府决策模式演变大致经历了内部集体决策模式创建、破坏,再重建的过程。改革开放以来,总体上是一个不断发展的过程,从内部集体决策,演进到咨询决策,再到准公共决策。政府在公共决策过程中逐渐走出体制

---

① 陈元欣. 大型体育场馆投融资实务 [M]. 北京:北京体育大学出版社,2012:31.
② 丹尼斯·霍华德,约翰·克隆普顿. 体育财务 [M]. 北京:清华大学出版社,2007:64,104.
③ 王绍光 鄢一龙. "中国版"的四种决策模式,[EB/OL]. [2016 – 06 – 06]. http://www.qunzh.com/qkzx/gwqk/jczx/2016/201603/201606/t20160606_ 21371. html.

的刻板印象，决策模式已由过去的"个人决策""集体决策"转向一种民主化、科学化水平更高的决策模式。

然而，还是有值得改善的地方。仅就决策主体而言，各级政府在决策过程中主要还是由地方政府唱主角，人大、政协等机构发挥作用不够，社会、媒体、个人则更难以在涉及公众利益的政策中发出自己的声音。甚至在一些地方政府决策中，完全由政府内部（往往是一把手说了算）作出决策，人大、政协作用弱化。

总体来看，我国现行的公共决策体制基本上是在计划经济体制的基础上形成和发展起来的，不能适应市场经济发展的需要。因此要加快我国公共决策的科学化、民主化和法制化的步伐，改善公共决策系统及其运行，提高公共决策制定及执行的质量。[①]

（二）中国大型场馆投资决策的过程

我国大型场馆的投资建设是一种政府主导型的模式。大型场馆的建设往往是以满足某一赛事的主办为目的，在项目决策过程中，城市政府发挥核心作用，往往由城市政府确定主办某一大型赛事，然后以财政拨款方式修建一批场馆。大型场馆的修建决策与赛事的主办决策常常高度重合。

政府财政拨款机制的运作轨迹是：中央政府或地方政府根据城市发展规划或举（承）办大型体育赛事或文化活动的需要决定体育场地建设的具体项目，并列入政府财政预算和基本建设投资计划，通过中央或地方预算内支出或预算外支出等财政拨款方式投资，并由行政部门安排设计、施工，所需投资成本由政府财政部门审核批准核销，投资项目所形成的固定资产归国家所有，并提供给社会使用。[②]

政府主导型的大型场馆投资决策具有以下特点：（1）单中心的决策主体。投资决策往往由政府单边作出，或者，虽然有咨询专家组、社会公众等其他决策主体参与，但由于政府的权威性，以及社会公众缺乏意见反映通道和技术，实际作出决策的仍然是政府。（2）决策机制不完善或

---

① 陈振明. 公共管理学 [M]. 北京：中国人民大学出版社，2005：270.
② 陈元欣. 大型体育场馆投融资实务 [M]. 北京：北京体育大学出版社，2012：47.

没有严格执行。项目论证制度、专家全程参与制度、听证制度、绩效评价制度等作为现代决策必需的过程,在地方政府大型场馆建设的决策实践中,常常面临缺失,或者存在走过场的情况。例如,根据相关法律,大型项目投资必须举行听证会,然而,此环节在很多场馆的建设决策中并未执行。①

(三) 投资决策效果

政府主导型的决策方式在过去的60多年时间里,促成了大量大型场馆的建设,较好地满足了主办大型赛事的需要,对于1949年后体育事业的发展起到了一定的推动作用。

然而,为大型赛事而修建场馆并不能体现地方公众对大型场馆的真实需求。由于政府修建场馆的目标是为了某一满足大型赛事的要求,而并非从长远出发考虑当地公众对大型场馆的需求,缺乏充分的体育需求,常常导致大型场馆赛后运营上的困难。课题组在调研过程中曾走访南昌七城会的主要场馆江西省奥体中心和南昌市国际体育中心,两处大型场馆均存在相当程度的场地闲置情况,例如,江西省奥体中心除游泳馆常年对外开放,其余场地设施除主办大型活动之外,基本处于闭馆状态。这种情况并非个案,南京市跑马场撂荒、沈阳室内足球馆被爆破拆除,大型体育场被当作菜地,类似的报道时常见诸报纸网络等各种媒体。全国各地大型场馆开放不足、闲置现象非常严重。2009年有63.3%的被调查场馆全年举办大型活动在20次以下,仅有3%的被调查场馆举办大型活动在50次以上。②

四、中美大型场馆政府投资决策模式的差异

综合中美两国大型场馆投资决策方式,可以看到中美两国大型场馆投资决策模式大体上都可以归入民主的决策体制,但是仍然存在较大差异(见表2-8)。

---

① 王莹. 山东省政府投资公共体育场馆建设项目治理模式研究 [D]. 山东大学,2010:37.
② 张林,黄海燕. 中国体育产业发展报告 [M]. 北京:人民体育出版社,2013:77-78.

表 2-8　　　　　　　　场馆投资决策模式比较

	中国	美国
决策主体	政府，单中心	议会、社区公众、使用者、媒体等，多中心
监督主体	政府	政府、社区、媒体
论证机构独立性	弱	强
投资预算约束性	软	硬
信息发布透明度	低	高
民众参与度	低	高
决策程序是否法定	无严格法定（或有规定，但未严格执行）	法定、强制

美国大型场馆的投资立项是一个"现实"的利益博弈过程，通过投票表决的方式体现出来，各利益相关者的谈判议价能力在其中起到重要作用。

城市为了引入大联盟球队必须动用市政资金或通过设立征税项目等方式来筹集款项，为此，主管部门将会对该议程进行审议以确定是否立项。如果审议通过，那么，财务部门将对项目预算以及筹资等方式进行表决，通过后，再由议会就该项目是否执行进行最终表决。表决内容还涉及由谁承担建设、运营，赛后运营是否有财政补助等。项目投资决策是一个程序严密、一环扣一环的民主决策过程。

博弈在场馆"立项—筹资—建设—运营"过程中贯彻始终，民主使公众意见在每个环节得到充分表达。这一过程虽然在大多数情况下比集权式的行政决策方式周期更长（从使用者提出诉求到最终被议会通过常常历时1年以上），看上去效率低下，但是，由于公众的各种意见得到充分的表达，决策时各方诉求都被听取，决策也相对合理，符合实际。另外，从政治的角度看，由于公众意见得到充分表达，公众的知情权受到尊重，公众对场馆的运营情况、政策比较了解，日后运营中来自媒体和社会舆论的反弹压力也小。这也是国外场馆运营过程中，"公益性弱""国有资产流失"等问题不突出的原因。因为场馆上述问题大多在项目立项、建设开始之前就已经得到较为充分的讨论，利益相关方已经取得了广泛的共识，以某种方式（如合同、协议）确定下来，并在建设和运营中实施。由于场馆投资立项之初，往往经过充分酝酿，市民在此过程中参与决策的广度和深度都有保障，因而，项目具有广泛的民意基础。

相较而言，国内大型场馆投资由于"公众参与"的缺席，往往由行政部门作出决策。由于政府信息沟通渠道不畅，社会公众往往对于决策过程不甚了然。此外，政府官员作为政府行为的具体操作者具有自己的动机、愿望和偏好，关心自己在政治活动中的成本和收益，在决策过程中追求自己利益的最大化。单一主体决策主体模式下的政府官员更有可能在政治过程中对不同的决策规则和集体制度作出最有利于自己的反应，因此场馆决策最后可能会导致违背公众民意的结果。当政府官员出于打造政绩和获取经济利益（寻租）的立场来决定场馆的建设时，公众利益乃至市场需求更在决策的考量之外。

上述情况可能直接导致以下几个后果：（1）决策主体单一。兼听则明、偏听则暗，导致决策不科学。（2）决策缺乏民意基础。一旦出现问题，反弹大。（3）不利于监管。公众知情权的缺失，使媒体、公众无法对投资过程实施有效监督。

国务院于2004年颁布了《关于投资体制改革的决定》，以推进我国投融资体制改革，但传统的投融资体制制度惯性依然存在，主要表现为：（1）大型场馆是否建设，建设规模、投资金额等由政府决策，并由政府直接建设；（2）建设资金多来源于政府财政拨款，或由政府担保向银行贷款，由政府财政负责偿还；（3）建设目的不是盈利，而是基于主办大型赛会的需要。① 现实中，大型场馆广泛存在的"体量大、数量多、档次高、投资大"现象，公众对大型场馆建设的不认可，以及前述体育场馆的闲置和损毁现象充分说明了这一点。

合理的场馆决策要求要做到科学化、民主化和法制化。民主化是场馆公共决策的基础，科学化是场馆公共决策的主导，法制化是场馆公共决策的保证。

科学化决策要建立健全公共决策系统，充实参谋咨询机构和信息工作机构，遵循科学的决策原则，特别要注意发扬民主，营造自由、平等的讨论气氛，广泛听取专家、学者和从业人员的意见。民主化决策要求把民主

---

① 陈元欣. 大型体育场馆投融资实务 [M]. 北京：北京体育大学出版社，2012：6.

机制引入决策系统,保障广大市民和各种社会团体以及政策研究组织能够充分参与公共决策过程,在政策中反映广大市民的根本利益和诉求,它要求提高政治生活的透明度。实现决策目标的民主化,要做到政务公开、政治民主。要建立重大问题的通报制度,对于场馆投资问题应当通过多种渠道向社会通报。强化对决策的新闻舆论监督,做到制度、程序和结果的三公开。决策法制化通过宪法和法律来规定和约束决策主体的行为、决策体制和决策过程,特别是要通过法律来保障广大市民参与公共决策的权力。

目前,我国政府场馆投资决策离民主化、科学化、法制化仍有较大差距。

五、启示

纵观美国大型场馆的投资决策模式,存在以下一些突出特征:注重民众参与;政府、企业、社会团体共同决策;由议会(居民)投票对方案进行最终确认。应该说美国大型场馆投资决策模式并非完美,而且,中美两国在政治、经济、文化制度等方面也存在很大差异,美国大型场馆的投资决策模式并不能完全照搬。然而,其决策方式中的一些做法还是值得我国借鉴。

(一)提高大众参与场馆决策的积极性

进入21世纪以来,公众的公民意识逐渐觉醒,重视和发挥公众在场馆决策中的作用将会大大改善决策的科学性,公众有权对地方和本社区的财政资源分配进行监督,有权表达自己的公共品偏好。而在过去很长一段时间里,公众表达自己的正当利益诉求的渠道不畅。为了提高公众参与场馆决策的积极性,可在以下几个方面作出改进:一是强化公众的纳税人意识,使大家认识到政府或者公共部门所耗费的资源是所有纳税人的资源集合;二是要建立公众对公共品偏好的表达机制,直接的投票或间接的代议都可以,但必须保证公众意见能够得到尊重;三是政府的财政支出、决策程序、税收等要向公众透明公开。

(二)强化人大在场馆决策中的权威作用

从世界各国的发展趋势来看,立法部门(议会、人大)的地位都是通过严格的审查制度确立的。以美国政府的场馆投资经验看,议会作为选民的代表发挥着重要的作用,一个项目是否能够通过,议会的意见是至关重要的,其意见是最终意见,决定着一个项目的命运。在我国,尽管我国人大在场馆投资决策中的地位也可找出法律依据,但缺乏具体的制度设计来保证人大作用的实现,存在人大作用软化的现象。要发挥我国人大在场馆决策中的权威作用,关键还在于具体的制度安排。首先,有必要将人大事后监督前移,在政府编制场馆预算时就积极参与并保证工作的独立性;其次,在对场馆预算草案进行审议的过程中,可以引入辩论制和询问制,即财政部门在完成人大预算报告后,必须对人大代表提出的各种问题接受询问,人大代表在投票前,必须经过充分的论辩;再次,人大代表的选举要有代表性,允许在人大会上存在不同的合理声音;最后,人大代表在大会闭会期间的工作应继续,政府部门要为人大代表的工作提供便利。

(三) 适度引入竞争,改进政府工作方式

就当前而言,在场馆决策领域,政府仍然存在替代其他决策主体进行决策的行为。按照公共选择理论的观点,政府犹如市场一样都存在不可避免的"失灵"。因此,对于我国的政府而言,不仅需要纠正其"失灵"之处,还需要限制其权利和机构的膨胀之势。可以尝试引入竞争机制,在政府管理中注入一些市场因素,缩小非市场缺陷的影响范围,如将某项工作任务外包或在政府部门间发包形成类似市场的竞争,场馆投资引入私人供给主体等。

小结

在中共十八届三中全会发布的决议中强调,要让市场在资源配置中起决定性的作用。大型场馆民营化议题的实质是探讨场馆供给。从本章对大型场馆供给的驱动力、供需关系、政府补贴大型场馆原因以及投资决策等问题的分析来看,结果都指向"市场":观赏型体育需求作为大型场馆发展的主要驱动力,是市场的作用;在大型场馆的供需关系中需求带动供给,供需要平衡,是市场的作用;政府之所以补贴场馆修建,是为了满足大众对于体育活动的需要,是市场的作用;政府决策过程中职业化球队作

为市场力量扮演了重要角色，还是市场的作用。联系到大型场馆在实践中常常委托给专业管理集团进行运营的事实，可以说，市场力量在大型场馆的产生发展和运营中都起到非常重要的作用。因此，在大型场馆的存量资产的盘活、增量资产的配置中，善用市场力量都成为一个中心的议题。这与民营化理念无疑是相合的：倡导企业积极参与到公共体育场馆的建设、运营和维护中去。

第三章　大型场馆民营化

第一节　大型场馆民营化的原因

一、民营化思想的影响

(一) 民营化的实践

第二次世界大战结束以后，欧洲多数资本主义国家对产业实行了大规模国有化。英法德意等主要欧洲工业国家到20世纪70年代末时，国有企业部门在国民经济中占据着一定的比重。比例虽然不高：国内生产总值的7%~12%，就业人员的8%~12%，国内固定资产的13%~33%，但是，从产业的重要性来看，其对经济的影响力远远大于统计数据。

到了20世纪70年代，受两次石油危机的冲击，欧洲各国出现了通货膨胀率上升、生产率及经济增长率下降、国有化产业经营不善、亏损面持续蔓延等问题。这一状况在意识形态上对政府干预理论产生了很大影响，国有化后企业的各种问题也逐渐凸显，各国的理论家和政治家也开始认识到了国有化和大政府的弊端。加上政府财政负担日益加重，越来越难以支持电信、铁路运输、管道天然气等一系列庞大的国有垄断性产业的生存和发展。这些因素共同促进了西方国有垄断性产业的民营化改革，具体体现在以下几个方面：革新势力的退潮与保守势力的东山再起；政府干预理论的变化；国有企业经营效率低下，亏损严重；财政赤字日益扩大，难以支持国有企业生存和发展。这些变化带来的结果是：以市场化为主要取向的民营化实践在西方国家兴起。

从英国的民营化改革历程来看，民营化的形式主要有三种：出售国有资产是最主要形式；通过特许投标将国有资产承包或租赁给民营企业，实现民营化；政府放松管制，允许民营企业加入竞争。

（二）民营化理论的发展

在理论方面，民营化的基础理论由米尔顿·弗里德曼奠定。1969年，管理学家彼得·F.德鲁克首先提出了民营化的概念。而在这之后，萨瓦斯、普尔、罗斯巴德等人的研究与著作，都对民营化理论的完善与进步做出了不可磨灭的贡献。20世纪90年代以来，民营化的研究吸引了更多的研究者，奥斯本、盖布勒、林登、彼得斯、欧文·修斯、登哈特夫妇等人在80年代以来欧美的民营化实践（如撒切尔夫人执政期间，英国大量国有企业被出售，转变成民营企业）的基础上，结合现实发展，不断从管理学、经济学等学科中汲取理论基础，逐渐形成了较为完善的民营化理论。这里需要特别提到的是美国学者萨瓦斯，这位曾经担任过纽约市市长助理等职位的具有传奇色彩的学者，将他丰富的实践经验糅合进了自己的研究，形成了既有理论性又具有很强操作性的独具一格的研究特色。

这些研究大多强调将国家拥有的公司、工业或服务，改变其所有权，而转变成由个人或团体拥有的民营事业。减少对政府的依赖，更多地去依赖民间机构来满足公众的需求。[①] 也就是说增强民间资本在提供各类物品、服务方面的力量，减少政府的作用。

从20世纪70年代开始，来自现实压力、经济、意识形态、商业等方面的动力共同推进了民营化运动（见表3-1）。

---

① （美）萨瓦斯. 民营化与公私部门的伙伴关系 [M]. 北京：中国人民大学出版社，2002：6.

表 3-1　　　　　　　　　民营化的动力

推动力量	目标
现实压力	更好的政府
经济推动力	减少对政府的依赖
意识形态	更少的政府
商业	更多商业机会
平民主义	更好的社会

资料来源：（美）萨瓦斯. 民营化与公私部门的伙伴关系 [M]. 北京：中国人民大学出版社，2002：5-6.

实践和理论研究这两股不同的力量合流，最终形成了我们今天所看到的新公共管理理论。作为一种基于公共选择理论和私营部门理论基础的当代行政理论，20 世纪 80 年代以来，西方国家兴起的新公共管理理论浪潮，力主在公共行政中摒弃传统的公共管理官僚模式，引入市场机制和私营部门的管理技术和手段，强调以顾客为导向，提高公共管理水平和公共服务质量。民营化理念所提倡的"更多地依靠私人组织、更少地依靠政府来满足社会的需要"的核心内容在我国场馆运营领域已有一定的实践。这对我国体育场馆设施供给体制改革产生了重要影响。

二、文化、市政公用行业民营化改革的示范效应

体育和文化、市政公用事业具有较高的相似性。[①] 因此，这两个领域的发展状况可以为体育领域借鉴。文化产业是一个涵盖范围广泛的行业，发展到今天，文化产业已经取得相当成就。市政公用事业 20 世纪 80 年代以来率先采用 BOT 等方式展开民营化实践，至今，已经取得很大的成就。

（一）文化行业民营化

长期以来，文化领域实行"大一统"的管理，也形成了很多弊端：造成管理职能虚置，政企不分、政资不分、政事不分、管办不分；党政部门陷入

---

① 长期以来，由于科技、教育、文化、卫生、体育等几个系统的工作性质、历史沿革上具有较高的相似性，几个行业常常并称为"科教文卫体"，如全国科教文卫体工会；另外，大型体育场馆往往被归入基础设施和公共事业类型。

大量行政事务中，机构重叠，环节多，效率低下。这种管理方式必须改变。

文化产业改革的步骤与体育行业类似，1978~1991年酝酿和初步展开，1992~2001年稳步推进，2002年至今实现重大突破。党的十六大第一次将文化分为文化事业和文化产业，改革宏观管理体制、建立相对成熟的微观运行机制，2004年中央文件（第一次）提出"解放和发展文化生产力"，2006年中央提出《关于深化文化体制改革的若干意见》，这一年成为文化产业发展的破冰之年。

文化体制改革的难题是转企改制。改制实践中的三种情况：分离改制（部分剥离）；整体改制为企业；进行股份制改革（一步到位）。紧紧围绕市场取向，建立了政府文化管理体制、文化经营单位的运行机制，对文化经营单位实现由事业型向企业型转变，政府职能部门做好文化事业，搞好文化管理，产业交给市场。

政府部门从经办具体事务中解脱出来，把主要精力放到定政策、做规划、抓监管上，转到依法行政、社会管理和公共事务上。部门职责更加明确，越位、缺位问题得到解决，提高政策调节、市场监管、社会管理和公共服务能力。

通过改革，不再把文化企业视为行政部门的附属物。通过一系列文化产业政策支持文化产业发展，放松规制，放宽准入，形成多种社会资本参与竞争，实现文化产业多元化的投资局面，形成多种所有制文化产业共同发展的格局。

2008年，在文化领域，国有控股的文化企业在单位数量上已不占优势；2009年7月，国务院通过《文化产业振兴规划》，文化产业被列为新型的战略产业[1]；2017年全国文化及相关产业增加值为34722亿元，占GDP的比重为4.2%[2]。文化产业已经取得了巨大的成就。

参考文化行业改革，体育产业也要解放思想，迈开改革步子。在场馆领域，大部分场馆还是国家所有、事业单位管理（占比86%）[3]，很多场

---

[1] 叶朗. 中国文化产业年度发展报告（2010）[M]. 北京：北京大学出版社，2010：1.

[2] 2017年中国全国文化产业增加值为34722亿元，占GDP的比重为4.2%，http://www.qqjjsj.com/show70a38049.

[3] 陈文倩. 我国大型公共体育场馆事业单位分类改革研究[M]. 北京：北京体育大学出版社，2018：33.

馆不到万不得已，不会被推向市场。这种现象一方面是因为路径依赖，另一方面是主管部门缺乏主动作为所致。

(二) 市政公用行业民营化

自 20 世纪 80 年代以来，我国开始逐步对市政基础设施领域进行民营化改革。随着改革的深入，部分市政基础设施投融资体制改革也取得了突破性进展，在稳定政府投资渠道的同时，发展了多种新的投融资渠道。根据国家相关政策，很多城市在积极地向一些民营企业转让基础设施的经营权、使用权和股权等，有的还组建了上市公司发行股票。随着各种形式的民营化，国家对市政基础设施领域的财政补贴逐步减少，各企业开始自负盈亏。

我国市政基础设施的民营化可以追溯到 1978 年，但早期的改革尝试仅在经营方式和融资体制方面，真正的民营化是开始于 20 世纪 90 年代初。其历程大致可分为三个阶段：引入民间资本，建立现代企业制度（1993～2001 年）；中央政府推动民营化，民间资本全面渗透（2002～2005 年）；避免民营化过程"市场失灵"，加强政府管制（2006 年至今）。

随着中央政府对城市公用事业民营化的推动，以及民营经济对城市公用事业的全面渗透，民营经济所带来的"市场失灵"逐渐显现。民营企业经营城市公用事业（如管道燃气）后，过于追求经济利益，产生了忽视对安全的投入等问题。在公私合作过程中，对私人投资者的协调与监督不够，不利于城市公共事业的稳定发展。因此，建设部于 2005 年 10 月发布了《关于加强市政公用事业监管的意见》的通知，城市公用事业的民营化开始把重点放在管制体制的建立与完善方面。

由于水电煤气等市政公用事业和民生密切相关，是每个城市家庭都要消费的内容，对于其提供物品和服务在安全、价格、持续性供应等方面都极为敏感，故而，就市政公用事业民营化整体而言，推进较慢。尽管推进比较缓慢，但是并不意味着没有改革，如前所述，自改革开放以来，在市政公用事业领域就开始了民营化的尝试，以提高产出效率，改进服务。

以水务行业为例，水务行业整体（含城市供水和城市污水处理等）民营化推进较慢，但是，在城市供水和城市污水处理两个细分行业也存在较大不同，具体来看各项指标，在城市供水行业中，国有及国有控股企业在各项指标中的比例基本都在80%左右，非国有企业在7%左右。而在污水处理行业，国有及国有控股企业各项指标占比则降至60%左右，说明城市污水处理行业民营化程度较高，尤其是管网长度国有及国有控股企业所占比例只有47.25%，说明城市污水行业的网管建设和运营同时也在相当程度上向非国有企业开放，促进了城市排水网管的建设。

另外，不同行业民营化的进展也存在一定差异，例如，城市管道燃气企业改制现状进展就相对较快，在国有管道燃气企业中，有50.9%的企业已经改制，改制方式也非常多样，涉及股权投资、特许经营等多种方式。

从市政公用事业的民营化改革来看，由于行业的特殊性，政府在该领域推进民营化往往持审慎态度。整体而言，民营化推进较慢，但是在不同的行业乃至某一行业的细分领域，民营化往往呈现不同的进度，个别行业及细分领域民营化远远超过全行业的民营化率。这说明不同行业存在不同的特点，国有企业转民营化时要根据具体情况具体分析，不能搞"一刀切"。效果方面，从现有的民营化改革来看，民营化已经显现出不错的效果，"鲶鱼"效应明显。通过民营化起到了推进行业的竞争机制逐渐完善、提高城市公用事业竞争力的作用。

三、物品属性与供给

（一）公共物品和私人物品

公共物品和私人物品之间的差异不是在生产方式或资金来源上，而是主要在消费方式上。目前，各国学者基本同意的两个标准是排他性和竞争性。

1. 收益的排他性

排他性是指具有防止他人使用该物品的属性。当消费者购买私人物品时，他或她可以将其他消费者排除在物品的利益之外，而其他人则无法享受此类商品和服务的利益。排他性是私人物品的特征。

2. 消费的竞争性

竞争性是指消费者对物品的消费会影响其他消费者对物品的使用，从而降低其他消费者使用的物品的数量和质量。消费者的增加将导致成本增加,因此竞争是私人物品的一个特征。

因此,可以把具有排他性和竞争性的物品定义为私人物品,将具备非排他性和非竞争性的物品归为公共物品(两者区别如表3-2所示)。应当指出的是,在现实世界中,纯公共物品和纯个人物品并不是普遍存在的,更多的是公共物品和私人物品性质兼具,介于两者之间的社会物品,通常称为准公共物品,也称为混合物品。这些项目可归为三类:第一,具有溢出效应的准公共物品;第二,拥挤的准公共物品;第三,公共资源。

表3-2　　　　　　　　私人物品和公共物品的性质

私人物品	公共物品
相对易于衡量量和质	相对难以衡量量和质
只能有一人消费	具有公共消费性质
易于排除未付费的人	难以排除未付费的人
个人可以选择消费或者不消费	个人一般不能选择消费或不消费
个人一般可选物品的种类和质量	个人对于物品的种类和质量几乎没有选择权或者完全没有选择权
对于物品的付费与需求和消费密切相关	对于物品的付费与消费或者需求没有密切关系
配置决策主要依靠市场机制作出	配置决策主要通过政治程序和民主协商作出

资料来源:文森特·奥斯特罗姆,埃莉诺·奥斯特罗姆.公益物品与公共选择[A].多中心体制与地方公共经济[M].上海:三联书店,2000.

(二) 物品和服务的提供方式

1. 私人物品的提供方式

私人物品具有竞争性和排他性,私人物品的生产者和消费者是价格接受者,没有控制价格的能力。而且,私人物品的生产和消费可以根据市场的需求进行调整,资源的流动促进了市场的均衡。因此,提供私人物品的最理想方法是市场。在市场上提供私人物品可以优化资源配置。

2. 公共物品的提供方式

所谓公共物品的提供,指公共物品的交换与消费供消费者使用的过程。当前,在市场参与公共物品的生产和供给的过程中,公共物品的供给具有三种基本方法：公共供给、市场供给和混合供给。

（1）公共提供。公共提供是指政府以税收等形式筹集支付公共物品的成本和费用，并免费提供给所有公民的方式。对于消费者而言，他们可以无条件获得使用这些公共物品的权利，而无须向提供者付费。公共提供的物品主要是纯公共物品，如国防、气象和法律秩序。公共物品的公共供给主要基于公共物品的非排他性和非竞争性，这决定了公共物品既不可能也没必要收费。

（2）市场提供。所谓市场供给，是指由市场负担物品的成本，提供者通过收费收回成本并获得一定的利润。在这种情况下，公共物品的提供由企业自费执行，并在企业内运营，但总的来说仍由政府控制。实际上，市场提供的公共物品主要是准公共物品，即具有一定外部利益和较高生产风险的物品，或者由于行业特征而易于垄断并导致资源效率下降的项目。在公共事业范围内，这类准公共物品主要属于水、煤气、城市公共交通等。

（3）混合提供。混合提供实质上是政府提供和市场提供的结合。它是对两种配置机制的补充，是一种较为理想的资源分配方法。尽管与政府提供的纯税收和市场提供的纯费用相比，混合提供的税收和收费机制降低了效率损失，但它并不能有效消除效率损失。当前，政府与市场的结合提供主要有三种方式，即政府提供为主、市场提供为辅；市场提供为主、政府提供为辅和政府与市场的竞争提供。

四、大型场馆的物品属性及其供给[①]

（一）大型场馆的物品属性

大型场馆作为发展体育产业的必要载体，主要用于体育赛事、演艺活动、大型展览等各种大型活动，其本身并不提供服务，其产业作用往往在作为上述活动的举办场所的过程中而得到凸显，商业价值也因之实现。因

---

① 本节内容根据课题组公开发表成果（谭刚，易剑东. 中国职业足球联赛的产品属性研究[J]. 体育科学，2013（9）：29-35.）进行改写。

此，可以通过考察各种活动的方式来了解大型场馆的物品属性。本书选取体育赛事为切入点来进行分析。

1. 体育赛事的竞争性分析

由于体育赛事带有集体消费的特性，在现场的观众都能完整地看到一场比赛，并从中得到相应的心理体验，虽然体验会因为个体差异而有所不同，但是，任何一位观众所看到的比赛并不会比其他观众少，即每一位观众对于职业联赛物品的消费不会减少另一位观众对该物品的消费，由此看来，体育赛事的消费在此情况下不存在竞争性。然而，以上讨论没有引入场地的容量概念，是体育场无人数限制假设下的分析。

如果体育场的容量是有限的，假设某一俱乐部体育场地最大容量为 $Q = 5$ 万，在球票尚未售罄的前提下，多容纳一个观众的边际成本 $MC = 0$，该队几乎不花成本就能多卖出一张球票，从而多容纳一个球迷并从他身上牟利。然而，当球票的销售量达到体育场的容纳能力时，边际成本 MC 将会变成无穷大，而球队则无法以任何价格来增加门票销售。一般地，潜在的观众数量 $Q > 5$ 万，如果免费，Q 将趋于无穷大。在 5 万这个点上，边际成本曲线变成了垂线，如图 3-1 所示。由此可见，体育场的有限容量与广阔的观众需求形成了一对矛盾，使联赛消费具备了的竞争性。

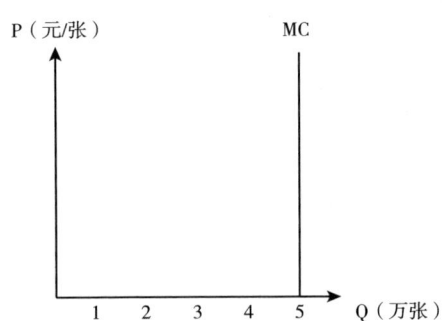

图 3-1 体育场容量对比赛的竞争性的影响

2. 体育赛事的排他性分析

对体育赛事排他性的考量主要来自两个方面：技术上是否可行和排他是否经济。体育赛事都通过封闭性的体育场地实现了排他，并通过收取门票而获利。由于通信技术的发展，以往公益性极强的电视转播也出现了极大的变化,借助现代通讯技术,通过电视观看职业赛事也开始收费,像曼联这样的俱乐部甚至建立了自己的付费频道。由此可见,体育赛事发展到现代,无论在现场观看还是通过媒体转播观看,排他性从技术上有充分保障。

排他是否经济,主要出于成本与收益的考量。典型的公共物品例子如广场,由于聘用人员进行管理等成本支出往往大于收入,因而导致排他不经济,故而,尽管不存在技术上的排他难度,政府也常常会免费进行提供。就体育赛事而言,排他是否经济往往取决于赛事本身的吸引力。体育比赛中的排他成本主要来自场馆建设(如果是俱乐部自建场地)、场地租用费用、比赛进行时的安保,日常维持费用等。在英法德等欧洲国家,体育赛事作为一项传统的运动项目广受欢迎,常常能保证较高的上座率,加之比赛票价也比较高,门票收入往往足够支付维持现场比赛的成本费用。因而,一般地,体育赛事的排他性从经济角度考量亦不存在问题。

由以上论述可知体育赛事在物品性质上具有较强的竞争性、排他性,与灯塔、国防等纯公共物品有别,也与衣服、面包等纯私人物品不同,又由于其消费具有较强的个体偏好特征而与高速公路等准公共物品不能相提并论。因此,本书认为,体育赛事应该定位为:一种位于由公共物品到私人品的连续区间上的具备集体消费特点、体现个体偏好的准公共物品,如图3-2所示。大型场馆提供的其他服务产品具有类似特点,由此可见,大型场馆具有准公共物品的特性。

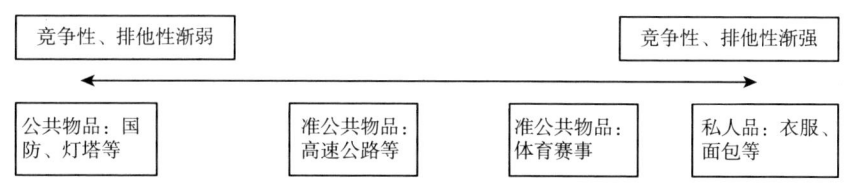

图3-2 体育赛事的属性定位

(二) 大型场馆的供给

大型场馆所提供的体育赛事等服务属于准公共物品,这是大型场馆民营化取向的理论基础。对于大型场馆,在达到场馆容量上限之前,竞争性不明显,然而,一旦场馆容量上限被突破,则竞争性就体现出来,热门比赛往往一票难求就是场馆竞争性的例证,如果实行公益性免费开放,则场馆容量上限极易突破，因而，大型场馆具备较强的竞争性。进入体育场馆进行消费，需要购买门票进入，排他性也很容易实现。而且，尽管大型场馆冠有公共的概念，但它所提供的服务（如运动竞赛观赏、体育健身娱乐参与、体育培训、场地租赁等）绝大多数都与人们的兴趣爱好、特定的目的有关，[①] 体现了较强的个体偏好特征。

根据公共物品理论，公共物品由政府提供，私人物品由市场提供，混合物品由政府和市场共同提供。大型场馆所提供的物品大多属于私人物品或混合物品，那么，就应该由市场提供，或者市场和政府共同提供，其提供方式应该是市场化运作方式，获取利润是体育场馆运营的题中之意。大型场馆在商业运作中应该把体育竞赛表演、竞技训练、健身娱乐、文艺演出、大型博览会、旅游、休闲、物业开发、会展、购物、商务、休闲、广告、出租、体育文化等众多业态进行整合，而不是固守"以体为本"的朴素观念而排斥非体育活动。

大型场馆是体育场馆产业的主体，这一定位符合大型场馆所提供的物品和服务的特征，是经济规律的体现。大型场馆商业化运作能够体现规模效益，对促进体育市场发育、减少对政府财政的依赖具有重要意义。根据国外体育场馆业发展经验，当体育市场发育成熟时，体育场馆能够微利经营甚至获取较大利润，政府也能够通过征税获得收益。目前，受制于人均收入较低、公众体育消费意识淡薄、职业体育市场发育不成熟等因素的影响，我国体育场馆产业发展处于一个较低水平。但是，体育场馆作为体育产业中关联度高，对上下游产业具有拉动作用的支柱性产业一旦发展起来，势必能迸发出更大的产业活力，为社会提供更好的体育服务，为国家创造更多的财富。而这一切的实现，有赖于我们对大型场馆进行准确的定位，进而捋顺监管和发展思路，并提供相应的政策支持。

五、地方政府面临的财政压力使大型场馆民营化成为现实的选择

从实践的角度来看，我国大型场馆所面临的经营困境使其改弦更张，

---

① 赵钢，雷厉. 体育场馆经营管理概论. 北京：北京体育大学出版社，2011.72 - 75.

进行民营化显得更为迫切,成为一个现实的选择。

(一) 大型场馆面临运营困难,地方政府面临财政压力

长久以来,我国实行事业单位企业化管理模式的单位都具有以下典型的问题:风险意识不足,竞争与发展意识有较大差距,事业与企业发展思路有较大差距,事业单位企业管理这一制度下法人名存实亡。这反映在我国的大型场馆领域,就表现为:体制机制不活,激励机制缺失;市场尚未开放,社会难以参与;场馆使用低效,运营收入有限;供给低效,服务质量低下;对市民的需要回应不够;财政危机,发展进程缓慢。

据王健(2005)、易国庆(2009)、陈元欣(2011)、陆亨伯(2015)、郑娟(2018)、陈文倩(2018)等学者的研究,中国大型场馆普遍面临经营困难,在他们的调查和研究中,能盈利的都是少数场馆,这还是在不计场馆折旧的情况下得出的结果,因此,"盈利能力差"在场馆业界是普遍现象。而硬币的另一面则是高昂的场馆成本。由于场馆大多是为了某些大型赛会而建,建设的考量大多是满足比赛的需求,打造城市的地标建筑和城市名片,甚至有些地方抱着攀比的心理:"一定要比兄弟省市搞得更漂亮",而场馆的赛后运营常常是最后考虑的问题,在这样的指导思想下,全国各地不断打造出各种高大上但脱离当地实际需求的场馆。这样的场馆每年的成本(折旧+维修+日常的运营)对于当地政府而言,不啻一个巨大的财政包袱。以鸟巢为例,其一年的成本大约2亿元[①],由于鸟巢作为国家体育场的特殊性,其赛后运营得到了较好的解决,每年光旅游门票就能卖到数千万元甚至上亿元。然而,鸟巢毕竟只有一个,其他的大型场馆就没有那么幸运了,很多场馆既无旅游收入,大型活动举办也乏善可陈,只能靠上级拨款和少量的营业收入勉力维持,这类场馆构成了我国大型场馆的主体。

(二) 民营化是大型场馆走出运营困境的出路之一

一方面大型场馆盈利能力差是不争的事实,另一方面大型场馆每年所耗费的成本为数巨大。大型场馆如何破局?民营化,是出路之一。

---

① 鸟巢旅游门票收入持续下降 仍不考虑商业冠名,http://travel.sohu.com/20120730/n349382150.shtml。

以武汉体育中心为例，该场馆采取"基础运营＋辅助运营＋增值运营＋合作运营"的立体复合化运营模式，体育中心的基础运营和辅助运营全部外包给三家专业公司，实现了体育中心管理的专业化、标准化，大幅降低了场馆的运营成本，使其能源成本近年来一直控制在400万元左右。同时，通过与北京体育之窗、湖北演艺集团、滚石集团等公司建立战略合作伙伴关系，实施合作运营，以引进更多的体育赛事等活动资源，做大做强体育中心的本体业务。武汉体育中心不仅创造了30多人运营管理特大型体育中心的不凡业绩，而且还使该公司专注于场馆运营核心业务，逐步从场馆运营商向专业的赛事、文化演出等大型活动综合运营商发展，其运营内容由单纯的场馆运营逐步发展成为体育文化创意产业的综合运营，在提高场馆利用水平上取得显著成效。

深圳大运体育中心是另一个民营化的例子。深圳大运体育中心位于深圳市龙岗区龙翔大道，距离市中心约15公里，是深圳举办2011年第26届世界大学生夏季运动会的主场馆区。世界大学生夏季运动会成功举办之后，深圳大运体育中心的运营维护遇到了难题，每年高达6000万元的维护成本成为深圳市政府沉重的财政负担。深圳市政府通过PPP模式成功引进佳兆业集团有效解决了这一难题：第一，投资模式采用ROT（Renovate-Operate-Transfer，改扩建—运营—移交）模式。即龙岗区政府将政府投资建成的大运体育场馆交给佳兆业集团以总运营商的身份进行运营管理，双方40年约定期限届满后，再由佳兆业将全部设施移交给政府部门。佳兆业依托于场馆的平台，把体育与文化乃至会展、商业有机串联起来，把体育产业链植入商业运营模式中，对化解大型场馆赛后运营财务可持续性难题进行了有益尝试。佳兆业接管大运体育中心后不能从事房地产开发，大运体育中心"红线"范围内不得新建任何建筑物。第二，运营模式采用"总运营商与专业团队共同运营"的模式。由总运营商引入AEG（AEG的全称是香港AEG新亚洲娱乐，是一家从事娱乐发展的亚洲区域联盟集团公司）、英皇集团（香港的一家上市公司，其旗下的英皇娱乐集团主要从事演唱会筹办、舞台剧制作和会展等业务）、体育之窗（国内目前唯一一家专注于体育场馆赛前、赛中、赛后运营管理的专门机构，它以"统一规划，统一投资，统一运营，统一管理"的"四统一"方式对体育场馆进行一体化管理）等具有国内外赛事、演艺资源和场馆运营经验的专业运营团队共同承担运营职责。第三，商业模式采用"商业—场馆—片区"的联动商业模式。此商业模式的核心是设立运营调剂基金，重点是解决调剂基金的资金来源和可持续供给的问题。为破解赛后场馆持续亏损的难题，深圳市政府同意把大运体育中心周边 1 平方公里的土地资源交给龙岗区开发运营，并与大运体育中心联动对接。龙岗区通过土地资源的开发创立运营调剂基金，商业运作反哺场馆运营，进而由场馆带来的人流带动大运新城开发建设。第四，政府购买服务。政府购买服务的主要方式包括建设补贴、运营补贴和政府购买服务三个方面。引入财政资金支持，通过前 5 年运营和赛事财政补贴、演艺专项补贴等方式，扶持总运营商引进更多更好的赛事和演艺活动，尽快提升场馆的人气和档次。第五，建立运营绩效考核机制。绩效考核的核心在于第三方评估，第三方评估是保障绩效考核公平公正的有效手段，绩效考核的公平公正是 PPP 项目实施绩效考核成功与否的关键。每年由管理部门对总运营商进行绩效评估和公众满意度测评，并邀请有国际化场馆运营资质的机构做出第三方评估，将考核评估与奖励挂钩。第六，政府部门联动协调服务。政府部门联动协调服务的关键是协调和服务，而不是领导。其成立由文体旅游、发改、财政、公安、交通、城管等相关职能部门组成的类似于协调指挥部的运营监管协调服务机构，协助总运营商做好运营。目前，深圳大运中心运营状态良好，取得了较好的经济和社会效益。

(三) 大型场馆民营化要更新理念，破除旧观念的困扰

大型场馆撂荒、被爆破拆除、被当作菜地，类似的报道时常见诸报纸网络等各种媒体。大型场馆悲惨境遇的背后，原因是复杂的，而害怕担上"国有资产流失"的恶名不敢进行民营化运作也是原因之一。面向公众健身开放社会效益低下，且财务难以平衡，面向市场搞经营活动有利可图却政治不正确，因此体育场馆只能一锁了之。其实这也是国有资产的"流失"，所谓"坐失"，并且坐失比流失对国有资产造成的损害可能还要更大，流失速度更快。我国大型场馆存在比较严重的闲置现象，2009 年有 63.3% 的被调查场馆全年举办大型活动在 20 次以下，仅有 3% 的被调查场馆举办大型活动在 50 次以上。[①] 2013 年大型场馆承担活动次数为 35635 次

---

① 张林，黄海燕. 中国体育产业发展报告 [M]. 北京：人民体育出版社，2013.77 - 78.

（全国共 1093 个大型场馆），平均每个场馆承担活动次数为 32 次①，因此，体育场馆运营必须突破过往的思想局限，大胆开展民营化运作。

第二节　大型场馆民营化改革的取向

一、民营化的改革取向

在市场经济发育成熟的社会中，私有（民营）企业是经济发展的主体，企业经营具有较高的自由度，国企私企界限不是那么分明，市场在资源配置中具有统摄作用，政府对企业经营的行政干预很少，因此，民营化不是非常紧要的事情，相反，保持竞争、反对垄断是政府规制的重要议题。在我国，情况正好相反，虽然经过改革开放四十余年的发展，企业已经获得了较多的经营自由，但是，在很多领域，企业（特别是民营企业）还是受到过多的干预。行政垄断仍然在很多领域成为民营企业进入的"拦路虎"。

我国大型场馆领域也呈现类似的行政垄断现象，大部分大型场馆仍然是事业单位（陈文倩，2018）性质，因此，对于中国大型场馆而言，民营优先竞争是可以选择的改革取向。从制度层面考察，没有民营企业参与的竞争是"伪竞争"，甚至是恶性竞争，其效率也不会有改善。当然，竞争对于民营化也是至关重要的，民营化的深层次内涵应是有竞争的民营化，但竞争并不能代替产权改革。

渐进民营化应是中国大型场馆民营化的主要选择。从中国"摸石头过河"的成功经验来看，中国的民营化改革能够不断深化，本质上是因为前项改革为后续改革不断提供丰富的有价值信息。从中国"小步快跑"改革的过程来看，改革基本上是地方探索创新、中央政府推广的模式。由于中央政府的权威性较高，在改革中明显带有人为缩短的痕迹。从渐进民营化

---

① 根据"第六次全国体育场地普查数据汇编"（http://www.sport.gov.cn/pucha/index.html）相关数据整理。

的可操作性来看,"摸石头过河"的成本较小,其造成的社会震荡较小,易于获得人们的支持。渐进式改革也可以引导保守派放弃维持现状的主张,退而接受而不是拒绝民营化。公共体育场馆路径发展是一个系统过程,表现为不同阶段存在不同制度管理方式。一种新的制度产生与旧制度的消失都存在相关联性。[①] 因此,中国大型场馆改革宜采取渐进民营化,其发展路径可能是:事业单位管理模式——国有企业管理模式—民营企业管理模式,如表3-3所示。

表3-3 大型场馆民营化路径

	事业单位管理模式	国有企业管理模式	民营企业管理模式
场馆所有	国有	国有	国有或民营企业所有
管理机构	体育中心、场馆中心	国有企业	民营企业
性质	事业单位(分为全额拨款、差额拨款、自收自支三类)	企业(存在政府拨款现象)	企业(根据所有权是否发生转换,经营权变更程度可以有多种实现形式)
管理手段	内部(人财物)管理保留指令性计划和行政管理特征,对外(业务开展)采用(类)企业化方式	通过内部经营管理体制的改革,在扩大企业经营自主权的基础上,统一管理整个体育场馆的经营服务活动	专业化的经营手段和渠道
管理特征	作为体育局下属事业单位,实行"政府投入、管理运作",所有权与经营权较为统一,政府机关的管理模式;由具有独立法人资格的体育中心有限公司运作;税收上给予很大的优惠;经济效益主要在副业上体现	体育行政部门不直接管体育场馆,只履行统筹规划、掌握政策、组织协调、监督服务等调控职能;政府通过组建国有公司对体育场馆实施管理。国有企业管理运作方式,隶属于国资委管理	纯粹的市场化运作模式,把体育场馆当作一家独立自主、自负盈亏的企业来进行管理。实行"政府所有,民企经营"管理方式;以大型商贸活动、赛事为载体,以馆促商,以馆养馆;以经济效益为主兼顾社会效益。实现所有权与经营权分离
形成方式	事业单位路径的延续	事业单位路径的优化与改制	事业单位路径的突破与创新

---

① 陆亨伯,庄永达,刘遵嘉. 公共体育场馆民营制度选择与效益评价研究 [M]. 北京:人民体育出版社,2015:100-101.

续表

	事业单位管理模式	国有企业管理模式	民营企业管理模式
应用评价	目前事业单位管理模式是大型场馆使用最多的管理方式，占据场馆存量八成以上，但是随着事业单位的改制，社会的转型，这类场馆普遍面临改制的局面。将来只有少数场馆仍将保留此模式。事业单位的场馆常常面临人员臃肿、开放不足、效率低下、资金困难等问题	作为传统事业单位管理模式的替代方案，国企管理模式在国内发展比较快（对比民营企业管理模式），对于体育产业的发展有一定促进作用。但是国企本身的预算软约束等问题值得注意	目前采用此类方式的场馆比较少，其监管、制约体系在国内尚不完备，在法律和政策方面还需进一步完善，但是未来发展前景看好。随着国内市场的开放，体育产业的发展，体育场馆民营化发展将成为一个重要发展趋势。由于民营公司具备专业化的经营手段和渠道，在场馆管理中能提供更加专业和规范的服务，有利于提高场馆管理效率和服务质量，改善场馆的财务状况
案例	先农坛体育场、越秀山体育场	广州体育馆、南昌国际体育中心	五棵松体育馆、南通体育会展中心

资料来源：参考陈元欣（2011），陆亨伯（2015），肖淑红、雷厉（2014）等学者研究成果提炼而成。

在速度上，大型场馆应当采取"摸石头过河""小步快跑"的方式，即整体上采用稳健的方式推进民营化，部分地区可采用激进民营化。大型场馆可以在经营管理中尝试更多的方式，民营化方式谱系中的诸多方式均可尝试。不要拘泥（大胆地假设），但是具体执行不能着急，要扎实、稳健（小心地求证），根据每一个场馆的情况判断其是否可以民营化，采用什么方式民营化。场馆改革的方向是先实现管理权的多元化，再实现产权的多元化。从目前的民营化情况来看，增量场馆已采取激进民营化（涉及所有权）方式，存量资产主要采取渐进民营化。北京奥运会的场馆体现了这一特点，资金来源明显多元，管理方式也呈现多元特点。2014年以来推出的政府和社会资本合作模式（PPP）背景下在建的场馆也基本上属于激进民营化的范畴。

对照我国场馆实际的情况，我们可以发现在北上广深等一线城市，民营化的步伐往往迈得比较开、比较快，如深圳湾体育场、深圳大运体育中心、广州体育馆、广州亚运城体育馆、上海梅赛德斯奔驰文化中心、北京五棵松体育馆；在沿海发达省份采用PPP方式进行民营化运作的场馆也相对较多，如南京奥林匹克体育中心、南通市体育会展中心、宁波游泳健身中心、义乌市体育会展中心、宁波市鄞州区体育馆、福州市海峡文化艺术中心等；而在内地省市，采用民营化方式建设运营的场馆相对较少，往往在省会城市常见，如南昌国际体育中心、长沙市新世纪体育中心、武汉体育中心等[1]。

我国大型场馆改革应当是良性民营化的模式。良性民营化模式的基本含义在于：第一，大型场馆民营化应以提高效率、增加社会福利为目标；第二，打破垄断，引入竞争的民营化，而不是以私人垄断对国有垄断的替代；第三，合理规制，以协调民营化各主体的利益，即起码要满足民营化各主体的最低利益要求，在此基础上追求社会福利的最大化；第四，要努力消减民营化的负面效应，降低民营化的改革成本，使民营化在良性轨道上运行与发展。良性民营化的政策含义在于：应以有效竞争为基本导向，通过规制实现公平和公正。

二、分类管理和民营化

（一）为什么要分类

媒体报道经常有"体育场馆事转企违背公益性"[2]的看法，之所以会出现这样的情况，与体育场馆的定位有关。人们总是习惯性地认为大型场馆就是公益性的，这种认识本身存在问题。大型场馆各自有不同的特征，从规模、使用方式、服务对象、利用性质等方面来看都各有其特点，它们分属不同的类型。大型场馆并非都是公益性的。过去把它完全归入公益性是错误的，这种认识误导了场馆建设、运营以及公众对场馆的认识。因而，对于场馆应当进行分类管理，在此基础上推进民营化改革。

从之前的研究（王健、徐文强、陈元欣，2012；陈文倩，2018）来看，我国大型场馆在经费来源、人员安排、单位属性上基本都属于事业单位管理模式，由于在人财物上对财政和政府都有较大的依赖性，因此，被民众认定为公益性机构，也是情有可原。但是，这种情况虽然事出有因，却并不符合场馆的

---

[1] 关于我国大型场馆民营化情况详见本书第五章实践与案例部分。
[2] 体育场馆负责人认为转企有悖"公益性"，http://www.zgtycg.org/Article/29417.html.

实际经营状况，应当做出改变。李明（2003）、董洪刚（2016）等也曾在研究中指出大型场馆大多属于经营性资产，应该对其进行分类管理（见表3-4）。

表3-4　　　　　我国大型公共体育场馆单位性质情况

	场馆数量（座）	场馆数量比例（%）	场馆数量有效百分比（%）
事业单位	777	82.7	86.0
企业	126	13.4	14.0
系统缺失	37	3.9	
总计	940	100.0	100.0

资料来源：陈文倩我国大型公共体育场馆事业单位分类改革研究 [M]．北京：北京体育大学出版社，2018：34.

对于大型场馆分类管理，王健、徐文强、陈元欣（2012）、杜娜（2013）、陈文倩（2018）等学者进行过较为深入的研究，在以下方面达成了共识："分类改革是解决大型场馆发展困境的重要途径"。随着我国经济体制改革和行政体制改革的不断深入，原有管理体制的弊端与问题不断显露，问题的根本是管理体制问题。① 大型场馆现行的事业单位管理体制已经不能适应我国体育事业（产业）的发展需要，亟待改革。

（二）怎么分类

2011年3月23日，《中共中央、国务院关于分类推进事业单位改革的指导意见》出台，2011年4月初，中央确定了事业单位分类改革的时间表，大型场馆可以参照该指导意见结合行业自身的特点进行改革。

大型场馆提供的服务有基本公共服务和非基本公共服务。② 前者包括体验型公共服务，公益性竞赛训练公共服务，团队活动型公共服务和教育、咨询、培训公共服务；后者包括商业性体育竞赛，文艺表演服务、健身俱乐部会所服务和休闲旅游等综合性服务。不同类型的大型场馆在提供服务时侧重点会有所不同。

---

① 陈文倩．我国大型公共体育场馆事业单位分类改革研究 [M]．北京：北京体育大学出版社，2018：1.
② 谭健湘，霍建新，陈锡尧，王德炜．体育场馆经营与管理导论 [M]．北京：高等教育出版社，2014：89-90.

从不同场馆的经营管理模式以及经营状况来看,也有所不同。公共体育场馆的营收能力普遍不强,2010年总体亏损72亿元,如果刨除财政拨款,亏损必然更大,再计入折旧,亏损将进一步加大。然而,还是有部分场馆可以盈利。根据王健、徐文强、陈元欣(2005)的调研,大型场馆的经营模式有自主经营、承包、租赁、委托经营、合(资)作经营等方式;在经营状况上也呈现不同的特点,盈利、持平和亏损等状况都有,"不包含财政拨款和上级补助"能盈利的场馆也有20个(总共156个样本),这说明,场馆是有可能通过经营取得盈利的。

因此,对于大型场馆的分类,既要考虑场馆的物品属性,也要充分考虑场馆的服务对象、服务内容、经营情况、未来发展等因素。

陈文倩(2018)认为,不同类型、不同地位的大型场馆可以分为公益服务类场馆和生产经营类场馆。其中公益服务类又可以分为公益一类和公益二类。[①] 总体而言,公益类场馆都可以保持事业单位序列身份,而生产经营类场馆必须转企改制,完成身份的转变。在分类改革实施过程中,要有过渡性措施,同时还要进行配套改革(见表3-5)。

表3-5 我国大型公共体育场馆事业单位分类指标及类别特征

		公益一类	公益二类	生产经营类
社会功能	服务内容	基本公共服务(全民健身场地供给);公共物品(训练场地)	基本公共服务全民健身场地供给);非基本公共服务	非公共服务(商业性)赛事、文艺演出、各类商业性培训班等)
	服务数量	基本公共服务占比很高	基本公共服务及非基本公共服务	非公共服务数量比重较高
经营目的	收支结余	—	—	能够自收自支
	价格标准	国家指导价格或低于市场价格	国家指导价格或低于市场价格	市场价格
	资产性质	非经营性资产	非经营性资产	经营性资产比重较大
	土地性质	公共管理与公共服务设施用地	公共管理与公共服务设施用地	属于商业服务业设施用地

---

① 陈文倩.我国大型公共体育场馆事业单位分类改革研究[M].北京:北京体育大学出版社,2018:1-2.

续表

		公益一类	公益二类	生产经营类
市场化前景	商业配套设施	—	—	比较完善
	管理体制	—	—	企业化运作比较成熟
	收入来源	不宜进行经营创收	可进行经营创收	主要来自经营创收
	地理位置	—	—	交通便利
	所在地区场馆数量	—	—	多个
	所在地区经济发展水平	—	—	较高

资料来源：陈文倩. 我国大型公共体育场馆事业单位分类改革研究 [M]. 北京：北京体育大学出版社，2018：1-2.

（三）未来体育场馆的发展路向：分类发展①

要建立公共体育服务体系，满足公众全民健身需求，解决体育场馆发展的公益和经营之争，必须走分类发展的道路。必须认识到大型场馆和社区体育健身中心是体育场馆设施的不同组成部分，它们有不同特点，承担不同的任务，适用不同的运作模式。

此外，大型场馆本身也存在多种不同的分类，如前所述，可以分为公益一类、公益二类和生产经营类。就大型场馆的设计特点而言，大多数大型场馆是发展体育产业的重要资源，在举办体育赛事、大型演艺活动、会展等方面可以发挥特长，能为公众提供档次较高的娱乐活动，满足公众享受和发展层次的文化需求。作为体育产业发展的重要物质基础，应当鼓励、提倡大型场馆通过管理体制、运作机制的转换，发挥市场在资源配置中的基础作用，获取更多的收入为社会创造更大的价值。在时机成熟时，政府可通过税收的方式获益，并且通过转移支付等再分配方式把资金投入公共体育服务体系的构建。要给大型场馆民营化松绑，而不是念"紧箍咒"。

另外，为了满足全民健身的公益性需求，必须大力发展社区体育健身

---

① 本部分根据课题组公开发表成果（谭刚，谭洁. 大型体育场馆运营取向分析 [J]. 体育文化导刊，2015（12）：112-117）进行改写。

中心，加快民众身边的体育场地设施的建设，政府在该领域应当加大投入。此类场馆不尚奢华，必须务实；档次不必高，应秉承方便、实用的原则。这部分物品属于准公共物品，运作时可采取低收费（或免费）的方式开放。在运营中，中央及地方各级政府应对此类体育设施提供财政补贴。

三、不断完善法律，加强政策引导

要加强法治建设和政策引导，让民营企业敢于、愿于在体育领域、大型场馆上投资，目前我国在这方面还有欠缺，很难让社会资本特别是民营企业甘心、安心进行投资，缺乏适宜的人文环境让民营企业做下去。

为什么这么说，让我们先把目光投向国外，大家都知道体育产业在欧美发展势头非常好，特别是美国，体育产业产值占据全球三分之一。之所以美国体育产业能够发展得这么好，宽松适宜的法律和政策环境是重要的原因，如美国政府对各类体育组织以及向体育组织提供捐赠资金的公司和个人给予税收优惠。对提供给体育组织使用的体育器材和设备，实行免税政策[①]。私人投资场馆有相应的减免税的规条（陈元欣，2012；陆亨伯，2015；易剑东，2016）。这一点在下列公私合作方式融资建设的场馆中看得很清楚。

美国企业投资、生产、运营的自由度比较大，政府对场馆基本上以放任式的方式进行管理，不直接参与场馆的运营，通过政策法规（主要是地方政府）和"财政税收"方面的优惠对场馆进行"资助"。在场馆运营中，主要是由私营业主（社会力量）具体操盘。例如，场馆的承租人一般表现为各职业俱乐部，还有一些专业的场馆运营商（见表3-6）。

表3-6　　采取公私合作方式融资建设的部分体育场馆

体育场	公共	私人
阿拉莫多	0~5%营业税资助的城市收益债券	体育场收入
美国西部运动场	特许权税资助的城市收益债券	冠名权 体育场收入
布拉德利中心体育场	用一般债券购买的土地捐赠	地方家庭捐赠

---

① 陆亨伯，庄永达，刘遵嘉. 公共体育场馆民营制度选择与效益评价研究 [M]. 北京：人民体育出版社，2015：235.

续表

体育场	公共	私人
夏洛特	土地捐赠	冠名权 体育场收入 贵宾席押金 豪华包厢收入
库尔斯体育场	用增加的1%的销售税来担保的特税区收益债券	冠名权 体育场收入
德尔塔中心运动场	城市增值税融资债券	由建筑收入担保的私人贷款
克利夫兰骑士运动场	国家普通责任债券豪华税分配	私人捐赠和基金捐助 贵宾席押金收入
塔吉特中心运动场	增值税品资货	由运动场和健身俱乐部收入担保的贷款
阿林顿棒球场	增加营业税来担保的城市收益债券基础设施改造	冠名权 豪华包厢收入 球票附加费用 座位选择权 特许权获得者所支付的费用

资料来源：陈元欣. 大型场馆设施供给研究 [M]. 武汉：华中师范大学出版社，2011：20.

日本也有类似的支持政策，企业在修建体育设施时可以减免土地税；体育设施达到一定的标准并有一定的时间向公众开放的，可减免相应税收；对体育设施的建设给予低息贷款[①]。

在这样的产业政策支持下，我们看到，私人资本在体育场馆领域投资意愿也持续向好，在美国，20世纪80年代以来，大型场馆私人投资占比呈现持续增长势头（见表3-7）。

表3-7　　　　美国体育场馆融资中私人资本变化趋势

年份	1973	1980	1987	1990	1995	1998	2002
私人资本所占比重（%）	16.2	19.1	9.3	20	28.6	35	37.8

资料来源：陈元欣. 大型场馆投融资实务 [M]. 北京：北京体育大学出版社，2012：23.

再看国内的情况，2014年国发46号文发布，这一政策的发布，立即在业界激起巨大反响。2015年被媒体称为中国体育产业元年，近几年体育

---

① 陆亨伯，庄永达，刘遵嘉. 公共体育场馆民营制度选择与效益评价研究 [M]. 北京：人民体育出版社，2015：235.

领域的投资热潮也与此有极大关系。但是，我国体育产业政策起步较晚是不争的事实，实际上，国发46号文也是国务院第一次就我国体育产业发展发布支持政策。横向比较，体育产业获得的政策支持（无论是政策的数量和发布实施的时间）都远远落后于文化、旅游产业。

回顾我国体育产业发展的历程，体育产业政策支持不够是一个比较一致的共识。王健（2012）、丛湖平（2014）、陆亨伯（2015）、易剑东（2016）、陈元欣（2018）等学者均曾就该问题发表过见解。丛湖平指出，公共体育场馆存在市场化运行政策供给不足和约束场馆市场化运行政策需要调整与执行的问题。在政策安排上要制定国家层面场馆建设、管理、运营、监管的指导法规；完善经营税费政策；建立监管制度的政策[①]。另外，在税费方面，大型场馆一直是按照比较高的标准来执行[②]，具体如表3-8所示。

表3-8 我国现行大型场馆相关征税内容

税种	征税具体内容	税率/（%）
增值税	销售体育用品的销售收入增值税	17
营业税	文化事业（为体育比赛，表演提供体育场地）	3
	休闲娱乐业（台球、高尔夫球、保龄球及其服务）	20
	服务业（体育代理业、广告业、租赁业）	5
	其他体育服务业（划船、溜冰、漂流、钓鱼）	55
房产税	依据房产的价值计税	1.2
	房产的租金收入计税	12
城镇土地使用税	按场馆地段级别和使用面积计征	
消费税	高尔夫球及球具	10
企业所得税	体育制造业、体育服务企业的经营利润	25
	体育赞助、体育广告、体育捐赠等	25
	运动员工资及其他薪金所得	5~25
个人所得税	体育影视、录音、录像、演出、广告、展览、技术服务、体育经纪服务，代办服务等	20
	体育财产租赁、体育财产转让	20
	体育彩票中奖收入	20

---

① 丛湖平，郑芳，等．我国体育产业政策研究［J］．体育科学，2013（9）3-12．
② 谭健湘，霍建新，陈锡尧，王德炜．体育场馆经营与管理导论［M］．北京：高等教育出版社，2014：46．

续表

税种	征税具体内容	税率/（%）
城市维护建设税	体育企业实际缴纳的营业税 体育企业实际缴纳的消费税 体育企业实际缴纳的增值税	7 5 1
教育费附加	体育企业实际缴纳的营业税 体育企业实际缴纳的消费税 体育企业实际缴纳的增值税	7 5 1

资料来源：谭健湘，霍建新，陈锡尧，王德炜. 体育场馆经营与管理导论［M］. 北京：高等教育出版社，2014：46.

因此，在我国大型场馆民营化发展过程中，政策的调整、法律的建设是非常重要的一件事。自2013年以来，国务院及有关部门出台了一系列与体育场馆有关的政策文件，涉及场馆体制机制改革、规划设计、投融资、建设和运营管理等多个方面，对于"增量"和"存量"场馆发展提出了要求、制定了政策，有力地推动了体育场馆行业的健康快速发展（见表3-9）。

表3-9　　　　　　　体育场馆有关宏观政策

时间	部门	名称	文件重点内容	备注
2013年	体育总局等8部门	《关于加强大型场馆运营管理改革创新提高公共服务水平的意见》	提出"加强改革创新，提高运营效能，丰富服务内容，提高使用效率，优化功能布局，科学规划建设，加大政策扶持，创造发展条件"制定了财政、税费、投融资等多项政策	体育场馆专项文件，改革起点
2014年	国务院	《关于加快发展体育产业促进体育消费的若干意见》	积极推进场馆管理体制改革和运营机制创新，引入和运用现代企业制度；增强大型场馆复合经营能力，拓展服务领域，延伸配套服务，实现最佳运营效益	支持市场化，强调经济和社会效益
2014年	体育总局	《关于推进大型场馆免费低收费开放的通知》	大型场馆和区域内的公共体育场地和设施应免费、低收费向社会开放。每周开放时间不少于35个小时，全年开放不少属于330天。公休日、法定节假日、学校寒暑假期间等，每天开放时间不少于8小时	强调对外开放、服务社会

续表

时间	部门	名称	文件重点内容	备注
2015年	国务院	《关于印发全民健设计划（2016~2020年）的通知》	有效扩大增量资源，重点建设一批便民利民的中小型体育场馆；鼓励社会力量参与现有场地设施的管理运营；确保公共体育场地设施和符合开放条件的企事业单位、学校体育设施向社会开放	重点是中小型场馆布局
2016年	体育总局	《体育发展"十三五"规划》	积极推进体育场馆管理体制改革和运营机制创新，引入和运用现代企业制度；完善政府购买体育场馆公益性服务的机制和标准；推行场馆设计、建设、运营管理一体化模式；增强大型场馆复合经营能力，拓展服务领域，延伸配套服务，打造城市体育服务综合体。到2020年，新建县级全民健身活动中心500个，人均体育场地面积达到1.8平方米	建设运营
2016年	中共中央、国务院	"健康中国2030"规划纲要	引导社会力量参与健身休闲设施建设运营。推动体育场馆资源所有权、经营权分离改革	支持社会力量参与
2016年	国务院办公厅	《关于加快发展健身休闲产业的意见》	鼓励建设休闲设施与住宅、文化、商业、娱乐等综合开发，打造健身休闲服务综合体；盘活用好现有体育场馆资源。加快推进企事业单位等体育设施向社会开放；落实体育场馆房产税和城镇土地使用税优惠政策	解决好存量场馆效益

资料来源：根据网络资源进行整理。

这些政策对于体育产业、大型场馆的民营化发展也有一定作用。这是一种积极的信号，不过，这还不够。为什么？从两方面看，一方面，政策和法律的价值是什么，是落实，只有落实了，才能发挥实际的作用。所以政策法规发布了，还要抓落实。另一方面，这些法规政策还不够，还要发布更多的法律法规，继续完善体育产业（大型场馆）的法律法规体系。这里举《中华人民共和国体育法》（以下简称《体育法》）为例，作为我国体育领域最高层级的法律，自1995年《体育法》出台后，虽然经过两次修订，但是仍然存在条文流于形式、过于宽泛、实操性欠缺等问题，在实践中，体育界出现法律问题时只能按照其他法律来进行审议。并且，《体育法》对市场和社会的作用考虑得不够充分，偏重于强调政府管理权。管理性规定多，服务性规定较少，规定得比较原则，可操作性不够。

而且，20多年来，中国体育发生了翻天覆地的变化，出现了很多新鲜事物，也没有在该法中得到反映。大型场馆实践已经发生了巨大的变化，如场馆民营化、PPP各种方式的使用，体育场馆分类发展的实践并没有与时俱进地在法律中得到体现。现有的《体育法》无法解释这些现象，也没有办法解决场馆民营化过程中出现的问题。

目前，在我国大型场馆领域具有法律管理效应的主要是国务院系统颁布的行政法规，如《公共文化体育设施条例》《全民健身条例》等体育行政法规。这些法规当然具有一定的法律效应，但是存在法律层级较低等问题。

以上是就体育产业（含大型场馆）领域本身的法律和政策问题而言。由于大型场馆民营化实际上是政府和社会资本（含民营资本）合作的问题，因此，还涉及社会资本（含民营资本）如何在新时期更加积极地参与到大型场馆的建设和运营中去，尤其是如何发挥民营企业的积极性的问题。在这方面，法规、政策必须做出相应的回应。

如前所述，民营企业在税收缴纳、GDP、解决就业等领域都扮演着极为重要的角色，是我国经济发展的重要力量。同样在大型场馆民营化过程中，民营企业作用巨大。

然而，从最近几年民营化发展的状况来看，形势不容乐观。截至2017年11月10日，民营企业作为牵头人或者单独中标的PPP项目总个数（所有行业）大概在3973个，占到所有的PPP项目总中标数的46.7%，总中标的金额32000多亿元，大概占比是26%。① 这个比例是比较低的。从行业来看，体育PPP项目个数不多，投资金额不大，落地情况也低于全行业平均水平。再联系到近些年我国民营资本外流、民营企业家移民的现象②，

---

① "2018第四届中国PPP融资论坛"第七场圆桌主题论坛："PPP创造美好生活"专家观点集锦，http://www.cpppc.org/zh/pppltxwyzltfy4/7681.jhtml.

② 周天勇表示，我们江浙这一带的私营企业家70%多都移民了，自己移民，产业移出，资金转走。很多是在国外投资超市、加油站、餐馆，中国的钱出去投资这些与中国产业经济一点关联没有，对中国增长一点作用没有。引自周天勇：江浙70%私营企业家都移民了，http://finance.ifeng.com/a/20141017/13195006_0.shtml.

可以看到，民营企业对于投资环境存在信心不足的现象。

这种现象其来有自，众所周知，我国改革开放以前对于民营（私有）经济长期施行打压的政策，因此，民营经济、民营化在很多领域受到一定的歧视。改革开放以后，这种情况有了很大的改变，但是，对于民营企业仍然有很多的限制，如在行业准入、银行信贷、土地使用等方面都存在一些障碍。长期以来，民营企业的待遇不但不能与国有企业相比，甚至比不上外资企业，这在很大程度上伤害了民营企业家的投资积极性。全国工商业联合会城市基础设施商会秘书长程林就曾大声疾呼，为民营企业鸣不平，他认为民营企业在准入、土地使用、融资等方面常遭遇不平等的待遇，希望能够做出改变，鼓励、支持民营企业和国有企业联合共同参与PPP。放松准入等门槛，让民企更好地参与到基础设施建设。[①]

尽管民营企业在中国经济发展中占据非常重要的地位，但是我们的社会整体上对于民营经济（民营企业）抱有一定的偏见和不太友好的态度，舆论场中常常夹杂一些对于民营企业的刺耳的杂音，如2018年，陆续有"民营经济应当逐渐退场"的文章面世。

在这样的背景下，尽管政府频繁出台相关的政策和法规（如2005年的老"非公经济36条"，2010年5月的新"非公经济36条"），鼓励民营资本参与，但是由于许多无法逾越的障碍，投射到现实中，只能是"看上去很美"。

我们在大力倡导民营化、通过PPP等手段吸引社会资本参与各种基础设施和公共服务生产和提供的同时，也要注意保护、创设好的有利于民营企业发展的社会环境，让各种有利于社会生产力发展的资源配置方式得到充分利用，让一切有利于财富创造的源泉充分涌流。

场馆要民营，政策、法律要先行，要做顶层设计。只有这样，才能保证民营化主体的权益。企业最怕什么：政府政策变动、朝令夕改。场馆的民营化必须与配套改革——反垄断改革、价格改革、国资改革、社会改革、财政体制改革——并举。

最近几年，中国民营经济开始走低，不少民营资本对投资缺乏信心。

---

① "2018第四届中国PPP融资论坛"第七场圆桌主题论坛："PPP创造美好生活"专家观点集锦，http://www.cpppc.org/zh/pppltxwyzltfy4/7681.jhtml.

2019年2月16日在北京举行的中国经济50人论坛2019年年会上,民营经济代表发言表示,近年来中国民营经济发展出现不良势头,可能影响经济发展。民营经济是国民经济的重要组成部分,经济要发展,要重振民营企业的投资信心,必须要在理论上创新,要在法律上做出调整。

展望大型场馆民营化的前景,法律完善和政策支持,缺一不可。

第三节 大型场馆民营化的制度安排

改革开放以来,民营化在我国从无到有,在大约40年间,经历了以下发展阶段:探索阶段(1984~1993年):外资大规模进入中国,一部分外资进入公用事业和基础设施领域。小规模试点阶段(1994~2002年):与探索阶段无政府部门牵头不同的是,该试点阶段工作主要由发改委有组织地推进,发改委选取了5个BOT试点项目。推广试点阶段(2003~2008年):2003年十六届三中全会提出让民营资本进入公共领域,在改革东风下,各地推出大批PPP试项目。短暂停滞阶段(2009~2012年):"四万亿"经济政策的推出,地方政府融资平台发展壮大,地方政府基础设施投资高速增长,PPP模式却停滞不前。新一轮推广阶段(2013年至今):党的十八大提出,让市场在资源配置中发挥决定作用,肯定PPP模式在改善国家治理、促进城镇化等方面的作用,各种政府和社会资本合作的项目纷纷上马。

自新一轮推广至今,以PPP模式为首的民营化方式在我国获得了极大的发展,体育领域也不例外。近年来,体育领域PPP项目统计如表3-10所示。

表3-10 全国各地区体育PPP项目分布情况统计

地区	总个数	总金额(亿元)	准备阶段个数	采购阶段个数	执行阶段个数	落地率(%)
山东	9	84.71	3	1	5	56
浙江	7	100.46	2	2	3	43
内蒙古	7	87.36	0	4	3	43
江苏	7	83.29	0	3	4	57

续表

地区	总个数	总金额（亿元）	准备阶段个数	采购阶段个数	执行阶段个数	落地率（%）
河南	7	49.52	0	1	6	86
云南	7	43.63	1	4	2	29
贵州	7	43	6	1	0	0
新疆	6	45.51	0	1	5	83
安徽	6	30.25	1	2	3	50
山西	5	39.85	1	4	0	0
湖南	5	18.55	2	2	1	20
吉林	5	16.96	1	1	3	60
湖北	4	28.69	0	3	1	25
陕西	3	57.51	2	0	1	33
中央本级	3	17.27	0	3	0	0
河北	3	10.85	1	0	2	67
福建	2	23.17	0	1	1	50
四川	2	12.48	0	1	1	50
新疆兵团	2	3.78	1	0	1	50
宁夏	2	3.57	0	2	0	0
青海	2	3.36	0	0	2	100
辽宁	1	29.25	0	0	1	100
江西	1	15.39	1	0	0	0
北京	1	15.29	0	0	1	100
甘肃	1	4.12	0	1	0	0
广东	1	2.84	0	0	1	100
合计	106	870.6	22	37	47	44

资料来源：根据政府和社会资本合作中心数据整理，http://www.cpppc.org/.

一、民营化的途径

对于民营化，国内外众多研究者多有阐述，欧美学者奥斯本（2006）、欧文·修斯（2007）、登哈特夫妇（2010）、彼得斯（2012）、林登（2013），我国学者陈振明（2005）、周志忍（2008）、王守清（2008）、王浦劲（2010）、王俊豪（2013），体育界陆亨伯（2007）、赵钢（2007）、陈元欣（2008）、王健（2012）、谭健湘（2014）等均对该问题展开研究，从不同角度进行论述。不过，就民营化的途径而言，民营化研究和实践大师萨瓦斯（2002）曾提出过见解，这一看法也被后来的研究广泛采用，他认为民营化的方式主要可以分为委托授权、政府撤资、政府淡出三大类九个中类，若干小类，如表3－11所示。

表3－11　　　　　萨瓦斯的民营化方式体系

委托授权	合同承包	部分服务、全部管理
	特许经营	场域特许使用、租赁
	补助或凭单法令委托	
政府撤资	出售	给合资企业、私营业主、公众或原来的使用者等
	无偿赠与	给合资企业、公众、雇员、原来的拥有者或特定的群体
	清算	
政府淡出	民间补缺	
	撤出（卸载）	
	放松规制	

资料来源：（美）萨瓦斯. 民营化与公私部门的伙伴关系 [M]. 北京：中国人民大学出版社，2002：7.

这些方法、手段构成了民营化丰富多彩的谱系，结合实际情况，从中还可以生发出一些新的做法，它们适合在不同的情境下使用。人们可以根据不同的政治、经济、社会、文化、技术、法律等背景，结合事物本来的物品属性特征，选择适合的民营化方式。

不管是已经建成的存量资产，还是将要兴建的增量资产；不仅是公共物品，也包括准公共物品；不单是公益性项目，还有经营性项目都能从中找到相应的实现途径。民营化的手段为包括大型场馆在内的众多公共的和准公共的物品提供了政府和社会资本合作（PPP）的渠道，为减少政府负债、提高项目运营效率带来了诸多好处。

（一）民营化（广义PPP）的常见类型

民营化方式在不同国家会有所不同。目前，我国的民营化主要体现在以PPP为主的诸多方式上，这些方式根据不同的标准可以做如表3－12所示的分类。

表 3-12　我国民营化（PPP）方式的常见类型

分类标准	类型	备注
服务的领域	经济	交通运输、市政公用事业、园区开发、节能环保等领域
	社会	保障性住房、教育、文化、卫生等领域
	政府	司法执法、行政、防务等领域
项目运作方式	委托运营（O&M，Operations & Maintenance）	PPP这些运作方式还可以进行组合，具体运作方式的选择主要由PPP项目类型、融资需求、改扩建需求、收费定价机制、投资收益水平、风险分配基本框架和期满处置等因素决定
	管理合同（MC，Management Contract）	
	租赁—运营—移交（LOT，Lease-Operate-Transfer）	
	建设—运营—移交（BOT，Build-Operate-Transfer）	
	建设—拥有—运营（BOO，Build-Own-Operate）	
	购买—建设—运营（BBO，Buy-Build-Operate）	
	移交—运营—移交（TOT，Transfer-Operate-Transfer）	
	改建—运营—移交（ROT，Rehabilitate-Operate-Transfer）	
	区域特许经营（Concession）	
获得收入的方式	使用者付费方式	可经营性系数较高、财务效益良好、直接向终端用户提供服务的基础设施项目
	政府付费方式	不直接向终端用户提供服务的终端型基础设施项目，或者不具备收益性的基础设施项
	可行性缺口补助方式（Viability Gap Funding/Subsidy，VGF）	可经营性系数较低、财务效益欠佳、直接向终端用户提供服务但收费无法覆盖投资和运营回报的基础设施项目

资料来源：根据网络资料进行整理。

使用者付费方式可以用于如市政供水、城市管道燃气和收费公路等经营性强，可以直接向用户收费的项目；政府付费方式可以用于市政污水处理厂、河道治理等项目，这类项目不能直接向终端用户收费或者不能产生收益；VGF可用于消费者的收费无法覆盖投资和运营回报的项目，包括医院、文化及体育场馆和流量少的公路等。

（二）民营化的操作方式及其合规性分析

2014年是中国民营化发展的标志年份。自2014年起，财政部和发展改革委员会不断发文，推广以PPP（政府与社会资本合作）为主的民营化方式，这为场馆民营化的发展带来重大利好。大型场馆同样可以利用PPP等各种方式盘活存量资产，发展增量资产。

对于PPP目前没有统一定义，从联合国开发计划署、欧盟委员会、世界银行到中国财政部、发展改革委员会对此都有各自的定义，表述各有不同，尽管如此，还是可以发现PPP的共同特征：一是强调政府与社会资本的合作，这种合作是一种建立在对等关系上的双赢的、新型的生产关系，从根本上跳出了旧有生产关系上存在的"国进民退"还是"国退民进"的零和博弈争论；二是合作建立在经济与社会意义上的双重"成本—收益"基础之上，其优点是由于政府的存在，项目将社会成本纳入成本收益分析，外部性问题也随之得到极大缓解；三是强调公私双方对公共项目的风险和收益建立长期稳定的共同分担机制，形成命运共同体。用一句简洁的话来说就是"利益共享、风险共担、长期合作"。

在该模式下，鼓励私营企业、民营资本与政府进行合作，参与公共基础的建设。投资规模较大、需求长期稳定、价格调整机制灵活、市场化程度较高的基础设施及公共服务类项目，适宜采用PPP模式。

PPP也有广义和狭义之分，广义的PPP如前所述，它是政府和社会资本共同合作的一类方式的总称，包括多种表现形式。狭义的PPP是这样一种公共服务开发运营模式：政府与私人部门组成特许经营公司引入社会资本，共同设计开发、共同承担风险、全过程合作，期满后再把基础设施移交给政府。狭义PPP与广义PPP的模式相比，政府对项目中后期建设管理运营过程参与更深，企业对项目前期科研、立项等阶段参与更深。政府和企业都是全程参与，双方合作的时间更长，信息也更对称。

我国目前推广的 PPP，主要是基于特许经营权合同。从我国官方文件中涉及的 PPP 运作方式来看，发改委主要推的有 O&M、BOT、BOOT、BOO 等；而财政部主要推广的有 O&M、BOT、BOOT、ROT、TOT、BOO 等，财政部出于缓解存量项目资金压力的目的增加了 ROT 和 TOT 等方式。

如表 3-13 所示，PPP 具有丰富的样式可供选择。

表 3-13　　　　　　　　　PPP 的操作方式

O&M	委托运营
DB	设计—建设
DBMM	设计—建设—主要维护
DBO	设计—建设—经营
LDO	租赁—开发—经营
BLOT	建设—租赁—经营—转让
BTO	建设—转让—经营
BOT	建设—经营—转让
BOOT	建设—拥有—经营—转让
BOO	建设—拥有—运营
BBO	购买—建设—经营

资料来源：郑建新，等. 政府和社会资本合作（PPP）模式解读 [M]. 长沙：湖南美术出版社，2017：2.

下面对一些常见的 PPP 方式及其合规性进行分析。

1. BOT 模式（Bulid – Operate – Transfer，建造—运营—移交）

BOT 主要运作方式是政府通过特许权协议，将项目授予投资公司，并通过设立的项目公司进行投资、建设、运营和维护，在一定期限经营后，最终移交回政府的过程，合同期限一般为 20~30 年。该方式是以特许经营权为主，投资公司往往有私人或者民营资本背景。BOT 模式最大的特点就是将基础设施的经营权有期限地抵押以获得项目融资（见图 3-3）。

政府是 BOT 项目的控制主体。政府决定是否设立此项目、是否采用 BOT 方式，它还有权在项目进行过程中对必要的环节进行监督，在项目特许到期时，它还具有无偿收回该项目的权利。投资人是 BOT 项目的风险承担主体，他们以投入的资本承担有限责任。银行或财团通常是 BOT 项目的主要出资人。对于中小型的 BOT 项目，一般单个银行足以为其提供所需的

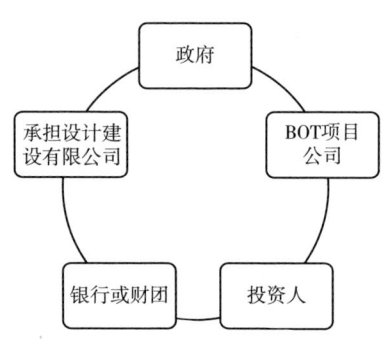

图3-3 BOT 的主要参与人

全部资金,而大型的 BOT 项目往往使单个银行感觉力不从心,从而组成财团共同提供贷款。

BOT 具有市场机制和政府干预相结合的混合经济的优势:其一,BOT 能够保持市场机制发挥作用。BOT 项目的大部分经济行为都在市场上进行,政府以招标方式确定项目公司的做法本身也包含竞争机制。其二,减少了政府财政负担,BOT 为政府监管提供了有效的途径,与私人机构达成的有关 BOT 的协议,可以更好地监督项目建设的质量。其三,提高了项目运营的效率,私营企业为了更好地获得利润,控制成本,加快建设周期,可以更好地完成项目。其四,可以引入私营企业的管理理念和先进技术。

但是,该模式也具有一定风险:BOT 项目投资大、期限长且条件差异较大,常常无先例可循,所以 BOT 的风险较大。风险的规避和分担也就成为 BOT 项目的重要内容。

2. BT 模式(Build – Transfer,建设—移交)

BT 模式是项目发起人通过与投资者签订合同,由投资者负责项目的融资、建设,并在规定时限内将竣工后的项目移交项目发起人,项目发起人根据事先签订的回购协议分期向投资者支付项目总投资及确定的回报。该模式可以看成 BOT 项目的一种广义演变形式,以项目外包模式为主。

BT 模式的缺陷主要表现为 BT 项目建设费用过大;BT 方式中的融资监管难度大;BT 项目的分包情况严重;BT 项目质量得不到应有的保证;有可能增加地方政府的隐性债务;在公开招标操作过程中,会产生"针对性的选择"项目方以及明股实债等现象，存在较大的风险隐患。BT 模式的优势在于政府可以通过社会资本方和建设方优先建设市政项目以达到其发展当地经济的目的，而且，因为支付在工程竣工验收之后，还可以拉长付费的时点，缓解当地政府的财政支付压力。

3. 委托代建模式

委托代建是指政府是业主单位，通过招标方式，依法选择社会项目管理单位，负责项目的投资管理和建设工作，工程竣工交付用户使用，政府按照一定的标准支付管理费用的方式。在正常情况下，委托代建模型中的代建单位和用户单位是两个不同的实体。对于代建单位，其主要职责是严格控制项目投资、质量和工期。该模型通常应用于公益性政府投资项目。

从概念和特点的角度看，委托建设模式与 BT 模式类似，均属于政府投资项目。两个项目都需要经过招标过程；社会资本方必须履行项目的组织、管理和其他职责。但实际上，这两种项目存在差异：在 BT 模式下，建设风险由社会资本承担；在委托代建方式下，风险由委托代建合同约定。在 BT 模式下，项目的利润主要来自固定收益资金和项目建成后资本占用的利息。在委托建设模式下，项目的主要利润为代建管理费。在 BT 模式下，投资资金的收回时间为建设完成后的收入，移交时获得回购款项；在委托代建模式下，根据项目的进展情况逐步收回投资资金。在 BT 模式下，一些社会建设方将首先拥有项目的所有权，然后在移交时将所有权转让给政府所有；而在委托建设模式下，项目的所有权属于政府，社会资本只负责按合同的规定建设。

4. BOOT 模式（Build – Own – Operate – Transfer，建设—拥有—运营—移交）

BOOT 与 BOT 的主要区别：首先是所有权区别，BOT 方式项目建成后，私人只拥有所建成项目的经营权，BOOT 方式私人在项目建成后的规定期限内既有经营权，也有所有权；其次是时间上的区别，采取 BOT 方式，从项目建成到移交给政府这一段时间一般比采用 BOOT 方式短，该类项目融资是私有化模式。

BOOT 模型相对于 BOT 模型的优点是：在 BOOT 模型下，社会资本方在运营期间拥有项目的所有权，这意味着在融资时，社会资本方可以使用该项目作为质押对金融机构进行融资；BOOT 模型的特许经营期通常较长，对于某些具有一定现金流量的项目，社会资本方更有可能收回投资成本并从运营期获得利润；由于拥有项目运营过程中的所有权，社会资本方将有更多的激励措施来使项目更好地运行。

对于 BOOT，中国没有独立的法规专门规定 BOOT 项目应如何运作，它主要用作 BOT 的变体，并与 BOT 模型一起出现。

5. BOO 模式（Build – Own – Operate，建设—拥有—运营）

BOO 是指私营部门根据政府赋予的特许权，建设并经营某项基础设施，但是，并不会在一定时期后将该项目移交给政府部门。

BOO 模式也是 BOT 模式的一个变种。它的主要特点是：该项目完成后不会移交给政府公共部门，而是由社会资本本身持有，未来的营业收入也将属于社会方，其优势在于可以为政府节省大量金钱和人力。由于这是高度私有化的项目模型，因此，在拥有项目的所有权之后，项目公司可以通过其他渠道重新整合营运资金。对于前期的项目贷款，项目公司通常将项目运营阶段收入来进行还款。BOO 是高度私有化的运营模式，在减少政府债务、刺激经济发展以及调动当地私营企业的积极性方面具有良好的效果。因此，国家一直对 BOO 模式持支持态度。

BOO 模型主要用于国有企业或大型私营企业。主要原因如下：因为大多数是资源型项目，所以这些项目大多数是国企和央企做；由于项目初期投入成本高，技术要求较高，小企业难以满足相应要求；国有企业、中央企业或大型民营企业信誉良好，金融机构融资相对容易。

6. BLT 模式（Build – Lease – Transfer，建设—租赁—移交）

BLT 通常还有另一种形式（Buy – Lease – Transfer，购买—租用—移交），但无论哪种形式，它都是从 BOT 模型派生而来的。BLT 模型是指企业融资建设或购买城市基础设施项目，市政府授权相关政府职能部门与企业签订相关租赁合同，政府授权部门根据合同使用基础设施项目并支付租金。租赁合同期满后，企业按照合同移交基础设施项目。

在这种模式下，政府可以通过租赁合同延长政府应付款，从而达到减轻财务压力的目的。此外，由于该模型实际上将应分配给基础设施的支出转换为租金支出，因此负债类别发生了变化，这也使地方政府可以更灵活地应对PPP项目下的支出红线审查。但实际上，总的来说，这种模式并没有减少政府的支出责任。无论如何进行改造，它仍然构成了政府的债务。根据当前与PPP相关的政策文件，在BLT模式下，社会资本方不承担项目运营中的运营和维护责任，这与我国提倡的PPP模式文件精神不符。

7. TOT模式（Transfer – Operate – Transfer，转让—经营—转让）

通常是指政府部门或国有企业将建设好的项目的一定期限的产权或经营权，有偿转让给投资人，由其进行运营管理；投资人在约定的期限内通过经营收回全部投资并得到合理的回报，双方合约期满之后，投资人再将该项目交还政府部门或原企业的一种融资方式。该模式往往针对已建成的项目。

TOT模型主要用于解决地方政府的债务风险，将公共服务项目的存量移交给社会资本方，以达到减轻地方政府财政负担的目的。在融资方面，TOT模型具有独特的优势。由于与建设期的BOT、BOOT、BOO等项目不同，在TOT模式下，该项目已进入正常运营阶段，社会资本方可以在接手该项目后迅速产生营业收入，因此，社会资本方可以将营业收入作为基础资产进行再融资。

8. ROT模式（Rehabilitate – Operat – Transfer，改建—经营—移交）

ROT主要是指特许经营者在获得特许权的基础上对过去的旧资产或项目进行改造，并获得改造一段时间以后的特许经营权，特许期限届满后，将其移交给政府。ROT模型是从TOT模型派生的项目操作模式，它的主要特征是在TOT模型的基础上增加了改建的环节，一般合作期限为20~30年，与政府签署特许经营协议后，社会资本方将发起设立项目公司（通常政府将注入少量资本成为股东以监督项目公司）该项目的特许经营期与BOT项目相似，分为两个部分：建设期和运营期。

与TOT模型类似，ROT模型也与BOT模式绑定，一些旧项目将进行升级，进而整个项目规模将得到提升。从交易结构和相关法规的角度来看，ROT模型与TOT模型没有太大区别。它也是处理地方政府债务和盘活现有资产的备选方式之一。

9. O&M模式（Operations & Maintenance，委托运营）

O&M是指政府将存量公共资产的运营维护职责委托给社会资本或项目

公司，社会资本或项目公司不负责用户服务的政府和社会资本合作项目运作方式，合作期限一般不超过 8 年。从形式上看，O&M 模式与 TOT 模式有些许类似，都是政府将项目交给社会资本方进行运营和维护，但实际上两者有着本质上的区别。

在 TOT 模式下，政府会通过招标的方式选定社会资本方，社会资本方成立项目公司，同时政府会与项目公司签订特许权协议和资产转让协议，由此将项目资产所有权交予项目公司。社会资本方通过对项目进行运营、维护和用户服务，以获得收益。收益来源主要为使用者付费、政府付费和可行性缺口补贴等。在特许权届满后，社会资本方需要将项目所有权无偿移交回政府。在 O&M 模式下，政府依旧会通过招标的方式选定社会资本方，同时政府会与社会资本方签订委托运营合同，并按照合同的规定支付相应的委托运营费。社会资本方在 O&M 模式下，主要的收入来源为政府支付的委托运营费。在 O&M 模式下，不存在项目所有权的交割问题。

10. MC 模式（Management Contract，管理合同）

MC 是指政府将存量公共资产的运营、维护及用户服务职责授权给社会资本或项目公司的项目运作方式。政府保留资产所有权，只向社会资本或项目公司支付管理费。管理合同通常作为转让—运营—移交的过渡方式，合同期限一般不超过 3 年。从定义里可看出，MC 类似于 O&M 模式，但是最大的区别在于，MC 模式可以做用户服务，而 O&M 模式下不行。

MC 和 O&M 模式因为涉及政府付费，同时与政府购买服务的重叠度较大，所以运用相对较少。而从财政部 PPP 项目库中的入库项目和近期的推荐项目可以看出，新增项目中 BOT 模式占绝大多数；而对于存量项目，多是以 ROT 模式在运作。

小结

2014 年以来，PPP 项目方式在我国发展很快，随着项目的不断上马，在此过程中也出现了很多不符合规范的现象，很多项目也被财政部和发改委清理出库。对政府而言，一些地方政府把 PPP 当作是融资的方式，而忽视了其"治理"方面——对于公共服务的提供方式、政府职能转变、社会管理方式改革——的意义，甚至有些地方政府把 PPP 作为变相举债的方式。

对于企业来说，民营化的各种方式要取得成功，就要与政府结成良好合作关系，同时也要对民营化方式的自身特性进行把握，在此基础上，对照国家相关法规政策，了解项目的合规性，以规避可能的风险。由于新一轮民营化（PPP）的目标主要是在不增加地方政府负债的情况下，吸引社会资本投资基础设施和公共设施领域，因此，民营化模式使用过程中是否会增加政府财政负担成为是否能够获取政策支持的重要考量。例如，BT、委托代建等方式就是基于类似的理由而在相关政策中并未获得支持。对常见的各种PPP方式的合规性分析如表3-14所示。

表3-14　　　　对于各种民营化方式的合规性分析

方式	国家政策	支持与否
BT	2014年以来国家针对种种利用BT模式进行违规融资，增加地方政府隐形债务的项目进行了严格管控：2015年财金〔2015〕57号文中提到"对于采用建设—移交（BT）方式的项目，通过保底承诺、回购安排等方式进行变相融资的项目，财政部将不予受理。"2016年财预〔2016〕152号文中提出要严控地方债务风险，同时对于通过BT模式形成的多种类型的政府债务的偿还进行了明确的规定。2017年财办金〔2017〕92号文将采用BT模式进行的PPP项目列入了不符合规范运作要求的名单，进行了清库处理。2018年8月中央下发的《关于防范化解地方政府隐形债务风险的意见》中提到，以BT方式举借或以委托代建方式等名义变相举债的项目都是属于地方政府对企业融资提供担保的禁止性领域	不支持
委托代建	在实际操作中，由于委托代建模式很容易滋生出地方政府的隐性债务，所以目前国家对于该种模式也是出于严控的阶段。委托代建模式的项目很难从金融机构处融得资金	不支持
BOT	2014年12月发改委〔2014〕2724号文中提到"准经营性的项目，……可通过政府授予特许经营权附加部分补贴或直接投资参股等措施，采用建设—运营—移交（BOT）、建设—拥有—运营（BOO）等模式推进。"2015年7月发改法规〔2015〕1508号也指对于能源、运输交通、水利、环境保护等基础设施和公共领域项目，要积极运用BOT、BOOT、BTO等方式开展特许经营。2016年9月发改办投资〔2016〕1963号文中，在对典型PPP项目案例报送时提到，应该优先考虑采用BOT、BOOT、TOT、ROT等模式的项目	支持
BOOT	2015年7月发改法规〔2015〕1508号指出政府要积极引导和推广特许经营。对于能源、运输交通、水利、环境保护等基础设施和公共领域项目，要积极运用BOT、BOOT、BTO等方式开展特许经营。2016年9月发改办投资〔2016〕1963号文中，在对典型PPP项目案例报送时提到，应该优先考虑采用BOT、BOOT、TOT、ROT等模式的项目	支持

续表

方式	国家政策	支持与否
BOO	BOO 作为 BOT 的另一变种模式，在法规方面，同样没有独立的法规予以介绍。不过因为其属于高度私有化的一种运营模式，在降低政府债务，拉动经济发展，调动地方民营企业积极性方面都有着不错的效果。因此国家对于 BOO 模式一直处于一种支持的态度	支持
BLT	该模式下政府的支出责任其实并没有减少，不论怎么转化，其依旧构成了政府的负债。尽管国家并没有明确的文件禁止 BLT 模式，但其实由于其并不符合中央相关的精神，同时成办发的相关文件也在 2017 年底陆续到期。同时由于在 BLT 模式下依旧存在着增加地方政府债务的问题。所以目前而言，运用该模式的项目也已经很难实施	不支持
TOT	多个财政部、发改委的文件提出要充分利用社会资本管理、运营的优势，大力发展 PPP 项目。对于存量的资产，鼓励通过 TOT、ROT 等方式有序盘活，将回收的资金用于在建项目和其他重大项目上。国办发〔2015〕42 号文针对化解地方政府性债务风险时提出，要积极运用 TOT 和 ROT 等模式。而针对盘活存量资产方面，发改投资〔2017〕1266 号文提出"对于拟采取 PPP 模式的存量基础设施项目，根据项目特点和具体情况，可通过转让—运营—移交（TOT）、改建—运营—移交（ROT）、转让—拥有—运营（TOO）、委托运营、股权合作等多种方式，将项目的资产所有权、股权、经营权、收费权等转让给社会资本。"同时就在今年的 10 月，国办发〔2018〕101 号文件指出要鼓励采用 TOT、ROT 模式盘活资产，将回收资金用于补短板的重大项目中	支持
ROT	与 TOT 模式类似的是，ROT 模式也会与 BOT 模式绑定，通过社会资本方对一些老项目进行改造升级并提升整体项目的规模。从交易结构和相关法规方面看，ROT 模式与 TOT 模式差异不大，同样是用于处理地方政府债务、盘活存量资产的可选模式之一	支持
O&M	从发改委和财政部的相关文件可以看出，O&M 作为一种盘活存量资产的模式，是符合相关发展需要的，可以应用于能源、交通运输、水利、环境保护、市政工程、社会事业等基础设施和公用事业领域	支持
MC	目前在实际操作中，很少有 MC 模式独立出现的，大多数都会与 TOT 模式绑定，作为 TOT 模式前期的过渡方式。不过因为 MC 模式同 O&M 模式一样，涉及政府付费，其方式上与政府购买服务有不少的重叠，所以目前阶段，还是以政府购买服务的方式出现的居多	支持
PPP	自 2013 年以来，PPP 相关政策密集出台：2014 年 9 月，《关于推广运用政府和社会资本合作模式有关问题的通知》，2014 年 11 月，《关于创新重点领域投融机制鼓励社会投资的指导意见》，2014 年 11 月，印发政府和社会资本合作模式操作指南（试行）的通知，2014 年 12 月，《关于开展政府和社会资本合作的指导意见》，2015 年 3 月，李克强做政府工作报告，提出要在基础设施领域推广 PPP 模式。2015 年 3 月，《关于推进开发性金融支持政府和社会资本合作有关工作的通知》……	支持

资料来源：根据网络资源进行整理。

事业单位管理模式是目前大型场馆最主要的运营管理模式，政府同时掌握体育场馆的所有权和经营权，场馆的运营管理经费全部由政府体育行政部门承担，该模式对于促进我国体育事业发展有历史功绩。但是，作为计划经济的产物，已经很难适应市场经济下场馆经营状况，可能出现安于现状、缺乏提升场馆运营效益的主动性等问题。

各国的实践已证明，PPP 模式是提供大型场馆服务的富有效率的方式。

首先，通过推行 PPP 模式可以吸引民间资本投资大型场馆，解决多年来困扰大型场馆的资金"瓶颈"问题；其次，PPP 模式的实施意味着在大型场馆领域可以采用企业化的管理技术和手段来优化场馆的运营，提高资源使用效率；最后，PPP 模式的采用意味着场馆领域的治理模式的变化，意味着民营企业开始掌握话事权。展望未来，以 PPP 为首的民营化模式的推广必将改变过去大型场馆供过于求、互相攀比、形式大于内容的营建理念。

二、分类民营化的方式

理论上来说，民营化的各种方式在大型场馆的营建中都可以使用，但是，现实中，由于场馆本身的特点以及不同地区的政治、经济、社会文化、技术、环境等因素有所不同，因此，会呈现不一样的使用特征。同理，我国不同地区大型场馆民营化的推进程度与速度都有所不同。

一般而言，存量场馆民营化的方式主要涉及场馆运营权的转移；增量场馆则往往所有权和经营权都涉及。公益性场馆和经营性场馆在运营目标、价值取向上有较大差异，其采用的民营化方式也会有差异。

（一）公益性场馆和经营性场馆

前面谈及大型场馆分为公益性场馆（该类场馆场馆又分为公益一类和公益二类）和经营性场馆管两大类。在社会主义市场经济条件下，为了适应新的经济社会发展特点，部分（公益性）场馆将保留事业单位性质，其余场馆将逐步推向市场。同样，在民营化时也要考虑不同场馆的特征。

1. 经营性场馆

经营性场馆在数量和体量上是大型场馆的主体，这类场馆在服务内容上以竞赛表演、文艺演出、商业会展等非公共服务为主，基本公共服务占比很低，经费上能够自收自支，服务价格随行就市，采取市场定价为主的方式，商业配套成熟，拥有较多的商业开发面积，经营性资产占比较大，场馆所在区域（城市）经济发达，市民具有较强的消费能力，对文体消费有一定偏好（见表3-15）。

表3-15　　　　　　　　　大型场馆设施盈利点

赢利点 \ 基础条件	赛事文体活动资源	场馆硬件设施	周边常住人口	周边商业环境	品牌影响力	备注
赛事活动文化活动	高水平赛事文化演出	功能完备/条件优良	—	—	—	所有场馆均可选择
全民健身体育培训	—	功能完备/条件优良	—	—	有知名的全民健身品牌	所有场馆均可选择
无形资产开发	顶级赛事/文体活动	—	—	—	—	所有场馆均可选择
配套商业办公	具备满足观赛或参加活动人群需求的功能	具备一定体量的相对独立的空间	具备满足周边人群日常活动需求功能	—	—	有相应设施的场馆可以选择
延伸产业	承办过大型赛事或为知名职业体育队主场	除比赛场地外有独立空间供游客参观	—	—	为所在城市地标性建筑	城市地标性场馆可以选择
商业开发周边土地开发	—	—	足够人流支撑相应的商业经营面积；城市扩张的目标区域	未来有潜力成为城市新商圈	—	所属区域内有规划土地的场馆可选择

资料来源：根据网络资源进行整理。

此类场馆商业开发价值大，具备较多的盈利点，对于民营企业具有较强的吸引力，民营化的操作性强，如五棵松体育馆、上海东亚体育中心、南京五台山体育中心等场馆。从民营化的角度看，这类场馆在方式和手段选择上非常广泛。

2. 公益性场馆

公益性场馆在数量和体量上是大型场馆的少数派，这类场馆在服务内容上以提供训练和全民健身场地等公共服务为主，基本公共服务占比很高，经费上不能自给，以政府财政拨款和补贴为主，服务价格采用国家指导价格或低于市场价格（免费或低收费），商业配套不成熟，商业开发面积少或没有，经营性资产占比小，场馆所在区域远离成熟商业街区，人口流量少、交通条件差。

此类场馆商业开发价值小，赢利点不足，对于民营企业吸引力低，民营化的操作性弱。从民营化的角度看，在方式和手段选择上比较局限。通常采用物业外包、政府购买服务等方式将一些非主营业务（如保洁、绿化、日常维护等业务）交由民营企业提供。

（二）存量和增量场馆

存量是指采用传统的国家投资建设方式修建的场馆，增量场馆则是指社会资本以 BOT、PPP（狭义）等方式从建设即开始参与大型场馆的运作，强调社会资本的全过程参与。

1. 存量场馆民营方式

存量场馆是我国大型场馆的主体。长久以来我国一直采用政府投资的方式兴建场馆，事业单位管理模式运营场馆。这部分场馆若进行民营化，社会资本方大多以 TOT、ROT、O&M、MC 等方式参与到现有场馆的运营。

以广州珠江体育文化发展股份有限公司为例，该公司通过上述方式运营管理的成建制场馆已经达到 15 个，业务范围涉及广东、福建、山东、河南等省份。

2. 增量场馆民营方式

改革开放以来，开始出现社会资本投资场馆的现象。一些企业看到体育产业领域的商机，果断进军体育场馆行业，通过 BOT、BOO、BOOT、PPP（狭义）等方式投资大型体育基础设施。中南控股集团投资兴建的江苏南通体育会展中心于 2004 年破土动工，2006 年竣工，之后承办了江苏省第十六届运动会、亚洲击剑锦标赛、安踏杯全国男排大奖赛、小沈阳演笑会、刘谦魔幻演出专场等大型活动，是我国民营企业投资并运营大型场馆的早期案例（见表 3-16）。

表 3-16　　　　我国大型场馆采用 PPP 模式情况

项目名称	总投资（人民币）	融资方式
国家体育场（鸟巢）	33 亿元	PPP
国家游泳中心（水立方）	10 亿元	海外华侨、华人捐赠
国家体育馆及奥运村	奥运村 33 亿元、国家体育馆 8.7 亿元	BOT、项目捆绑
国家会议中心	21 亿元	BOO、项目捆绑
五棵松文化体育中心	45 亿元	BOO、项目捆绑
奥林匹克水上公园	20 亿元	BOT、项目捆绑
天津奥林匹克中心	60 多亿元	（土地置换）项目融资
青岛奥帆中心	30 多亿元包括奥运必备项目和商业开发项目	BOO、项目捆绑
长沙新世纪体育中心	12 亿元	经营城市、政府财政拨款
昆明体育城	50 亿元。其中，体育场馆及商业配套 10 亿元；房地产开发 40 亿元	BOO、项目捆绑
广东佛山体育中心	体育馆 5.5 亿元，体育场 9.7 亿元	政府投资 BOT、TOT 项目捆绑
南京奥体中心	25 亿元	政府财政投资
南通体育会展中心	19 亿元	BOO、项目捆绑
上海 F1 赛车场	50 亿元	政府背景的国资企业投资

资料来源：参考陈元欣（2012）、赵钢（2007）研究成果以及网络资源进行整理。

（三）发展模式建议

推行体育场馆规划设计，融资建设和运营管理的一体化。在建设之初，就充分考虑"建什么""谁来建""资金怎么来""建成后怎么管"等一系列问题，引进专业的投融资、运营管理机构进入。

场馆建设阶段：大力推行体育场馆 PPP 模式，一揽子解决场馆设计、融资建设和运营管理问题。PPP 专业机构设计合理可行的项目方案，吸引投资机构参与获得稳定持续合理的回报，引进专业运营机构参与，解决未来的运营管理。

场馆运营阶段：引进和委托专业运营管理机构，按照市场化、企业化的方式，将体育场馆的所有权和经营管理权分离，按照双方约定的经济和社会效益要求，由专业机构组织专业团队运营管理，政府以购买公共服务等方式给予支持。对于安保、绿化、保洁、工程等物业管理内容，可以进行专业外包服务，以便于运营管理机构将更多的精力投入经营中去。

场馆经营模式：在体育场馆运营中，紧紧围绕体育赛事活动、全民健身、体育培训等本体产业，提高使用率、知名度和人气，创造良好的氛围；深度挖掘体育场馆的活动、体育商业商务、无形资产、体育旅游等内容，提高营运能力；具备条件的场馆，可进行配套用地、配套设施等投资开发，完善场馆功能和设施，获取更大价值。

民营化方式选择：应综合考虑各种融资方式的特点并结合项目本身的特点进行选择。任何一种方式都有其适合的场合，没有最完美的方式，只有最适合的方式（见表3-17）。

表3-17　　　　大型场馆主要民营化模式的比较分析

筹资模式比较对象	PPP（狭义）	BOT	TOT	ABS
短期内资金获得的难易程度	较易	难	易	难
项目的所有权	部分拥有	拥有	可能部分或全部失去	不完全拥有
项目经营权	部分拥有	失去（转交之前）	可能部分或全部失去	拥有
融资成本	一般	最高	一般	最低
融资需要的时间	较短	最长	一般	较长
政府风险	一般	最大	一般	最小
政策风险	一般	大	一般	小
对宏观经济的影响	有利	兼具	有利	有利
适用范围	有长期、稳定现金流的项目	有长期、稳定现金流的项目	有长期、稳定现金流的已建项目	有长期、稳定现金流的项目、在国际市场上大规模筹集资金

资料来源：陈元欣.大型场馆投融资实务［M］.北京：北京体育大学出版社，2012：67.

三、民营企业能力分析

对于大型场馆的民营化，存在一种质疑的声音："这么多场馆民营化之后,由谁来接手、民营企业没有管理场馆的经验,会不会把场馆搞糟?"这种看法在社会上有一定的市场。那么这种担心有没有道理呢?

(一)民营经济发展状况

首先,从宏观层面的民营经济发展情况来看,民营经济(民营企业)具备极强的实力。改革开放以来,经过40余年的发展,民营经济从无到有、从小到大,已经发展成为国民经济中一支非常重要的力量,在GDP占比、提供就业、税收缴纳等方面都贡献巨大。

关于民营企业有句话称为"五六七八九",用来形容民营经济发挥的重要作用:缴纳50%以上的税收,创造60%以上的GDP,贡献70%以上的技术创新和新物品开发,提供80%以上的就业岗位,拥有90%以上的企业数量。[①] 从以上数据可以看到,民营经济在稳增长、保就业、促创新、惠民生等方面发挥着越来越重要的作用,民营经济已经成为国民经济和社会发展的生力军。

从PPP项目角度看,自2014年财政部、国家发改委推广PPP项目以来,截至2018年11月10日,民营企业作为牵头人或者单独中标的PPP项目总个数是3973个,占到所有的PPP项目总中标数的46.7%,总中标的金额32000多亿元,大概占比是26%。[②]

(二)民营体育运营公司发展

就场馆领域而言,在过去的数十年间,已经涌现出一批经过实践检验的民营体育运营公司。这些公司具备较强的实力,既可以接手已建成场馆的运营和维护,也具备全过程(规划—设计—建设—运营)参与场馆PPP项目营建的能力。这些公司包括华熙集团、深圳佳兆业、大丰实业等;按

---

① 大成企业研究院.2017年民间投资与民营经济发展重要数据分析报告[M].北京:社会科学文献出版社,2018:5;民营企业的重要作用也为中央政府所重视,2018年8月20日举行的"国务院促进中小企业发展工作领导小组第一次会议"也使用了同一说法(中国民营经济呈现出"五六七八九"的典型特征),并研究部署推动中小企业高质量发展(引自"刘鹤主持召开国务院促进中小企业发展工作领导小组第一次会议",http://www.gov.cn/guowuyuan/2018-08/20/content_5315204.htm")。

② "2018第四届中国PPP融资论坛"第七场圆桌主题论坛:"PPP创造美好生活"专家观点集锦,http://www.cpppc.org/zh/pppltxwyzltfy4/7681.jhtml。

照财政部推广PPP对于"社会资本"的定义,还有一大批实力雄厚的国企(央企)也在体育场馆领域进行了布局。当前国内体育场馆专业化与市场化经营需求强烈,具有赛事组织、广告营销经验的综合型体育管理公司更有可能获得成功(见表3-18)。

表3-18　国内知名体育运营公司一览

公司名称	运营场馆
华熙集团	打造华熙LIVE这一全新的文化体育产业经营模式,成功运营五棵松体育馆、巴南国际文化中心
大丰实业	牵头宁海县文化综合体、丹江口市文体中心、松阳县全民健身中心、泌阳县文化艺术中心、天长市文化艺术中心、平阳县文化中心等PPP项目的投资建设运营
佳兆业文化集团	深圳大运中心、深圳南山文体中心、深圳盐田区游泳馆、佛山高明体育中心、惠州仲恺体育中心、广西贵港市体育中心、江苏南通海安体育中心、武汉五环体育中心等16个场馆
中奥广场管理集团有限公司	鞍山奥体育中心、佛山岭南明珠体育馆、合肥体育中心、成都青白江区文体中心、六安体育中心
体育之窗文化股份有限公司	北京工人体育场(馆)、长沙贺龙体育中心、上海虹口足球场、天津市奥林匹克体育中心、陕西省体育场、海口五源河体育场
广州珠江体育文化发展股份有限公司	亚运城体育馆、广州体育馆;拥有8个下属公司,运营管理的建制体育场馆达15个,总建筑面积达到了145万平方米
华润置地有限公司	深圳湾体育中心
武汉体育中心管理有限公司	武汉体育中心
南昌公用物业管理有限公司	南昌国际体育中心
上海东亚体育文化中心有限公司	上海东亚体育文化中心
江苏省体育产业集团	南京奥林匹克体育中心、苏州体育中心等;集团公司目前有五家下属单位,分别为南京奥体中心经营管理有限公司、江苏苏体实业发展有限公司、江苏苏体运动健康管理有限公司、江苏苏体运动科技有限公司及江苏省体育竞赛有限公司

资料来源:根据访谈录音和网络资源整理而成。

以知名体育场馆运营商佳兆业为例。佳兆业文化集团是佳兆业控股旗下专业集团之一,专注于文体活动互联平台打造。集团旨在集结旗下各大文化体育场馆平台,全方位整合国内外体育、文化、演艺、会展等各类活动,通过市场运作盘活场馆资源,进行衍生业务经营,同时通过场馆的端口价值开展"互联网+"业务等。自2013年至今,佳兆业文化集团已成功运营16个标志性体育场馆,运营场馆面积85万平方米,管理场馆总资产近100亿元,现已跻身中国最大的民营文体场馆综合运营商。

根据财政部PPP管理平台统计数据,截至2016年9月末,共有201个体育项目入库,占项目总数的2%。5亿~50亿元的项目共有54个,占总项目数的26.9%,5000万~5亿元的项目共有118个,占项目总数的58.7%,5000万元以下的项目共24个(见图3-4)。

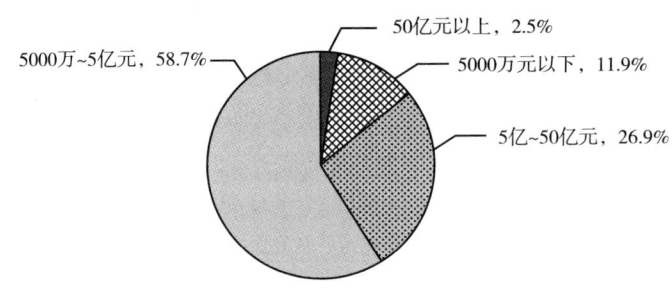

图3-4 财政部体育PPP入库项目投资规模分布图

资料来源:根据财政部综合信息管理平台相关信息整理而成。

从以上分析可以看到,随着我国社会经济的发展,民营经济(民营企业)已经发展成为一支重要力量,在经济社会生活等各个领域扮演着极其重要的角色,在场馆的民营化过程中,也是一支不可忽视的力量。虽然体育场馆民营化在大型场馆的营建和管理中还未占到一个较大的份额,但其发展前景是非常有潜力的。

任何变化都会带来对未知的担心,这是人之常情,但是如果因为担心就原地踏步甚至要退回到过去的时代,回到更加保守的制度下去,则是不可取的,那种因为改革中出现了一些问题就整体否定民营化的看法,无异于因噎废食。

四、小结

(一)民营化应因地制宜

民营化要提倡、要推进,但是在具体操作上应当"实事求是"。要提倡"大胆地假设，小心地求证"，是否立项，采用什么方式，要结合场馆的特点（存量还是增量，公益性还是经营性），当地的政治、经济、社会、文化、法律、技术等条件进行综合考虑，要做充分的可行性分析。学者安德烈夫①认为，场馆是否上马，能否留下可持续的遗产，取决于三个方面：是否具有长期的发展计划、场馆本身是否可以持续运营、当地政治经济情况。

PPP模式的成功需要一些条件：首先，PPP的成功需要各利益相关方信守契约精神；其次，PPP是一种政府治理模式的改革，它强调全生命周期管理，促进政府对内进行行政改革，对外提升社会治理能力；最后，PPP倡导共赢的理念：合理的风险分担机制、健全的法规法律、专业化人才、全方位的参与式管理是PPP成功的基础，那种单一通过PPP来融资的理念已经过时。此外，推进民营化，政府要转变观念，摆正位置，多做基础工作，主动作为，但不能乱作为。建章立制，更新知识和操作技能学习，政府和企业要学习的东西还很多。

（二）民营化不能搞"大跃进"

存量资产可以积极推进民营化。现有的1000多个存量场馆，在进行分类的基础上，可适当加快民营化的步伐，充分利用O&M、非核心业务外包、TOT等各种手段，以达到提高效率的目的。

对于增量资产，本书认为应当持审慎态度，如前所述②，我国大型场馆之所以存在运营管理方面的严重问题，管理体制等方面固然存在问题，但是需求不旺，供给过多所导致的供需失调，是大型场馆问题的深层次原因。现实中，一些地级市存在3个以上大型场馆③，情况令人担忧。多数场馆后期的运营困难都与项目规划立项时的草率有关。

从英美国家来看，大型场馆的建设与职业体育发展密切，两者几乎保持同频共振的关系：大型场馆的产生、扩容、改建、壮大与职业体育发展

---

① ［丹］瓦格纳，等. 当体育遇上商业：体育赛事管理及营销［M］. 北京：中国友谊出版社，2018：231-233.
② 关于"我国大型场馆供过于求状况"的论述，详见第二章第二节。
③ 浙江绍兴市拥有绍兴市体育中心、绍兴市奥体中心、中国轻纺城体育中心三个大型体育中心。

共生共荣。中国职业体育起步晚，目前尚未形成具备足够产业辐射能力和规模经济的职业体育赛事项目群体，一味地修建大型场馆既无必要也不经济，运动会期间可能得到一些曝光率，长远来看，社会效益和经济效益都很平庸，浪费巨大。我国三四线城市场馆正普遍面临较大经营困难，缺少职业球队进驻，演艺明星难得光顾，场馆举办大型活动场次有限，闲置严重。

对于PPP模式不能一拥而上，要避免"多快好省"的功利思想，要做真正的PPP。在PPP众多模式中，以BT为代表的代建模式使用时要谨慎（否则有可能形成新的陷阱）。社会资本不参与后期运营，很难保证建筑规划设计的合理性，可能导致新的场地浪费和政府投资失败。

采取理性思维和节俭原则承办和举办各类赛事：理性选择承办世界性赛事，将重大体育赛事的举办纳入项目管理，严格成本核算，避免因追求奢华而背上沉重的经济负担；对于主办的各类赛事，采取节俭原则进行运作，充分利用、改造已建场馆，减少豪华体育场馆的修建，降低赛事运营开支，应该是各地政府未来的理性选择。

第四章 大型场馆民营化的政府规制

第一节 大型场馆民营化政府规制的动因和规制现状[①]

一、大型场馆民营化"市场失灵"的表现——政府规制的动因

虽然我国民营化改革已经取得了一定的成效,但是由于改革仍然还在探索中,不可避免地会存在一些问题。民营化可以解决传统事业单位管理模式下大型场馆存在的诸多问题,获得更多的经济效益,提高服务效率、增加地区就业机会,有效确保了劳动人口的稳定性,并且增加民营机构参与体育场地设施供给的机会,在实现经济效益的同时,也创造了一定的社会效益。但是,民营化并非包治百病的利器,市场能够提高资源配置效率,但其本身存在"市场失灵"的问题。

市场存在着垄断或不完全竞争,使其并不总是产生最有效的结果。由于民营化往往通过特许经营等方式(如 BOT、TOT、狭义的 PPP)进行,受许企业在一定时期内对场馆实施垄断经营,而且这一期限一般比较长,长期的垄断经营可能带来不良的后果。

市场机制不能保证公共物品的供给。民营企业的介入可能会产生公正

---

① 本节内容由作者与任慧涛博士共同完成。

性问题,这在公益性场馆中表现较为明显,企业的逐利性可能导致大型场馆民营化后社会效益保障存在着公平风险,可能造成普遍服务的缺失等负面影响。

市场信息的不完全性或不对称性所导致的经济中的不确定性。在场馆进行民营化后,委托方与代理方之间信息不对称是常态,由此导致的"委托—代理"矛盾常常表现为双方的价值取向、目标的不一致。由此导致的委托—代理问题也是政府必须介入的理由。

场馆民营化带来风险。采用PPP模式营建的大型场馆还可能带来投标人联合低价竞标的风险、逆向选择风险、完工质量风险、收益损失风险、资产流失风险、政策和法律缺位风险等风险。

场馆民营化还可能导致收入分配后果在政治上或道义上无法接受的问题,如原单位富余人员的分流、转岗问题,如果不能很好处置,都有可能导致严重的后果,使民营化流产。PPP项目执行过程中也可能出现明股实债、固定回报和保底承诺等问题。

上述分析表明,民营化改革存在"市场失灵"问题,离不开政府规制,此外,在场馆民营化过程中,政府规制本身也存在失范行为,如行政审核过严、干预过度、行政性垄断、公共部门的责任丧失以及关联交易等。

二、大型场馆民营化政府规制的现状

(一) 大型场馆民营化政府规制简述

1. 我国政府规制模式分析

中华人民共和国成立后,我国政府及其制度体系一直处于不断改革和完善之中,以规制特征为线索,可将这个过程分为四个阶段:完全规制期(1949~1978年),计划经济体制下我国政府是全能政府,对所有社会事务进行完全监管;规制改革起步期(1978~1992年),随着改革开放战略的提出,我国进入了经济社会转轨期,各个领域的深刻变革也随之开展,直接经济性规制也得到初步放松,尤其是在微观管理层次;规制改革深化期(1992~2002年),随着社会主义市场经济体制的初步形成,政府规制改革逐渐深入，对公共事业领域市场化的呼声也越来越高，新的特色规制模式逐渐形成；规制改革创新期（2002年以后），随着我国宏观经济快速增长，社会财富的二次分配不均等问题逐渐成为制约我国社会和谐的关键。我国政府开始创新提出新的政府规制模式，试图在国家经营与市场经济之间找到新的平衡。

中国经济目前仍旧充满着政府的干预和规制，这在要素市场尤为明显。中国私营企业面临着独特的制度环境——虽然我国已经从计划经济转向特色社会主义市场经济，但要素市场的改革依然滞后，各种各样的政府干预，让大型场馆很难实现纯粹的自发秩序。在这种制度环境下，如何处理政府的关系，对于大型场馆民营化的参与方、投资方十分重要。根据徐伟、孙永智、陈钊（2013）[①] 的调查，拥有更多政治资源的企业更可能获得来自政府的各种稀缺资源。从对企业政治资源的三种不同度量来看，董事长或总经理的政治参与，对企业的帮助甚大。从参与企业的角度来说，在投资者法律保护不充分的制度环境和转轨条件下，我国大型场馆参与企业应该与政府建立良好关系，通过政治关联或政治资源来保护自己的所有权益（见表4-1）。同时，这种政治关联也能促进其多元化投资，并容易获取政府掌握的垄断资源。[②] 甚至可以说，企业自身在地方政府的政治影响力大小，是决定其参与大型场馆民营化成功与否的关键。

表4-1　　　　　　　　民营企业政治资源带来的优势

法律法规优势	政府政策优势	研发投入优势	兼并扩张优势
上市机会 审批手续简化 产品质量认证 商标保护 技术专利保护	税收减免 土地优惠 财政补贴 产业扶持 低息贷款或信贷担保	企业科技计划资助项目 政府直接投资企业技改 政府奖励企业科技创新 政府直接购买新产品	减免被兼并企业债务 减免被兼并企业利息

资料来源：徐伟，孙永智，陈钊. 经济转型中的政企关系与民营发展 [A]. 市场、政治治理与中国的经济转型 [M]. 上海：格致出版社，2013：57-70.

---

① 徐伟，孙永智，陈钊. 经济转型中的政企关系与民营发展 [A]. 市场、政治治理与中国的经济转型 [M]. 上海：格致出版社，2013：57-70.
② 胡旭阳. 投资者保护与民营企业多元化投资 [D]. 杭州：浙江大学，2008.

另一个关键主要集中在行政垄断，即政府规制机构与企业在构成利益共同体的基础上，相关企业凭借国家法律和行政法规的规定，取得垄断的市场地位，并获取利润。这种"政企合谋"中，由于具有特殊的利益关系，通常被认为是约束我国公共产品私人供给、社会福利难以提升的重要原因之一。[①] 行政垄断作为一种制度性的缺乏竞争的体制，政府通过法规政策来实现其垄断利益合法化，只能通过市场主导的经济增长方式转变，方能发挥在资源配置中的基础作用，给公共产品二次分配的均等化创造条件。

从我国政府规制改革的经验来看，这是一个行政干预不断放松、经济和社会规制逐渐加强的过程，是放松规制和规制重建并行的过程。一方面，是取消计划经济下对于经济干预过多过细的各种规制，包括直接对企业经营的直接干预，这表现为一些审批事项的不断解除；另一方面，与市场经济相适应的规制体系尚未确立。

从规制的目的来看，由于规制的起点不同，我国政府规制的目的与西方国家也有所不同。英美等西方国家经历了市场经济充分发展的时期，政府规制的目的主要是纠正"市场失灵"：外部性、公共品提供、市场信息不对称引发的问题等。我国政府规制改革建立在计划经济的基础上，在改革的过程中除了面对"市场失灵"，还要面对行政性垄断、政企合谋等现象，因此，中国政府规制既要纠正"市场失灵"，也要防止"政企合谋"。这是研究我国场馆政府规制时需要加以注意的。

此外，既要防止"市场失灵"，也要防止过度规制。政府并非无所不能，在市场规律不能起作用的领域，政府干预也不一定有效。要防止规制失灵。"市场失灵"的原因主要来自几个方面：（1）市场固有缺陷所致；（2）由于市场发育不完善而出现的功能障碍；（3）由于政府履行经济职能过多或不当造成的功能缺陷。面对第一种情况，政府应当出手干预；面对第二种情况，政府可以适当出手；面对第三种情况，政府干预应当退出，让市场解决问题。通常，后两种"市场失灵"在发展中国家和转轨国家出现较多。

---

① 聂辉华. 政企合谋与经济增长：反思"中国模式" [M]. 北京：中国人民大学出版社，2013：29 – 49.

2. 我国大型场馆的政府规制状况

我国现行的大型场馆规制模式还带有较强的计划经济色彩，其规制机构主要由行业主管部门、财政部和发改委等构成（不同属性的场馆各有不同：体育系统内的大型场馆主要由各级体育局进行监管；部分国企性质的大型场馆由国资委监管，体育部门实行业务指导；还有一些隶属于人民团体的场地由相应的部门进行监管，如北京工人体育场由全国总工会负责监督管理，从数量上来看，隶属于体育系统的大型场馆数量最多），在规制目标上具有较强的行业保护特征，规制的手段方法直接行政干预较多，采用经济性和社会性规制手段较少。目前，我国大型场馆规制手段亟待改革，确立适合市场经济条件的大型场馆规制体系。

中国政府规制的起点是计划经济，政府垄断所有的资源，然后逐渐放开市场、扩大市场准入，逐渐建立市场经济并鼓励市场配置资源，这是一个政府逐渐有序退出直接经济活动的过程，也是法治化不断加强的过程。中国大型场馆的发展，也随着我国政府传统规制模式的进程而演进。[①] 从总体上看，欠发达地区有效需求不足、发达地区需求无法满足是我国大型场馆供给的两种并存状况（见表4-2）。

表4-2　　　　　　　　　我国大型场馆发展阶段

阶段	完全规制期	规制改革起步期	规制改革深化期	规制改革创新期
形成背景	计划经济活动下以"增强人民体质、增进人民健康"为基础竞技的场馆建设为标志	改革开放背景下开展体育经营活动为标志	建立社会主义市场经济体制背景下的体育社会化、产业化、市场化改革为标志	加快社会、产业转型背景下，以奥运举办权为载体，以事业转制、社会转型为标志
存量状况	仅仅有少数场馆，严重不足	有一定数目场馆，严重不足	有所存量，存量相对不足，但适应社会发展需求	存量有相当数目，但相对不足，能够满足一定比赛
增量状况	中央、地方建立一批功能单一、具有代表性的大型场馆	增量较为缓慢，仅有少数大型场馆在建	增量有所增加，但有一批场馆被荒废。逐渐向综合性场馆建设为主	高速发展期，以满足赛事和城市标志物为主的建设，场馆较为综合

---

① 朱超，陆亨伯，李海龙．我国公共体育场馆制度演进及展望［J］．体育文化导刊，2010（2）：5-8．

续表

阶段	完全规制期	规制改革起步期	规制改革深化期	规制改革创新期
资金来源	政府全额拨款	政府拨款+少量经营收入	差额拨款+少量经营收入	差额拨款+多元融资+多元经营管理收入
管理方式	政府行政操办和控制的事业管理方式	事业管理到经营管理方式转变,"以体为主,多种经营"	事业单位为主的经营管理方式,辅之"多种经营,增加收入,以体养体、以副助体"	由事业单位向多元化管理方式,如政府引导、民资营馆等模式
投资主体	政府	政府	政府+少数民间	多元投资主体

资料来源：朱超、陆亨伯、李海龙. 我国公共体育场馆制度演进及展望［J］. 体育文化导刊, 2010（2）：5-8.

在计划经济时期，大型场馆通常被当作纯粹公共产品而进行供给，并由政府统一管理的。这种情况在计划经济体制下长期存在，并为我国体育事业发展做出了不可磨灭的贡献。然而，随着社会的发展，大型场馆事业单位的属性逐渐产生以下两个问题：第一，由于非逐利单位——政府的统一经营管理，大型场馆缺乏竞争意识和市场意识，并因政府的垄断产生了较大的官僚成本，导致大型场馆运营过程中，出现成本高、效率低和体育公共资源严重浪费。第二，由于建设规模和技术方面的特征，大型场馆具有前期投资大、建设周期长、风险性大的特点。在这种情况下，体育设施建设甚至后期运营通常会面临巨大资金缺口，增加地方政府财政负担。自20世纪80年代初期以来，政府部门已开始逐渐转变单方面供给模式，转而与私营企业合作，寻求更多的融资通道，共同改善管理水平和建设技术，提高体育设施建设效率和规模，减轻政府的财政压力。

从目前进展来看，以建设—运营—转让（Build-Operate-Transfer, BOT）及其衍生的项目投融资模式①为主，如 BT（Build-Transfer）、BLT（Build lease Transfer）、BTO（Build-Transfer-Operate）、BOOT（Build Own Operate Transfer）、BOO（Build-Own-Operate）、BBO

---

① 彭清辉. 我国基础设施投融资研究［M］. 长沙：湖南师范大学出版社，2011：23-24.

(Buy – Build – Operate)、DB（Design – Build）、DBM（Design – Build – Maintain）、DBO（Design – Build – Operate）、EUL（Enhanced – Use – Leasing）、BDO（Build – Develop – Operate）（见图 4 – 1）。

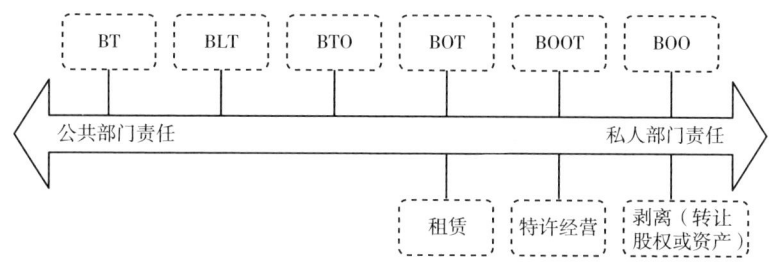

图 4 – 1　BOT 及其衍生民营化模式

资料来源：彭清辉. 我国基础设施投融资研究［M］. 长沙：湖南师范大学出版社，2011：23 – 24.

可以说，大型场馆 BT、BOT、TOT、BTO、DBFO 等公私合伙制（Public – Private Partnerships，PPP）形式，私人融资优先制（Private Finance Initiate，PFI）、特许经营（Concession）、公共资产或国有股权通过出售或者管理层收购（MBO）等形式转让给私人等新模式，已经为我国大型场馆民营化提供了多种选择（见表 4 – 3）。

表 4 – 3　PPP 模式在大型场馆建设中的应用形式

场馆状况	适用形式	含义
已有体育场馆的维护运营	服务协议（service contract）	公共部门与私营部门签订协议，由私营部门提供某种公共服务
	运营和维护协议（operate – maintenance contract）	公共部门与私营部门签订协议，私营部门代替公共部门对设施进行改扩建，负责其运营和维护
对已有体育场馆的扩建	租赁—建设—运营（LBO）	私营部门租赁公共部门的设施，向政府缴纳租赁费用，对设施进行改扩建，负责其运营和维护
	购买—建设—运营（BBO）	私营部门购买公共部门的设施，获得其产权，对其进行改造和运营
	转让—运营—转让（TOT）	私营部门租赁或购买公共部门的基础设施，对其进行改造更新后运营，特许期满后归还公共部门

续表

场馆状况	适用形式	含义
新体育场馆的建设	建设—转移—运营（BTO）	由私营部门投资建设，项目建成后移交给公共部门，再同公共部门签订协议，负责项目的运营
	建设—运营—转移（BOT）	由私营部门投资建设，在特许期内运营项目，特许期结束后移交给公共部门
	建设—拥有—运营（BOO）	私营部门建设并拥有项目，同时接受公共部门的监督

资料来源：郑志强，陶长琪，冷毅. 大型体育设施供给 PPP 模式的合作博弈分析 [J]. 体育科学，2011（5）：27-32.

从政府规制内容上看，我国大型场馆民营化政府规制主要集中在安全性、产品及服务价格、合同以及服务质量等四个方面（见表 4-4）。尽管，政府规制覆盖比较全面，但在具体的执行过程中，由于缺乏相应的政策法规以及政府监管机制，仍然面临着市场监管无力、市场竞争无序、国有资产流失等系一列问题，阻碍了大型场馆民营化的发展。①

表 4-4　　　　　　　　大型场馆民营化模式的政府规制内容

类型	内容	特征
安全	大型场馆民营化前提是确保大型场馆民营化经营模式的正常运行。天然的公共属性，使其拥有其他产品所不具备的特性，一般私人产品出现相应的安全等问题，影响却相对有限，而大型场馆及其产品的安全问题一旦发生，将极大地影响社会稳定	安全规制是政府规制首要内容，大型场馆是大型赛事及健身活动的举办地，存在着维稳和安全的风险，社会影响面大，因而安全规制对民营化运营模式的业主提出更高的要求
价格	政府从资源的有效配置出发，主要针对价格水平和价格结构进行规制（张宝钰，张林，2009）。大型场馆具有公益性特征，其提供的相应服务产品的价格必须体现公益性，通过价格规制来规范大型场馆的收费行为	价格规制是政府规制内容中的核心部分，大型场馆服务定价是一项复杂的工作，遵循分类定价的原则，政府主要对基本公共服务的定价进行规制

---

① 陈飞飞，陆亨伯，刘遵嘉. 公共体育场馆民营化模式政府规制研究 [J]. 沈阳体院学报，2014（4）：19-21，27.

续表

类型	内容	特征
合同	合同规制的重点内容分为事前规制和事后规制两部分：事前规制主要针对企业进入获得合同前的相关内容的规制监管，例如许可、资格审查以及目前的合同规制；事后规制则指受托方企业签订合同后的规制，要求政府规制方随时监督和促进合同的履行，明确、详细、清晰的合同内容是政府实施规制的主要方向和重要依据	合同规制是大型场馆民营化模式下的新型规制模式，它通过委托方与受托方订立合同的方式，将双方的责任、权力以及实施过程中的各种事项皆进行明确规定，是一种双方约束机制
服务质量	公众享受到的高品质服务是通过提高大型场馆的服务水平和服务质量，进而提升民营化大型场馆的形象。因此大型场馆服务质量的公众满意度和产品质量的品质优劣对民营化评价有直接影响。所以，政府对大型场馆民营化的服务质量必须进行建章立制，重点监控	政府要侧重对民营化的大型场馆服务质量的规制，保障人们对体育的多元化需求，并以人们对大型场馆服务的满意度作为建规立制的依据

资料来源：陈飞飞，陆亨伯，刘遵嘉. 公共体育场馆民营化模式政府规制研究 [J]. 沈阳体院学报，2014（4）：19-21，27.

以 PPP 融资模式进行建设的"北京国家体育场"为例，其项目投资总额为 35 亿元，资金来源包括资本金、信托贷款、银行贷款、预收项目运营收入和北京市政府提供的债务。其中，项目前期运营收入 4.9 亿元被流转至投资资金。因此，总实际投资额为 30.1 亿元，北京市政府与联合体公司按 51∶49 的比例进行投资。北京市政府提供资金支持 15.35 亿元，资本金 5.95 亿元，债务资金 9.4 亿元，由北京市政府贴息贷款。联合体公司提供资金 14.75 亿元，其中资本金 5.72 亿元，协助信托贷款 3 亿元，银行贷款 6.03 亿元。中标后，北京市政府、2008 北京奥组委与投资联合体签署《国家体育场特许经营协议》，授权项目公司对体育场项目进行投资、融资、设计和建设，并给予其一定年限的特许经营期。[①] 然而，国家体育场作为我国首个采用 PPP 模式建设的大型场馆项目，虽然圆满地完成了对国家奥林匹克运动服务的任务，但赛后运营没有进行合理规划和风险防控，最终导致赛后运营出现重大问题，可以说是大型场馆民营操作中的一项典型案例。[②]

[①] 沈俊鑫，王松江. 经营性公共基础设施 TOT 特许经营期研究 [M]. 北京：科学出版社，2013：13.
[②] "鸟巢"的遗憾：国家体育场 PPP 融资模式失误 [EB/OL]. http://www.sytzmap.com/_d276600362.htm.

此外，云南省及昆明市采取新的投融资方式，与昆明星耀房地产开发有限公司共同建设的"昆明新亚洲体育城项目"，在具体执行过程中出现诸多问题（见表4-5）。从理论上讲，规制是指不存在市场最优解的前提下，由政府代替市场的一次次优制度安排，这种规制保证了产业发展和服务的供给，然而，在具体操作中，由于我国政府既是项目特许权的授予方，又是大型场馆的控制主体，成为利益分配中强势的一方。无论是在建设规划投融资阶段，还是在场馆运营阶段，政府都具有主导权。这就导致即便私营企业并未出现追求利润而损害公共利益的情况——当然，作为纯粹趋利的市场主体，私人企业总会选择经济利益最大化的策略——也会强制性地将政府（尤其是当地政府）的利益分配作为最关键的指标，来确定是否采取不合作、强制收回等行政手段。① 同时需要指出的是，我国地方政府的契约精神薄弱、长期战略合作伙伴关系维护意识的缺失，也对我国大型场馆民营化提出了挑战。

表4-5　　　　大型场馆民营化中政府问题清单

外部环境	政府	法律法规	特许经营
整体经济水平落后 资金缺乏、后期投入不足 招商引资困难 工程建设资质不足	缺乏融资经验 承担风险能力弱 过度介入企业业务 战略规划和协调不足	法律规范制度缺乏 相关政策执行力低 银行、企业、政府没有 形成制度化的对接	协议公平性不足 缺乏统一政策框架体系 存在严重合同漏洞 合同行使与权责不完善

资料来源：朱立滔. PPP模式在云南省准经营性公共基础设施项目中的应用[M]. 昆明：昆明理工大学，2005.

（二）大型场馆民营化政府规制的问题分析

许多研究表明，我国大型场馆缺乏政府规制，并鼓励构建完善的监督——管理机制②③，或者是从中外比较视角来强调政府系统规制的

---

① 朱立滔. PPP模式在云南省准经营性公共基础设施项目中的应用[M]. 昆明：昆明理工大学，2005.
② 陈元欣，王健，王涛. 大型体育场馆市场化运营中的政府监管[J]. 上海体育学院学报，2012，36 (5)：378-381.
③ 陈通，杜泽超，姚德利. 大型体育场馆项目的政府监管框架研究——以公私合作模式为例[J]. 天津师范大学学报（社会科学版），2011 (5)：44-47.

价值[①][②]。总体而言,在大型场馆民营化的过程中,政府对于自身的角色定位并不准确,在某种程度上影响了公共体育产品和公共体育服务的供应,也降低了私人资本进入大型场馆建设经营领域的积极性。这些自身定位不准确主要表现在:大型场馆建设与运营过程中的"越位""缺位""错位"现象并存;信息不对称导致政府规制低效率或不符合实际规律;主管部门与监管对象存在共谋现象(利益共同体);规制手段不科学,偏好行政规制,忽视经济规制和法律规制。此外,某些地区在大型场馆的规制方面还存在规制过度等问题。

1. 大型场馆建设与运营过程中的"越位""缺位""错位"现象

"越位""缺位""错位"现象总的是指政府的过度规制,管了"不该管、管不好、管不了"的事情。经济学家卡恩认为经济规制压制技术革新,姑息低效率,引起工资和物价的螺旋式上升,导致资源的无效配置。[③] 凯斯·孙斯坦(2002)认为过度规制不仅无法规范市场,反而出现造成市场混乱的相反效果。[④] 其中,"越位""错位"是指本来可以由市场来组织和调节的资源配置,却由政府规制行为替代,这一层面主要是经济性规制,其主导思想是政府机关通过行政许可和认可等手段,来防止发生资源配置的低效率、确保资源的公平利用。但"越位"的政府,通过进入竞争性市场的行政审批、不合理的收费制度、地方保护主义、滥用行政许可权限等过度规制,来进行权力"寻租"、恶意的"政企合谋",侵占私人利益和公共利益。"缺位"是指本来应当由政府提供的、用来克服"市场失灵"、保障劳动者和消费者安全、保护环境和公共服务供给等社会性规制,出现了空缺和不足的现象。主要表现是政府社会性规制数量不足、效率低下、供给结构失衡等。

在公共体育场地民营化初期,大量项目建设的风险通常由政府承担,

---

① 王健,陈元欣,王维. 中美体育场馆委托经营比较研究[J]. 西安体育学院学报,2013,29(1):1-7.

② 刘波,龚晖晖. PPP模式与准公共品的供给——论PPP在大型体育场馆建设中的应用[J]. 首都体育学院学报,2009,21(2):151-154.

③ KAHN A. E. The Economics of Regulation: Principles and Institutions[M]. Cambridge: MA Press, 1988.

④ [美]凯斯·R. 孙斯坦. 自由、市场与社会正义[M]. 金朝武,胡爱平,乔聪启译. 北京:中国政法大学出版社,2002:369.

而参加的企业会要求将自身的风险与未来的投资回报率进行平衡。在公共体育场地民营化中后期，私人企业会增设项目和子建设单元，提高交易费用，以加速其成本回收和利润获益，而此时政府通常已让渡管理权限，无能为力，导致大型场馆民营化的初衷与结果相背离，难以提供公益导向的大众体育锻炼场地及设施。① 此外，我国大型场馆通常是列入"国家体育总局——省级体育局——地市体育行政单位"隶属的事业单位，其公共财政支出通常列入体育局的系统之内。而体育行政部门因为有国家体育彩票公益金这一政府性基金的支持，生存压力不大，很难出现资金匮乏的情况。因此，即便大型场馆年年亏损，各级体育部门也能支持其照常运营。同时，体育行政部门作为体育公共服务的供应者，核心是为老百姓花钱，而替民众省钱甚至赚钱，未被纳入工作绩效考核中，这也是政府治理机制设计"缺位"的表现。

2. 大型场馆后续运营中的政企合谋和"政府俘获"问题

美国经济学家斯蒂格勒（1971）提出了政府规制经济学中的"政府俘获（state capture）"理论。他认为，由于政府和政府决策者也在追求自身的利益最大化，因此，某些特殊利益集团或受规制企业能够通过提供"非正常的交易费用"，来俘获政府和政府决策者，来出台适合自己企业的规制政策，增加自己的利益。此外，在中国式分权背景下，面对信息不对称，为了财政利益和晋升利益，地方政府会和企业合谋（政企合谋），允许企业采取"坏的"生产方式，从而在推动经济快速增长的同时，带来大量的社会问题（聂辉华，2013）。

大型场馆民营化过程中，屡屡出现社会资本在走向盈利之后，被地方政府通过合法但不合理的政策进行驱逐的现象。可以说，政府与"红顶商人"通过政企合谋博弈策略，将原有大型场馆运营的合作伙伴顶替，已经成为体育经济案件中的典型案例。而受到侵害的私人企业，由于需要在当地政治生态环境中继续生存与发展，往往对这种合谋保持沉默，这就使大型场馆运营中政府"越位"现象更加肆无忌惮，导致优质的私人企业将大型场馆经营看作"雷区"，不会轻易涉足。而与地方政府合谋的经营企业，通常会因为自身的政治背景、管理技巧和服务素质等问题，导致经营

---

① 杨风华. 公共体育场馆服务的有效供给 [D]. 北京体育大学，2007.

不善。

正如董红刚（2013）所指出的，大型场馆政府规制及其机制不能简单地指向全体国民或者专门监管机构，而应该问责于公共财产的看守者——政府。但事实上，无论是哪种形式的大型场馆的困境，几乎都离不开权力的作用。大型场馆嵌入其中复杂的社会关系使对公共资产的监管扭曲变形甚至失效。这个复杂的社会关系表现为权力至上的政治体制和利益至上的社会环境。正是由于政治体制诱发的政绩诉求和官僚升迁欲望，才导致大型场馆的建设与政府形象、城市品位、政绩工程捆绑在一起，致使明显违背市场供需逻辑的大型场馆不断产生。正是由于利益至上的社会环境引发的监管失控甚至钱权勾结，才导致各级行政部门左右着大型场馆的运营，致使理论上所有者并不缺位的财产，在实践中却成了"无主"的财产，甚至在个案中形成一种监管机构人员参与甚至是合谋瓜分大型场馆资产。

第二节　大型场馆民营化政府规制的主体和客体

长久以来，政府与企业的关系，在人们的印象里往往被定位为"管"和"被管"的关系。投射到现实中就体现为政府施行的各种审查、审核、检查等行为，而企业常常是这些行为的承受方。这些行政行为有些是合理合法的，有些是不合理不合法的，作为企业，对于合理合法的行政行为应该积极配合，对于不合法的行政行为，可以在事后依法进行申诉。然而，经验事实表明大部分企业面对不合理的行政行为也保持接受的态度，而不是申诉。这里面的原因比较复杂，"怕官"是比较常见的一种（民谚有云"民不跟官斗"）。在现代社会，企业还保持这种心态是不正常的现象，也与当下政府提倡的服务型政府理念格格不入。

这种心态（怕官）在场馆民营化领域也存在。在场馆日常经营和业务开发过程中，政府也存在干预过度、行政审批过严等行政失范行为[①]，面对这种情况，经营者也只能按照相关部门的要求办，没有讨价还价的余地，申诉的情况更少。对某一经营行为的干预如果说还是一次性行为，尚

---

① 详见本章第三节。

在可接受范围的话，那么，当民营化场馆面临政府违约、提前收回场馆经营管理权时，对于企业的影响就更大、更直接。如福建泉州刺桐大桥政府违约、中信集团"三桥两隧道"和国家体育场"鸟巢"建成几年之后实行国有化，这些案例都表明了企业在民营化中存在极大的风险，往往是弱势的一方。

一、应然的规制主体与客体的关系

上述事例凸显了一个问题：企业和政府之间的不对等，隐藏在问题背后的是政府和企业的关系应该如何调整。本节首先厘清政府与企业的关系：政府和企业在场馆民营化及其规制中的定位。在此基础上，以更加合理的框架构建社会主义市场经济背景下的大型场馆民营化政府规制体系，对政府失范现象和"市场失灵"进行治理，以达成民营化的良治。因为，政府的过度规制有可能干预市场资源配置作用的发挥，造成新的"市场失灵"。

（一）广义政府与狭义政府的概念

在进入讨论之前，首先要对政府的概念做一个说明，政府概念有广义和狭义之分，狭义的政府是人民政府及其工作部门，广义的政府包括政府（狭义）、人大和公检法等机构[①]，由于规制机构具有类似政府部门的属性，本书把规制机构也归入广义政府的范畴。在本书中"政企关系"中所指政府是狭义的政府，主要是人民政府及其授权的部门，包括各级地方政府以及体育局、发改委、财政局等都是常见的政府代表，它们在民营化中往往代表政府作为签约方。"政企关系"中所指企业主要包括国有企业、民营企业[②]。为行文方便，以下如不特别说明，政府均指代狭义政府。

（二）从民营化的角度看

政府和企业在民营化过程中是一种"利益共享、风险共担、长期合

---

① 李明强，等.地方政府学 [M].武汉：武汉大学出版社，2010：127-128.
② 2014年以来政府推广的PPP（政府和社会资本合作）项目中，社会资本就包括国企、民企等。

作"的关系。这种关系强调以下几点:(1)政府与社会资本的合作,这种合作是一种建立在对等关系上的双赢的、新型的生产关系,从根本上跳出了旧有生产关系上存在的"国进民退"还是"国退民进"的零和博弈争论;(2)合作建立在经济与社会意义上的双重"成本—收益"基础之上,其优点是:由于政府的存在,项目将社会成本纳入成本收益分析,外部性问题也随之得到极大缓解;(3)强调公私双方对公共项目的风险和收益建立长期稳定的共同分担机制,形成命运共同体。

(三)从规制的角度看

由前段论述可知,企业与政府在民营化中是参与主体,是合同签约的甲方、乙方,是平等的民事主体关系。因此,在规制中的关系,从政企两者角度来看,政府通过合同对企业行为进行监管,企业同样可以通过合同对政府行为进行监管,两者互为监管主体,同时也是监管客体;从整个规制体系角度来看,独立规制机构是规制主体,政府和企业两者都是客体,是被规制对象。政府(狭义)与企业、规制机构、人大和公检法在场馆民营化的定位如表4-6所示。

表4-6 政府、社会资本在大型场馆民营化政府规制体系中的定位

	社会资本	政府(广义)		
组织	企业、社会团体	政府(狭义)及其授权部门	独立规制机构	人大、公检法
民营化中的角色	乙方	甲方	规制方	救济方
规制主体/客体	规制客体	规制客体	规制主体	救济主体

在这一规制体系中,政府、企业、独立规制机构、人大、公检法等机构各司其职,各归其位,形成了一个机构相对独立、权力制衡的规制体系。这一体系是否能够发挥作用,推动大型场馆民营化发展,可以参考西方市场经济发达国家的成功经验进行分析。

独立性是规制机构能够发挥作用的基础,是保证规制有效性的重要前提。它避免了来自利益冲突的干扰,规制机构独立做出决定,结果的权威性和有效性得到保障。机构的独立性表现在依法设立、人员、资金、运作机制等方面。

一是规制机构都是经国会或议会决定,依法设立;二是规制机构虽然

隶属于政府，但都相对独立于政府部门；三是规制机构的经费尽管来源不同，但都相对独立。例如，英国、美国和新加坡的规制机构都是先由国会或议会讨论设立，并规定其规制范围和职权，然后由政府（总统或有关部门）任命其领导人，负责组建该规制机构；又如英国水务规制的经费来自受规制收入的一个百分比，经费来源较为独立。

（四）怎么设置

规制机构的设置实际上是规制权的横向配置，目前从各国实践情况看，基本上分为三种模式：一是独立于传统行政部门的规制机构。规制机构不仅与政府部门完全分立，而且独立于传统行政系统之外。如美国独立管制委员会独立于行政系统之外，同时行使立法权、行政权和司法权。二是隶属于传统行政部门的规制机构。规制机构隶属于政府部门或其他行政部门，但法律给予很大的独立权力，在一定范围内可以单独地决定规制政策，典型代表是英国。以英国水务监督为例，规制机构设置呈现出层级分明、权责清晰的特点，首先由国务大臣所辖的环境食品及农村事务部（DEFRA）与威尔士国民议会负责水政策的宏观战略制定和实施并制定相应的水务行业规制政策，然后由水务办公室、环境署、饮用水监察署等来执行规制，均属于在传统行政部门下实行规制。三是与传统行政部门合并型的规制机构。由传统行政部门统一行使宏观政策制定职能和规制职能，内部单位按分工负责各业务的办理（不区分宏观政策部门和规制机构），如日本，规制机构具有一定独立性。无论采取何种设置模式的规制机构，均具有一定独立性。

由此可见，在现实中，规制机构的独立性可以有多种实现方式，根据不同国家的政治、经济、社会、文化以及规制对象的特点，可以有不同的设置方式。

由上述论述可知，只要我们保证规制机构具有足够的独立性，它就能够排除外来的干扰，做出合理、良性的规制决策，达成较为理想的规制效果。

二、实然的主体和客体关系

我国大型场馆民营化中大多存在这种情况：政府既是场馆民营化的

引导者、决策者和监督者（规制主体），又是民营化的参与者和竞争者（规制客体），存在身兼多职、多重角色集于一身的现象，企业（规制客体）是弱势的参与者。在场馆的民营化过程中，行政部门既是签约方又是监管方。这种看似集约化的管理方式实际上存在内在的角色矛盾，多种角色存在的利益冲突，一望即知。这种方式进行规制，公正性是难以有保障的。

这种现象在从事业单位管理模式转制为企业管理模式的过程中比较多见。事业单位性质场馆多隶属于体育、文化部门以及人民团体，其中又以体育系统大型场馆存量为最多。以体育系统的大型场馆为例，体育局受政府委托管理大型场馆，假设其代表政府与企业签署民营化合同以委托方式[①]将场馆交给企业进行管理，企业按照合同履行管理活动，获取相应报酬。

以市场经济的视角来分析，这是市场交易中常见的经营权转让方式，是极为稀松平常的事情，只是在交易的对象上有所不同。一般市场交易的主体都是企业，而案例中交易的主体一方是政府。如果两者都是企业，那么两者作为交易主体在市场中本着平等自愿原则进行交易，一旦出现问题，轻则私下协商解决（所谓"私了"），重则报官以求公平公正（打官司）。在这里，交易双方作为企业有着平等的地位，除非一方手眼通天，否则谁也不必怕谁；当协商不成报官时，一般来说，结果也是让人信服的，因为，裁决方（规制主体）通常与交易双方（规制客体）不存在利益纠葛。

而企业与政府交易虽然过程相似，然而由于参与交易的主体身份发生了变化，企业交易的对象变成了政府（或政府授权部门），情况就发生了变化，首先，企业与政府相比本来就处于弱势；其次，更重要的是，一旦发生纠纷，企业找主管部门申诉，主管部门又是交易对象，这时候，主管部门就面临利益冲突。裁决的结果不利于企业，有利于政府（在本例子中是体育行政部门）就成为大概率的事情。这就是企业与政府部门合作时经常面临的困境。

---

① 这里"委托管理"是一种具体的经营权转让方式，与萨瓦斯所说的民营化分类的"委托管理"不一样，在他那里，委托管理是一类民营化方式的总称。

上述交易如果发生在成熟的市场经济国家，由于规制机构的独立性，裁决方与交易双方没有利益纠葛，不存在利益冲突，通常能够根据实际情况做出合理的裁决。否则，做出的决定即使公平，也难免引起争议。这充分说明规制机构超然于利益冲突之上，保持相对的独立性是多么重要。

例子中不公平的现象在现实中较为普遍，中信集团"三桥两隧道""鸟巢"建成几年之后都被当地政府国有化，地方官员任期与发债责任和风险不匹配（任期往往小于投融资期限）而导致的"新官不理旧账"，等等，这些现象说明，在强势的政府面前，企业议价能力有限，只能配合政府工作，执行相关规定。这些现象的产生原因是多方面的，但是规制机构不独立导致裁决不具有公信力、威慑力，无疑在一定程度上纵容了该现象的蔓延。

由于存量大型场馆资产主要掌握在政府部门手中（86%的大型场馆属于事业单位性质），因此，我国大型场馆存在比较严重的行政性垄断，这势必影响大型场馆民营化的进程。这些场馆多年来实施事业单位的管理模式，从事业单位转制为企业单位，从身份转变的角度来看，比国企改革的跨越还要大，制度惯性的作用带来的阻力也更大。按照前面的分析，这些部门本身就是规制客体，如果继续由这些资源垄断部门担任民营化的规制主体"角色"，那么，大型场馆民营化的进程将会更加曲折。

2014年以来推行的以PPP为主的民营化改革，其发展也面临一些问题，此次PPP项目主要由两个机构推动，财政部和国家发改委这两个机构也是PPP项目的规制机构，因而，中国的PPP发展是财政部和发改委双头领导，两者各成体系，在政策法规发布和PPP项目操作流程方面都存在较大差别，如图4-2和图4-3所示，在实践中，常常会引起一定的混乱。虽然国家对于两者在PPP中的职权范围从项目领域进行了划分：发改委主要负责基础设施建设领域的PPP项目，财政部主要负责公共服务领域的PPP项目，但是由于基础设施与公共服务领域并非截然分开，两者的业务存在很多交集，例如，大型基础设施常常是提供公共服务的基础。这种多头领导的现象也会对我国大型场馆尤其是增量部分资产的规制带来负面影响。

第四章 大型场馆民营化的政府规制

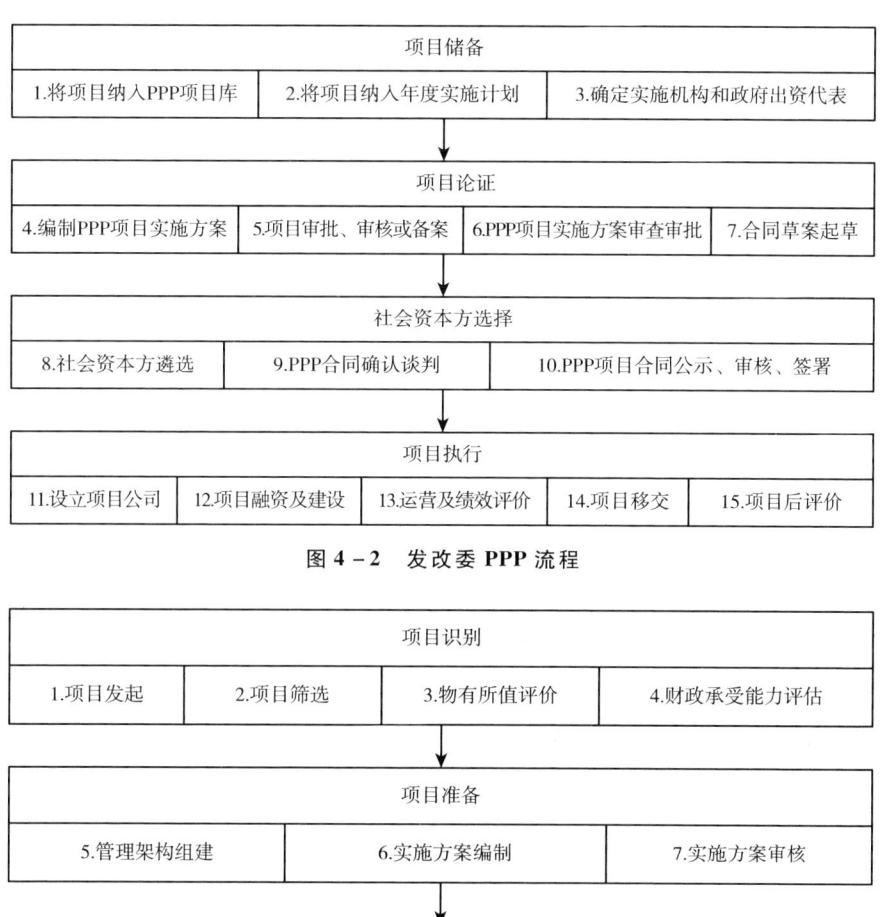

图 4－2　发改委 PPP 流程

图 4－3　财政部 PPP 流程

总体来看，场馆民营化现实中存在政企关系认识不到位、规制体系中的主体和客体设立不符合规范、规制机构独立性不够等问题。规制机构在设立、人员和经费等方面都缺乏独立性问题尤其突出。因此，我国大型场馆民营化必须建立独立的政府规制机构，以此为基点，推动我国大型场馆民营化朝前发展。在建立独立性规制机构时应当注意以下几点：依法设立、保证资金来源的独立性、保障人员的专业性和运行机制的独立性。

第三节 大型场馆民营化政府规制的目标

我国大型场馆民营化是在事业单位管理模式的基础上进行的，带有比较明显的计划经济色彩，受此影响，规制体系也相对滞后于民营化实践，从规制目标、规制机构设置、规制客体到规制的方式等方面都要改革，建立适应市场经济发展需求的大型场馆民营化规制体系。

关于政府规制的职能，传统的观点（史普博、布雷耶等）大多认为是纠正"市场失灵"：提供公共品、规范外部性、防止信息不对称带来的不利等。这种观点基于英美等西方国家的产业实践而提出。这些国家大多经历了市场竞争充分发展的资本主义时期，如英国，市场经济经历了数百年的发展，到第二次世界大战后，才开始针对"市场失灵"进行规制。美国是另一个老牌资本主义发达国家，在20世纪70年代美国政府应企业界要求对铁路行业进行规制时，已经走过了几十年的自由放任式市场经济发展历程，因此，政府规制确实是对"市场失灵"的弥补。

但是中国的情况与这些国家都有所不同，我国没有经历市场经济充分发展的过程。1949年前，市场经济有所发展，但是并没有达到充分发展的程度。1949年以后，我国实行的是命令式的计划经济，将近30的时间里，市场在资源配置中无从发挥作用。1978年改革开放后，市场开始逐步在资源配置中发挥作用，1992年以后，市场经济的地位才得以确立，市场在经济中的作用日趋明显，但是，计划经济的痕迹仍然没有抹去，它在生产生活的各个方面仍然发挥着作用。直至今日，我国政府机构仍然保持着较大体量，行政干预在经济中仍然是一种常见现象。

因此，在我国，政府规制改革一直在进行。政府规制面对的是不完善的市场经济，因而，一方面要纠正"市场失灵"；另一方面，也要防范行政性垄断、政企合谋等现象的发生。

我国大型场馆民营化起步于这样的一种宏观的社会环境，计划经济下政府残留的弊端同样会对大型场馆民营化产生作用，而且，体育领域改革在一定程度上是滞后于整个改革进程的，因此，在某些领域，旧体制的弊端会显得更加明显。例如，一些部门的行政审核就对场馆的业务开展造成了极大障碍。以课题组调研所经历的情况举例，课题组在调研深圳××大型场馆（出于采访时当事人要求，将相关信息隐去，后面类似情况做同样处理，特此说明）时，发现其大型活动业务开展得特别好，极大地丰富了周边社区居民业余生活，然而，进一步的调研发现，大型活动中体育活动占比较低，而造成这种现象的原因是举办体育类大型活动通常要向项目主管部门缴纳不菲的费用，这种情况打击了场馆方的信心。这种现象甚至就发生在2014年"国发46号文"出台之后。这类现象并非孤例，课题组调研中遇到过多次。在重庆的调研中，当地场馆负责人告知，举办大型体育活动掣肘太多，各种审批，非常烦琐。甚至搞一次足球比赛，租用场馆附属功能用房的经营企业都必须关张，非常影响场馆的运营和开发。类似的审批和干预过多，让人唏嘘，由此造成负面影响挤压了场馆的营业空间。人在自由的状态下才能充分发挥创造力，同样，企业要有活力，也必须有自由发展的空间。过多的行政审批和干预，对于企业的自由发展无疑是不利的，对于企业创造性的发挥无疑是不利的。毫无疑问，中央政府正是看到了这一点，所以提出了要加大"放管服"的力度，简政放权，降低准入门槛；创新监管，促进公平竞争；高效服务，营造便利环境。用李克强总理的话说："'放管服'改革实质是政府自我革命，要削手中的权、去部门的利、割自己的肉。计利当计天下利，要相忍为国、让利于民，用政府减权限权和监管改革，换来市场活力和社会创造力释放。以舍小利成大义、以牺牲'小我'成就'大我'。"①

如果说前面的现象还只是场馆经营过程中的表现，只是对民营化的运

---

① 李克强："放管服"改革要相忍为国、让利于民，http://www.gov.cn/xinwen/2016-05/10/content_5071754.htm.

营状况会有不同程度的影响，那么后面的情况就从深层次决定了民营化是否能够开展。目前，我国大型场馆的资源基本上都掌握在行政部门及其附属事业单位手中，这个比例达到了 86%[①]，这是比较典型的行政性垄断（当然这种现象的形成有其历史原因），这部分资产能否向社会释放，能在多大程度上向社会释放，在很大程度上决定了我国大型场馆民营化的走向。近期，国家又颁发了相关文件，鼓励国有场馆采用民营方式经营[②]。这对于大型场馆民营化无疑是利好，然而，到底执行程度如何，以体育部门为首的场馆主管部门能否拿出壮士断腕的气概，对自己的既得利益开刀，还有待时间的检验，尤其是体育系统，作为持有和管理最多大型场馆存量资源，对增量场馆具有极大影响力的机构，在这一轮的改革中，其作为让人期待。

大型场馆民营化政府规制同样要面对"市场失灵"和行政性垄断问题。政府规制在解决上述问题时将会有不同的手段和方法。在规制上，既要放松经济规制，又要强化社会规制，是一个规制重建的过程。放松规制与强化规制均有道理。针对行政性垄断需要放松准入规制，针对"市场失灵"需要强化安全、服务质量等规制。放松规制的依据在于引入竞争可以刺激效率的提高，大型场馆并非自然垄断产业，虽然在我国，长久以来大型场馆被看作是城市公用事业的一部分。

大型场馆的规制改革必须适应民营化的要求。要放松进入规制，解决民营企业"进得来"的问题；要实行不对称规制，解决民营企业"呆得住"的问题，要强化社会规制，解决民营企业"干得好"的问题。具体而言，关于"进得来"，不能走"无门槛儿"或"门槛儿太高"两个极端。关于"呆得住"，关键是制定合理的准入政策，为民营企业进入后营造一个公平竞争的环境。关于"干得好"，可通过行政法规政策、经济政策、市场机制政策予以强化。

讨论至此，我们可以列出大型场馆民营化政府规制的目标。根据我国场馆经营管理的现状，大型场馆民营化政府规制目标可以确立为：

---

① 陈文倩. 我国大型公共体育场馆事业单位分类改革研究 [M]. 北京：北京体育大学出版社，2018：33.

② 李克强主持召开国务院常务会议，http://www.xinhuanet.com//politics/2019-08/28/c_1124933765.htm.

（1）保证大型场馆资源的有效配置，避免因供给过多而引起的资源浪费；

（2）防止大型场馆凭借交易中的有利地位损害消费者利益和社会福利；

（3）防范企业利用信息不对称侵害场馆委托人利益；

（4）防范场馆民营化过程中的行政性垄断，政企合谋等现象；

（5）规范政府行为，依法行政。

通过政府规制实现大型场馆民营化的良治。

第四节 大型场馆民营化政府规制体系分析

要使民营企业提高生产经营效率，提供合格的公共产品和高质量的服务水平，规范民营企业行为准则，形成良好的市场竞争秩序，体现政府公共服务的水平，必须对大型场馆民营化进行规范管理和规制。因此，政府要改变职能，提高规制能力和水平，进一步完善法律法规，营造良好的诚信环境。具体而言，它需要在制度机制、规制内容和规制手段上进行系统安排，形成全方位、立体化规制制度体系。

一、规制体制

（一）规制体制的要求

从各国的实践角度来看，规制体制主要表现在政府规制加上社会规制。此外，有必要科学地建立规制机构，并确保规制机构的独立性。为了确保大型场馆民营化管理和规制的有效性和质量，有必要建立有效、完善的规制体系。

1. 政府规制

我国体育场馆规制目前实行以行业规制为主，综合规制为辅的方式。大量的存量场馆都是由体育系统各级机构进行规制，通常是体育局下设计财处（科室）执行监督管理；2014 年以来，国家推广以 PPP 为主的民营化运作机制,在增量型场馆中则实行财政与发改委双头监督管理的模式,如中央政府主要由财政部和发展改革委进行项目的审核和过程管理,体育部门则从业务角度进行辅助管理。

上述的管理方式存在不少弊端。在存量型的场馆管理中,体育行政部门仍然维持所有者(代表国家)、委托者和规制者三合一的身份,多重角色交叠,内在利益冲突,使体育行政部门在现实中常常不能摆脱被质疑的尴尬,即便其在场馆纠纷的处理中作出的是公正的裁决。而财政部门和发改委双头领导的方式,在职权和责任的划分上还有待进一步厘清,否则难免两家规制互相冲突,削弱规制的权威和效力。

未来,体育场馆的政府规制有以下两种路向可以选择:第一,单产业模式。由于体育场馆产业经济体量较小,单独设立一个场馆规制机构不经济,因此可以考虑设立一个体育产业的规制机构(下设体育场馆分支规制机构)。第二,多产业模式。体育、旅游、会展等行业存在较多的共同点,可共同组成跨行业规制部门。

2. 社会规制

近年来,我国体育领域的行业协会在组织建设方面进行了积极探索。从中国体育场馆协会的发展历程来看,与其他产业行业组织相比而言是滞后的,发挥的作用还很有限。目前,我国体育场馆行业协会仍处于初级阶段,在思想观念、体制机制、配套政策、法制建设以及人员素质等方面还存在一些亟待解决的问题,不能很好地适应形势发展的需要,还需要进一步加强规划和建设,增强服务能力。

另外,我国目前还未建立体育服务(含体育场馆)行业的消费者监督机构,消费者在体育服务领域发生纠纷常常缺乏行之有效的公众监督管理机构进行维权,很多时候只能不了了之;又或者只能向综合性的消费者协会[①]进行投诉,由于专业性不够,很难取得理想的结果。

我国正处于转型时期,在法系上既不属于英美法系,也不属于大陆法系,并且在历史背景、理论思想、人文精神上与西方各国大相径庭,因此社会组织的发展模式不可能盲目跟从西方国家的模式,但是西方的发展经

---

① 中国消费者协会于1984年12月经国务院批准成立,是对商品和服务进行社会监督的保护消费者合法权益的全国性社会组织,是一个全行业的消费者投诉渠道,也是一个半官方机构。

验却值得我们思考和借鉴。德国和日本在行业协会的发展过程中都有政府的参与，这种协商合作模式对我国更具借鉴意义。

3. 规制机构设置

从各国的经验来看，由于政治、社会、经济、文化、法律、技术等方面存在差异，即便在同一行业中，规制机构也难以找到完美的模板。任何一种体育规制机构都必须与其相应的社会土壤相适应，才能发挥其最大效力。从我国大型场馆的发展情况来看，可以考虑建立一个跨部委的联合工作机制，特别是在 PPP 形式推广的项目营建过程中，基于财政部、发改委、建设部等部门设立跨部门联合工作机构，可以在较大程度上弥补现在体育局系统对大型场馆营建进行单一监督管理的不足。在这一联合工作机构中，体育部门要发挥专业特长，在体育服务提供上，实施业务指导和监督，但不承担建设、运营管理职责。这是一种类似于德国模式的大型场馆规制模式。在此基础上，再慢慢过渡到独立于传统行政部门的模式。

（二）对大型场馆规制体制的评价

1. 行业规制是主体，但行业之间没有有效的协同作用

尽管有针对大型场馆民营化的行业法规，但由于行业之间缺乏有效的协同作用，因此在实践中作用有限。第一，大型场馆的民营化受行业法规支配。沿用传统计划经济的管理体系模式，原则上每个基础设施部门都有相应的上级行业部门（由于行业主管部门在体育服务提供方面具有一定的专业优势）进行监督。

第二，规制机构分散，职能不明确。尽管在大型场馆领域都有上级行政部门的主管，但民营项目在实际运营过程中涉及多个职能部门。因此，当规制权分散在不同的部门中，并且部门之间缺乏沟通与协调时，它将分而治之。分散的规制模式无法形成有效的协同作用，从而导致规制错位或不一致。例如，物价部门对行业的价格进行规范，环保部门对环境污染问题进行规范，在一定程度上降低了规制的完整性。此外，政府各种职能不明确，分工不明确，可能发生规制混乱。

第三，规制人力供应和资金短缺。从课题组的研究情况来看，由于规制需要较强的敬业精神、较强的政策理解能力和较强的技术要求，对规制人员的要求相对较高，但目前规制人员的专业素质仍然不足。规制机构中行政人员偏多，专家型人才偏少。此外，规制资金的短缺导致规制人员和规制设备的供应不匹配，导致规制薄弱。

2. 外部规制力量薄弱，需要完善机制

从调查访谈来看，除了政府行政部门的规制外，外部规制力量相对薄弱，尚未形成强大的力量，因此外部规制的效果不是很明显。首先，外部规制力量薄弱。在传统的管理模式下，公众对规制意识的参与相对薄弱，人们认为规制是政府的职能，公众不需要参与。同时，社会组织的发展相对滞后，相应地，第三方的规制权也相对落后。其次，公众参与规制的制度化和组织性相对较低。在传统的管理模式下，整个系统设计没有充分考虑公众参与规制的需求。目前，还没有针对公众参与大型场馆民营化的专门立法，也没有针对公众参与规制的具体制度和操作程序，从而导致公众参与规制合法性的危机。由于公众参与规制的制度化和组织化程度低、外部调控机制不健全、公众反映的问题尚未得到有效解决，公众参与规制的热情受到抑制。

二、规制重点内容

（一）规制重点内容的要求

一方面，从各国规制内容的演变来看，整个规制过程是针对民营化的每个阶段（准入，运营，退出等）实施的；另一方面，由于各个行业的特点不同，规制的具体内容（如指标）不同，但基本内容框架相似，主要包括价格、质量、市场竞争秩序、投融资、操作安全性等，其中价格和质量是关键点。规制内容是确保规制到位的必要条件，而规制内容本身正在逐步完善。

1. 全过程规制

从大型场馆规制的角度来看，在进入阶段，主要应当以放松规制为主，打破行政部门对于大型场馆建设、运营的垄断。对于存量场馆，条件成熟的完全市场化，通过 TOT、ROT 等方式将场馆整体委托给企业进行运作；大多数场馆可以把非主营业务通过外包方式进行部分民营化，以提高资金使用效率，精简富余人员；吸引社会资本的投资意愿，让更多的企业在大型场馆建设和运营中发挥作用。要制定相应的规章制度，建立公平公正的大型场馆民营化参与机制，甄别出具备良好资质的企业，注意"民营企业选择、对民营企业资金结构"的选择，通过公开招标而非"暗箱"操作的方式进行民营化。通过上述放松规制的方式，打破传统的大型场馆行政性垄断格局，形成提供场馆服务的市场竞争格局。

建设过程应当注意大型场馆设施质量安全性规制。安全是场馆规制中的重要问题，运动安全与公平竞争是体育活动的基本原则，体育活动对于安全的要求相比其他文化活动更加突出。作为一种依托场馆进行的身体活动，体育活动对于场地设施的要求有着特殊的要求。不同的项目，需要不同的场地设施；同一种项目，对于场地设施的标准要求也不同。对于游泳、攀岩等高危项目，在场地硬件和运动安全防护等方面更是有着特殊的要求。因此，规制机构应当会同项目协会共同制定体育场地体育设施标准，规范大型场馆的建设。

运营阶段要加强大型场馆民营化的运行安全的监督管理。运行安全是指对大型场馆在提供服务的过程中，可能出现各种危险、意外加强防范。大型场馆在主办活动时具有人群高度密集性，场地器材具有一定危险性等特征。针对上述问题，规制机构要设定服务提供的相关安全标准，对于大型活动安保、场地器材规范使用应出台详细可操作的规范，并监督运营企业执行。

积极探索场馆民营化退出阶段制度体系。目前场馆民营化数量少，处于起步阶段，成功经验少，可以借鉴国内文化、旅游等民营化发展较快部门和国外体育场馆的成功经验，同时结合我国大型场馆特点，构建大型场馆民营化退出制度。

PPP项目全生命周期动态规制如图4-4所示。

2. 价格规制

大型场馆服务价格规制可以从两个方面入手：基本公共服务和非基本公共服务。前者包括体验型公共服务，公益性竞赛训练公共服务，团队活动型公共服务和教育、咨询、培训公共服务；后者包括商业性体育竞赛，文艺表演服务、健身俱乐部会所服务和休闲旅游等综合性服务。两者分别

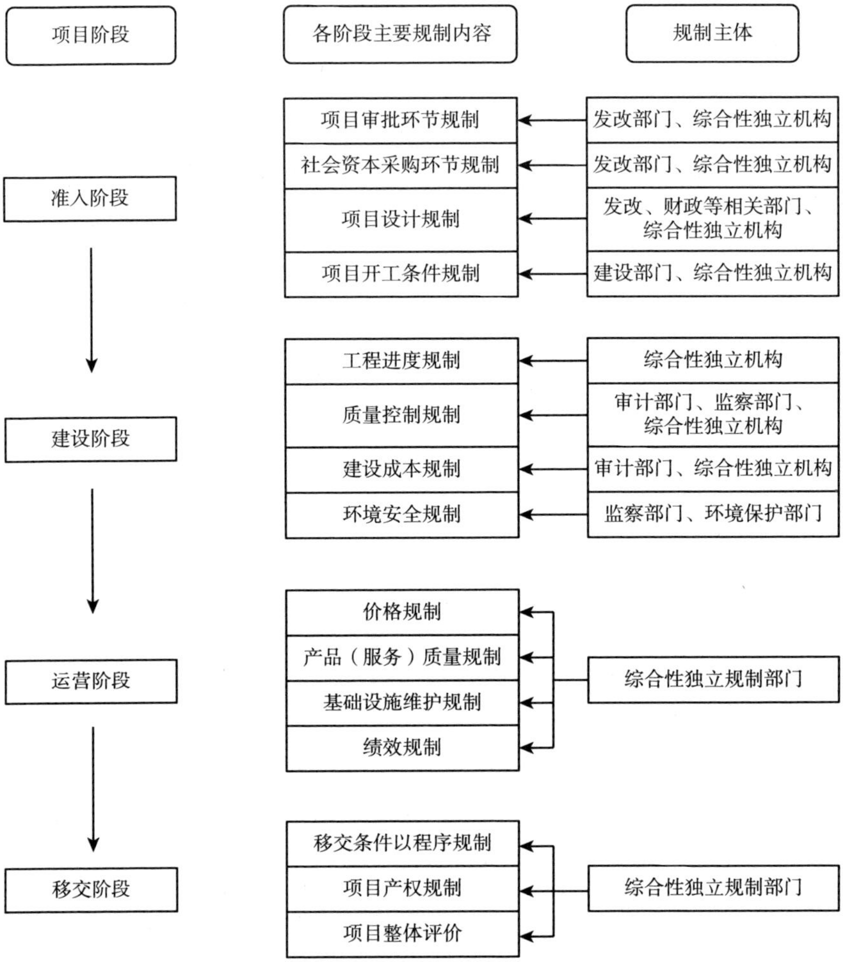

图 4-4 PPP 项目全生命周期动态规制

项目阶段	各阶段主要规制内容	规制主体
准入阶段	项目审批环节规制	发改部门、综合性独立机构
	社会资本采购环节规制	发改部门、综合性独立机构
	项目设计规制	发改、财政等相关部门、综合性独立机构
	项目开工条件规制	建设部门、综合性独立机构
建设阶段	工程进度规制	综合性独立机构
	质量控制规制	审计部门、监察部门、综合性独立机构
	建设成本规制	审计部门、综合性独立机构
	环境安全规制	监察部门、环境保护部门
运营阶段	价格规制	综合性独立规制部门
	产品（服务）质量规制	
	基础设施维护规制	
	绩效规制	
移交阶段	移交条件以程序规制	综合性独立规制部门
	项目产权规制	
	项目整体评价	

针对不同的体育社会需求，不同类型的大型场馆在提供服务时侧重点会有所不同。

非基本体育公共服务针对差异化的体育消费需求，反映人们在体育消费领域的消费偏好，体现出一定的梯度差异，具有享受型消费的特征，定价弹性较大，人们对于此类服务价格敏感度比较低。对于此类服务，在价格制定上，适合实行放松规制政策，可以实行以市场定价为主的政策。场馆提供的文艺表演、商业演出等非体育服务定价方式与此类同。

基本体育公共服务针对的是普遍性的体育需求，对人们在体育消费领域的消费偏好体现不明显，梯度差异比较小，具有基础性消费的特征，定价弹性较小，人们对于此类服务价格敏感度比较高。这类服务的价格可以采用价格上限和投资回报（成本加方法）等方法进行规制。

基本体育公共服务虽然在大型场馆业务中所占比例较低，但是，为了鼓励群众进行体育活动，形成良好的运动氛围，可由政府出台相关政策鼓励场馆提供此类服务，政府可进行适当补贴。

3. 质量规制

一般而言，市场在实物型产品的质量调节中能够发挥良好作用，无须借助政府等规制机构的力量，然而，场馆服务与实物型产品存在差异。由于体育服务本身的特征（无形性、生产和消费同时进行、消费体验无法保存），服务生产者相对于消费者具有天然优势，消费者在维权方面存在较大困难，体育行政部门在该领域可以进行适度规制，以保护消费者权益。

此外，对于以PPP方式由企业参与营建的大型场馆来说，还包括对大型场馆的工程建设质量的规制，在此过程中，如何监督企业按照设定标准保质保量地完成工程质量，防止"偷工减料"现象的出现，规制机构要会同场馆使用单位、建设主管部门制定相应的质量标准，并监督企业实施。

（二）对大型场馆规制重点内容的评价

1. 大型场馆民营化的规制内容逐渐扩大，但规制的整个过程尚未到位

由于引入市场竞争和居民需求的提高，规制内容发生了重大变化。首先，规制内容的范围已从最初的市场准入规制逐步扩展到其他内容，如质量和安全性。并且由于大型场馆具有一定的行业特征，因此规制内容的重点也有所不同。

其次，规制内容多为应急状况，裁量自由度较大。客观上，规制的内容会随着市场的发展和居民的需求而变化。从主观上讲，行政规制部门的应对不力，会导致规制内容的偶然性和较大的自由度。以价格规制为例，大多数定价方案的规制是紧急规制，没有长期规制机制，价格紧急规制已

经取代了长期规制。同时，由于规制内容不明确，因此在规制方面有更大的自由裁量权。

最后，规制的整个过程尚未到位。大型场馆民营化的主要目的是解决融资困难和政府财政负担过重的问题。总体来看，建设和管理工作繁重，相关管理规范和规制薄弱。目前，规制的重点是准入阶段民营企业的资格选择，但运营阶段和退出阶段的规制能力较弱。例如，在运营阶段，民营企业抵押项目并转让股份，不规范使用资金，这些行为缺乏直接和有效的规制。在退出阶段进行资产转移和评估时，缺乏相关的规制经验。

2. 价格已成为规制的重点，但没有有效的规制手段

价格规制已经成为关注的焦点，主要是因为价格与整个民营项目的利润平衡乃至整个项目的实施有关。价格规制涉及政府对民营化场馆基本公共服务的费用支付，主管当局在制定场馆基本公共服务的价格时，应当邀请消费者、运营商、专家、中介机构和其他团体进行协商，从而减少价格决策的盲目性。

缺乏有效的规制手段。政府规制部门通常缺乏对运营企业成本结构的准确、实时和全面的了解，信息数据是不对称的。在部分场馆定价过程中，一方面，由于政府机构缺乏准确的评估手段，只能根据类似的场馆服务成本进行估算；另一方面，价格调整机制尚未适应市场化进程。因此，从实践的角度来看，政府缺乏有效的价格控制措施，难以掌握成本调节中的主动权。

3. 质量已逐渐成为规制的重点，但实施力度还不够

随着人民生活水平的提高，对公共服务质量的要求也相应提高，首先，大型场馆服务质量已成为规制的主要内容。目前，相关部门已经开始针对大型场馆提供各种服务制定标准，如《大型场馆基本公共服务规范》《大型场馆免费低收费开放补助资金管理办法》，以及地方上颁布的一些管理规定，虽然还不完善，在很多方面还不够细化，但是对于质量规制都作出了一些要求。其次，服务质量规制执行还不够。尽管已经逐渐开始建立相关的产品质量规制标准，不过，实际执行情况并不相同，实施上具有较大的自由度。

三、规制手段方式

(一) 规制手段方式的要求

规制手段和方法是确保有效、平稳地执行法规的基础。由于各个行业的规制内容不同,因此还需要不同的规制方法。一般而言,规制手段和方法除了法律和合同手段外,还包括激励措施、惩罚措施和常规手段。但是,从各国当前的发展趋势来看,越来越多的国家倾向于采用激励措施,以传统方式为辅,惩罚性手段的使用却较少。

1. 法律与合同手段

目前,我国对于推向市场的大型场馆的法律法规建设力度还很不够,在我国大型场馆领域具有法律效应的主要是国务院系统颁布的行政法规,如《公共文化体育设施条例》《全民健身条例》等体育行政法规,以及一些地方性行政法规,这些规章制度对于推向市场化的大型场馆针对性不够,在解释和规范市场行为上都存在不足之处。

大型场馆应当倡导依法规制。从立法角度来看,大型场馆规制最高目标是场馆领域单独立法(单行法)。不过,由于我国立法资源比较紧张[①],短期内,此目标很难实现,比较现实的目标是争取国务院等部门发布较高等级的法规。此外,争取地方立法是一个非常重要的途径。由于大型场馆实际上是一种地域性很强的基础设施,而各地的政治经济社会文化法律技术等存在极大的差异,同时,大型场馆民营化的发展程度、出现的问题也各有不同,所以地方立法可以针对当地场馆资源发展现状,有针对性地立法;而且,地方在立法资源上相对宽松,可以得到更多机会,成功的可能性也要大一些。从法律发展的角度来看,高层次立法往往需要来自低层次立法的支持,当地方法律发展到一定程度时,积累了较多的法律资源,也可以为更高层次的立法打下基础,推动高层次立法的发展。

---

① 立法是一个非常复杂的问题,一个领域能否颁布单行法取决于多种因素,其中行业的重要性是非常重要的一个考量指标。目前发布单行法的领域一般都是关乎国计民生的一些产业,如水业、电信、电力等。

此外，合同法规、基础设施管理类法规也适用于某些单元项目。2015年颁布的《基础设施和公用事业特许经营管理办法》对采用特许经营方式进行建设的大型场馆进行规范发挥了良好作用。合同是规制的一个重要手段，在民营化中起到了积极作用，但是目前我国场馆民营化中仍存在合同过于简单的现象。

2. 激励性手段

激励性手段对于民营化中的委托代理关系来说，是一种规避逆向选择和道德风险的重要方法，可以有效规制受托者的行为，减少委托者和代理者的目标不一致现象的发生。例如，在委托管理的场馆中，当运营企业的业务量或营业额达到相应的标准时，可以给予某一个百分比的上浮，没有达到的则不给予奖励，当低于某一标准时，则扣除一定的比例，以此激励场馆运营企业。

3. 常规化手段

我国大型场馆民营化过程中，首先，建立信息共享制度，使信息公示透明化。目前财政部综合信息管理平台，是一个PPP项目（含大型场馆）信息管理的窗口，对于我国大型场馆民营化来说是一个非常重要的信息披露渠道，但是还须针对大型场馆特征继续完善相关的信息披露。其次，民营化参与企业应当加大信息公开力度。目前，在我国一些企业网站上，关于民营化有价值的信息非常少，民营化项目往往涉及广大公众利益，带有较强的公益性，应当出台规定强制要求企业公布民营化项目所有内容。信息披露越全面，信息可得性越强，越有利于民众参与到场馆民营化的监督管理中来。再次，政府派员进驻。通过选派政府官员进驻的方式，可以更大限度地降低场馆民营化过程中企业违背公共利益现象发生。最后，利用互联网进行场馆民营化管理，互联网的出现让管理变得扁平化，民众参与方式便捷化，通过网络有利于政府部门了解社会对场馆服务、价格、需求的看法，也可以让公众更好地参与到场馆的建设、运营、定价等决策中。

（二）对大型场馆规制手段方式的评价

1. 合同法规是主要内容，但没有执行到位

目前，对于大型场馆民营化主要采用合同规制的方式。但是，在某些领域中，规制法规不健全，没有健全的法律法规可循。

规制合同的条款不详尽或不完整。由于民营合同的长期性，技术、需求、政策等经济和技术环境都大不相同，合同不完备是不可避免的，政府追求短期利益，强调吸引投资，加上自身的专业知识和专业人才在合同签署前储备不足，对合同项目的各种风险缺乏科学的评估，导致合同规定不详尽、不完善。从目前的合同签订情况来看，合同规制的问题主要表现在民营合同中没有单独的规制条款，相关的规制规定主要分散在其他合同条款中，或在合同中单独制定的规制规定相对简单。

没有良好的法律环境，缺乏公平与诚信，导致无法顺利推进民营项目，甚至导致一些民营项目的失败。一方面，政府的信用体系是不完善的，并且由于财务压力和其他问题，它没有很好地履行合同协议，损害了民营公司利益；另一方面，企业信誉危机相对较大。一些企业随意将民营项目进行抵押贷款股权转让，同时不规范使用资金等，规制部门缺乏直接有效的控制措施。在经营者破产的情况下，规制部门却不能采取有效的控制措施。

2. 规制措施主要是行政措施和惩罚措施，激励措施不足

从目前大型场馆的实践来看，规制方式主要分为惩罚性经济手段和行政管理手段，且比较简单。就经济手段而言，其中大多数目前具有惩罚性质。

在行政管理中，通过独特的干部任用方法，采用人事管理代替规章制度。或采用"强制"排名方法来评估领导干部的绩效。一方面，激励规制没有得到充分利用。目前，规制手段更多地依靠行政管理和惩罚性经济手段，从激励的角度看，并不鼓励民营企业提供优质的公共服务产品。此外，激励措施必须基于相对成熟的管理技术和手段，而政府目前缺少这些激励手段，因此激励措施在实践中并未得到很好的利用。

另一方面，一些常规的规制方法落后。以听证为例，尽管从《中华人民共和国行政处罚法》将听证制度纳入行政执法程序以来，就开始逐步实施听证制度，在大型场馆服务领域覆盖范围逐渐扩大。然而，在特定的实施方式中，听证的参加者不够独立，很容易受到相关利益集团的影响甚至被操纵；听证程序的规范性不足，如价格听证会缺乏成本监督和检查程序，导致听证参加者无法对价格进行准确判断，这将导致价格听证会无效。

四、规制政策保障

大型场馆民营化规制程序的执行和规制效果要求一系列客观条件的成熟，如政府职能的成功转变和法律环境的改善。然而这并非一日之功，只能逐步建立相对独立和完善的规制体系。为了进一步促进规制的执行，有必要逐步实施相关的保障措施，应该分步骤、有重点实施相关的保障措施，先易后难，最后要确保法规得到执行。

（一）加强行业规制，探索综合规制模式

在目前行业规制的基础上，探索综合规制。一是提高现有行业规制能力。进一步明确界定各主管部门职能，整合行业内部规制资源（如不同职能处室的规制资源以提高规制效能为目标进行整合与共享），力求使规制职责做到明确而专一。同时大力加强行业规制的人力、财力、物力供给。在规制人力上，加强对规制人员的知识素质、岗位技能等全方位的培训，提高其规制的专业化业务水平；在规制财力上，保证规制经费落实到位，促使行业主管部门能进行日常规制或委托第三方机构进行规制；在规制物力上，加强信息化建设，提高行业主管部门的规制硬件条件。二是探索综合规制模式。由于大部分民营项目涉及多个部门，因此可采取类似德国综合规制模式的理念，由一个部门进行统筹协调并加强各行业主管部门之间的沟通，提高规制效率。

（二）价格上放松规制和适度规制并举

大型场馆提供基本公共服务和非基本公共服务，对于这两者应当采用不同的价格规制方式。对于非基本公共服务（商业性体育竞赛、文艺表演、健身俱乐部会所服务、休闲旅游等综合性服务），适合实行放松规制，可以实行以市场定价为主的政策。对于基本公共服务（体验型公共服务，公益性竞赛训练公共服务，团队活动型公共服务和教育、咨询、培训公共服务），利用第三方机构进行价格调整，主要是通过对经营者成本的合理评估，形成规范、公允的价格和成本监督检查报告，以方便政府部门为价格规制提供坚实的基础。对企业进行定期的价格和成本监督检查，要求企业上报经营状况、人员组成和各项支出，以便价格主管部门审查和确定其价格成本，消除不合理的价格成本。

(三) 加强质量规制，完善质量指标体系

有效的质量规制是确保规制效果的客观要求。首先，必须继续改善质量指标体系。根据大型场馆行业的特点和发展阶段以及社会经济发展水平，应相应改善质量控制指标体系。将来，要进一步改善有指标但实施不力的现象，完善指标法规。

其次，抓紧加强服务质量规制。一方面，在质量规制方面，对有形产品进行规制相对容易，而将服务质量作为无形产品进行规制则相对困难；另一方面，随着经济和社会的发展，居民的要求在逐渐提高。为此，我们必须通过各种手段加强对服务质量的规制。例如，可以聘请第三方公司进行服务质量评估，并对投诉处理和服务态度进行评分；服务质量可以被列为指标，并且可以作为质量指标体系的重要组成部分。

(四) 加强激励手段，提高经济的挂钩度

合理有效的规制措施可以降低规制成本，提高规制效力。为此，我们必须进一步加强法规中激励措施的使用。首先，创造良好的法律环境。依法治国、公平诚信是实施激励措施的前提，可以保证各方利益。因此，必须制定或完善相关的法律法规，以确保法规的合法性。为了改善合同规制，合同设计必须明确双方的义务和权利，并建立有效的争议解决和风险保护机制。其次，改善激励措施与经济之间的相关性。为了改善企业的经营状况、生产效率和资源配置效率，大力使用激励措施。例如，可以采用价格上限调整方法；给予原有的民营企业适度的优先签署权，建立稳定的长期合同；实施"捆绑式"经济手段，如围绕大型场馆的商业发展可以打包成民营项目，以激励运营商提供更多合格的体育公共产品或服务。同时，在此类激励措施产生的规制结果与业务运营质量之间建立直接的经济关系更为重要。如果某些规制评估结果不符合标准，则它们将与费用结算或将来的特许权奖励挂钩。另外，行政处罚可以作为现阶段的过渡，但不能作为主要手段。例如，继续实施现行的履约保证金制度，即要求民营企业缴纳一定数量的履约保证金，作为对民营企业日常履约的保证，如有违背合同现象发生,将予以没收。

(五)加强社会监督,形成上畅下达渠道

社会监督作为政府规制的有益补充,不仅可以提高政府规制的公信力,而且可以提高社会规制的有效性。因此,公众参与监督机制必须大大改善。首先,建立公众监督委员会。利用当地法律法规规定公众参与的法律渠道,可以借鉴深圳的规制改革成果,建立公共监督委员会(在人员构成、职责范围等方面进行一系列规章制度的规定),由该系统负责收集来自公众和民营公司的意见,提出法律、法规等,并代表公众监督民营部门。其次,成立民营企业投诉机构。为了更好地协调民营公司、居民与政府之间的关系,并有效解决纠纷,建立针对民营公司的投诉渠道(尤其是在政企分开的情况下),以便民营公司在对规制决策有异议时可以提起上诉。再次,利用民间社会组织等第三方机构进行监督。从第三方的角度出发,鼓励大型场馆的非政府组织(第三方机构)进行非正式的公共监督,如大型场馆消费者协会和由专业人士组成的专门机构。最后,完善信息共享机制,继续加强听证制度。建立或改进各种信息公开和共享系统,如企业业务信息公开系统、重大事件报告系统、成本沟通系统以及公共产品和服务质量指标公开系统。同时,进一步完善公众咨询、投诉和处理机制,确保公众可以通过信件、电话、面对面报告、政府提案和政府网站等直接和间接反映意见和建议。

第五章　实践与案例

本章从实践角度对我国大型场馆领域的民营化和规制实践进行分析，还包括若干案例介绍。由于存量型场馆和增量型场馆在民营化方面存在较大差异①：从过程上来看，存量场馆往往不涉及场馆设计和规划，增量场馆则强调建设（规划）—运营—移交的全过程参与；从民营化方式选择角度来看，存量场馆主要采用委托运营等方式，增量场馆则多采用 BOT、PPP（狭义）等方式；由于场馆涉及环节和采用民营化方式的不同，两者面临的问题也有很大差别（从问题角度），如存量场馆民营化时往往不会有建设（按期完工、安全、质量等）问题的考虑；由于增量和存量场馆的上述不同，进而导致政府规制也有不同的特点。因此，本章在结构上分为存量和增量两大部分，同理，案例也做了对应的安排。

第一节　存量型大型场馆民营化与政府规制

一、存量型大型场馆的民营化情况

对于存量型大型场馆的民营化状况，可从下列研究中得到一些资讯。王健、徐文强、陈元欣（2012）②的研究显示，在调研的 168 个大型场馆中，企业（含事业单位与企业兼有）性质的大型场馆占比为 13.6%；根据

---

① 存量和增量场馆民营化的差异，详见本书第三章第三节。
② 王健，徐文强，陈元欣. 我国公共体育场馆管理体制改革研究［M］. 北京：北京体育大学出版社，2012：13.

陈文倩（2018）①的研究，2011年，国家体育总局与北体大体育管理学院联合组成的课题组对我国的大型场馆进行了调研（调查涉及305个体育中心和752各单体体育场馆），结果显示，企业性质的大型场馆占比为13.4%。这两个研究表明我国大型场馆事业单位的管理模式占据着绝对的优势。

2014年国家体育总局体育经济司发布了《第六次全国体育场地普查数据汇编》②，结果显示大型场馆民营化（委托运营）的比例为6.1%，在大型场馆总数中所占比例非常小。即便加上合作运营（含有一定的民营化成分，占比为3.1%），两者合计为9.2%，也不超过1/10（见表5-1）。

表5-1　　　　　全国分运营模式大型场馆状况

大型场馆场地类型	合计	自主运营	合作运营	委托运营
	场地数量（个）	场地数量（个）	场地数量（个）	场地数量（个）
合计	1093	984	42	67
比例	100%	90.8%	3.1%	6.1%
体育场	292	266	7	19
体育馆	721	651	31	39
游泳馆	78	66	4	8
跳水馆	2	1		1

资料来源：根据《第六次全国体育场地普查数据汇编》进行整理，http：//www.sport.gov.cn/pucha/index.html。

从以上数据可以看到，大型场馆民营化在我国的发展是比较缓慢的。应该说，大型场馆改革的起步并不算晚，20世纪80年代初期，体育界就提出了改革，1984年，体育场馆也明确了改革方向③，虽然与经济改革相

---

① 陈文倩. 我国大型公共体育场馆事业单位分类改革研究 [M]. 北京：北京体育大学出版社，2018：33.

② 根据《国家体育总局、教育部、铁道部、国家旅游局关于开展第六次全国体育场地普查工作的通知》，我国以2013年12月31日为标准时点开展了第六次全国体育场地普查。普查对象为全国（不含港澳台地区）各系统、各行业、各种所有制形式的各类体育场地。该调查结果由国家体育总局经济司汇编公布。

③ 1984年10月5日，中共中央发布《中共中央关于进一步发展体育运动的通知》，通知指出"体育场馆要改善管理，提高使用率，成为开展群体活动和培训体育人才的基地；同时，要讲究经济效益，积极创造条件实行多种经营，逐步转变为企业、半企业性质的单位。"这一文件精神指引着1980年代以来体育场馆改革乃至体育产业发展。

比要晚一些，但是和科教文卫等与体育并称的事业相比，体育改革并没有在时间上处于落后，没有输在起跑线上。然而，30多年过去，体育产业增加值国民经济占比仍然较低，体育场馆改革仍然明显滞后，科教文卫等行业、诸多领域都已取得突飞猛进的发展，如文化和旅游产业，旅游如今已成为支柱型产业，无论在经济体量还是影响力方面都大于体育产业，文化产业同样如此，这些行业都取得了与自身行业地位相匹配的发展，唯有体育，一直落后于整个经济社会发展的步伐。

之所以形成这样的局面，有行业差异、政府重视程度等方面的原因，但是体育行业/体育行政部门自身的问题也不容忽视。体育政府机构长期的恋栈，牢牢把资源攥在手里，是（包括民营化在内）场馆改革难以推进的原因，其背后隐藏的是利益关系。民营化改革（实质是市场化改革）可以激发出更大的经济和社会活力：资源效率更高、经济效益提高、创造岗位、吸纳就业，对于经济和社会发展的作用巨大。这是过去40年国企改革所证明的历史经验，也被已经民营化的部分场馆（五棵松体育馆、广州体育馆）所证明。这样的转变按理应该是受到欢迎，并推而广之，之所以在体育界遇到比较大的阻力，是因为这一改革与原有的既得利益者之间存在矛盾。

在原来的（事业单位）管理模式下，体育场馆往往作为主管部门的一个下属事业单位存在，与体育行政主管部门有着千丝万缕的联系。改革开放以来，场馆虽然以（类）企业运作方式加入市场经济大潮，但是并未改变其事业单位属性。在管理上仍然归属当地体育部门管理，收入上仍然按事业单位身份享有体制内财政拨付的好处（①财政补助收入；②上级补助收入；③事业收入：开展专业活动及辅助活动取得、财政专户核拨的预算外资金、经核准不上缴财政专户管理的预算外资金；④经营收入：在开展专业活动及辅助活动外开展非独立核算经营活动取得的收入；⑤附属单位收入；⑥其他收入；⑦基本建设拨款收入；⑧拨入收入），人事、资源等方面也由体育行政部门主管。对系统内，场馆承接体育行政部门交付的各种活动、接待的事项与任务，是政府职能的延伸；对系统外，场馆可以通过演艺活动、展会、商业比赛等获得收入。双重身份对于场馆而言是非常有利的，既无破产之虞，又有商业收益，既可享受体制内的种种好处，又可以得到市场经济的实惠。这种亦官亦商的身份带来的种种好处，使场馆本身缺乏改革的动力。对于体育主管部门来讲，维持原有状态也是乐见其成的事情，因为，体育行政部门同时也是场馆收益的获利者，在调研过程中，课题组就发现不少场馆收入需要上缴主管部门，如果实行民营化，则主管部门的这部分利益显然会受到威胁。此时，场馆在一定程度上已成为体育主管部门的体制外收入来源（相当于小金库）。

事实上，整个体育系统都存在这样的思想，长期以来体育产业的发展都被当作是体育系统内部小循环，而不是主动融入整个国民经济的发展，把体育创收当作是发展体育事业的一种支撑，因此，体育资源垄断、审批程序多才会长期存在，据调查，场馆主办比赛（不管经济效益如何）必须向项目管理中心缴纳一笔费用等现象也曾长期困扰业界，这也使一些场馆在承（主）办体育赛事时意愿不强。因此，这种体育系统内部小循环（小金库）的思想必须破除，非如此，体育产业、体育场馆民营化难以获得大的发展。

二、存量型大型场馆的规制

不同的类型、不同地位的大型场馆可以分为公益服务类场馆和生产经营类场馆。其中公益服务类又可以分为公益一类和公益二类。公益一类场馆的改革方向是保留在事业单位序列，主要职责是提供基本公共体育服务，经费由政府保障；公益二类场馆业可以保留在事业序列，在提供公共体育服务的同时，可进行市场开发，通过多种渠道获取经费；生产经营类场馆注销事业单位，实行转企改制。① 对于保留在事业单位序列的大型场馆，要研究如何激发员工的积极性。

对处于转轨期间的场馆应当做好配套改革，处理好体制内职工安置问题。政府的合理规制就显得尤为重要。由于目前中国体育场馆的法律体系仍不健全，因而法律规制是政府应当首先面临的问题，完善的法律体系的建立既可以保障企业的利益，也能够减少政府的越位监管行为，同时还可以对企业起到良好的监督作用。避免出现越位监管、错位监管、缺位监管

---

① 陈文倩. 我国大型公共体育场馆事业单位分类改革研究 [M]. 北京：北京体育大学出版社，2018：1-2.

的现象。在事业转企业阶段，体育中心为了盈利，可能会忽略大型场馆的公益性，或者是无法找到公益性与经济效益之间的平衡点，针对这一点政府应采取一定的社会效益规制。由于现阶段缺少法律法规的约束，政府应当采取一定的激励性规制手段，建立第三部门，构建政府、私营、第三部门多维互动的公共服务提供机制，在不断变化中寻找政府、体育消费者、生产者三方面利益的均衡点。

通过法律规制、安全规制、服务质量规制、准入规制等方式对场馆运营中出现的各种问题进行有效的干预。

今后，在场馆分类的基础上，应对各类场馆进行"PEST"分析，根据实际情况，积极稳妥推进存量型场馆的民营化工作，在此过程中，要积极发挥地方的作用（与增量场馆民营化不同，后者在一定时期内中央政府部门的约束显得更为重要）。存量场馆改革时间较长拥有较多实践经验，且各地场地条件情况千差万别，因此，管理重心应当下移，出台地方性法规（地方立法机构要积极作为），依法进行民营化，地方政府部门依法对民营化进行管理。

第二节 增量型大型场馆民营化与政府规制

一、增量型大型场馆的民营化情况

2014年国家推出PPP模式以来，大型场馆PPP项目进入了爆发式增长阶段，这些场馆是增量型大型场馆的重要组成部分。

（一）2014年以来增量型大型场馆情况

从财政部政府和社会资本合作中心（以下简称财政部PPP中心）PPP综合信息平台[①]所披露的信息来看，截至2018年9月底，财政部PPP中心

---

① 政府和社会资本合作中心，http://www.cpppc.org/.

项目库中（含项目管理库、项目储备清单①），共有体育类（大部分是体育设施）PPP项目195个，总投资1632.5亿元（见表5－2）。

表5－2　　　　　2014年以来增量型大型场馆情况

	数量（个）	总投入（亿元）	平均投入（亿元）	回报机制			落地情况		
				可行性缺口补助（个）	使用者付费（个）	政府付费（个）	准备阶段（个）	采购阶段（个）	执行阶段项目（个）
管理库	106	870.6	8.2	83	12	11	22	37	47
储备清单	89	761.88	8.56	37	42	10	—	—	—

资料来源：根据政府和社会资本合作中心数据整理，http://www.cpppc.org/.

1. 项目管理库情况

从项目管理库数据来看，体育PPP项目共106个，占所有行业项目的1.36%；项目总投资870.6亿元，占所有行业项目的0.75%。无论是个数还是金额，体育PPP项目数量都很少，在各行业中处于倒数第六位。全行业平均每个项目投资金额为14.87亿元，体育PPP项目平均仅为8.2亿元，低于10亿元的项目占比75%，体育项目一般规模较小。

从回报机制来看，可行性缺口补助83个、使用者付费12个、政府付费11个，可行性缺口补助和政府付费项目主要集中于体育场馆建设上。体育大部分项目不具备营业收入，全靠政府财政补贴。

从落地率来看，体育PPP项目处于准备阶段22个，采购阶段37个，执行阶段项目47个，项目落地率为44.34%，低于全国全行业51.96%的项目落地率。

从地区分布来看，山东、浙江、内蒙古、云南、贵州的体育PPP项目个数较多。其中，山东、江苏、河南等地项目落地情况较好，贵州和云南两地项目落地率较低。贵州、云南、山西有较多项目处于准备与采购

---

①　2018年上半年，财政部PPP中心完成项目库集中清理工作，并将整个PPP项目库分为项目管理库、项目储备清单两部分。项目管理库包含准备、采购、执行和移交阶段项目，该部分项目已完成物有所值评价和财政承受能力论证的审核。项目储备清单则只包含识别阶段的PPP项目，是地方政府部门有意愿采用PPP模式的备选项目，但尚未完成物有所值评价和财政承受能力论证的审核。

阶段。

2. 项目储备清单情况

财政部 PPP 中心项目储备清单中有 89 个体育 PPP 项目，总投资约 761.88 亿元人民币（见表 5-3）。从回报机制的角度来看，可行性缺口补贴 37 个，使用者付费 42 个，政府付费 10 个。就区域分布而言，贵州和四川项目比较多。2017 年 1 月 1 日之后，在陕西，四川和广西启动了更多项目。

表 5-3　　　　　体育 PPP 储备项目

序号	所在地区	项目总个数	总金额（亿元）	2017 年后发起项目数
1	贵州	29	191.41	0
2	四川	13	40.96	2
3	山东	7	115.05	1
4	江苏	6	36.80	1
5	陕西	6	34.26	3
6	新疆	5	23.98	0
7	河南	4	27.77	2
8	辽宁	3	112.00	0
9	浙江	3	9.40	1
10	江西	3	7.57	1
11	广西	2	41.23	2
12	河北	2	14.96	1
13	内蒙古	2	14.95	0
14	湖北	1	55.00	1
15	福建	1	34.90	0
16	甘肃	1	0.90	1
17	青海	1	0.72	0
	合计	89	761.90	16

资料来源：根据政府和社会资本合作中心数据整理，http://www.cpppc.org/.

3. 招投标情况

从财政部 PPP 中心项目管理库数据来看，体育 PPP 项目执行阶段个数和成交额都列倒数第五位（见图 5-1）。

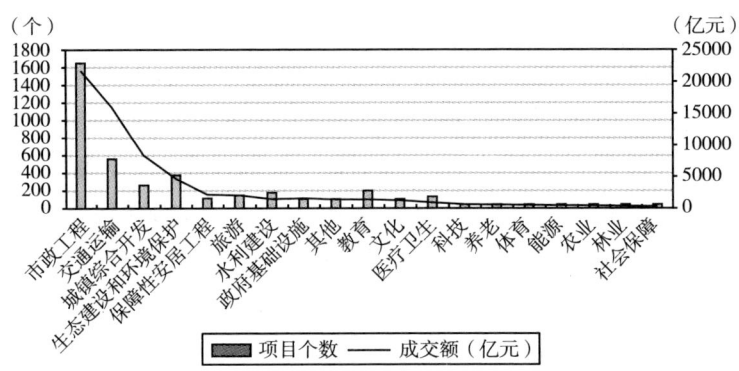

图 5-1　财政部 PPP 项目库个行业执行阶段项目情况

资料来源：根据政府和社会资本合作中心数据整理，http://www.cpppc.org/.

另一份可供参考的数据，《明树数据 2018 年 8 月全国 PPP 项目市场动态》报告显示，截至 2018 年 9 月，体育 PPP 项目总成交额排名倒数第五位。从数据来看，无论项目总数还是执行数量，体育 PPP 项目都偏少，根据财政部 PPP 中心项目库中显示的中标信息，投资金额大的项目的中标如表 5-4 所示。

表 5-4　　　　　　　　　部分体育 PPP 项目中标

中标社会资本方	中标时间	项目名称	金额（亿元）	回报机制
中国建筑第八工程局有限公司	2017.1	浙江省杭州市萧山区杭州奥体中心主体育馆、游泳馆、综合训练馆 PPP 项目	41.79	可行性缺口补助
中建三局集团有限公司	2017.9	新疆乌鲁木齐奥林匹克体育中心 PPP 项目	37.4	可行性缺口补助
中国建筑第八工程局有限公司	2016.8	盘锦市体育中心	29.25	可行性缺口补助
中国建筑股份有限公司	2016.8	山东省青岛市青岛市民健身中心项目	27.93	可行性缺口补助
中体竞赛管理有限公司	2017.11	江苏省扬州市仪征市铜山体育小镇片区开发建设项目	24.03	可行性缺口补助
中国建筑第二工程局有限公司	2017.8	云南省腾冲市全域旅游国际户外运动文化中心项目	21.21	可行性缺口补助

续表

中标社会资本方	中标时间	项目名称	金额（亿元）	回报机制
锦宸集团有限公司	2017.8	泰州市体育公园	18.8	可行性缺口补助
中信信托有限责任公司	2016.3	黄石奥林匹克中心	16.99	可行性缺口补助
北京城建集团有限公司	2018.1	北京2022年冬季奥林匹克运动会国家速滑馆PPP项目	15.29	可行性缺口补助
广州市住宅建设发展有限公司	2017.2	河南省开封市体育中心项目	13.01	可行性缺口补助

资料来源：根据政府和社会资本合作中心数据整理，http://www.cpppc.org/.

在体育PPP领域，中标者更加集中。在赢得社会资本方面，中标者主要是"大型基础设施+运营公司"的联合体。

除了上述正在建设和将要建设的大型场馆外，增量型大型场馆还包括采用PPP模式建成并运营的一些场馆，如五棵松、鸟巢、广州体育馆等。

（二）2014年以前增量型大型场馆情况

北京奥运会是PPP模式在中国应用的上一个高峰期，由此诞生了一批有广泛影响力的建筑，也使PPP在中国第一次正式走入大众的视野，并且成为学界研究的热点（见表5-5）。尽管在此之前已有一些场馆进行过公私合作的实践，如广州体育馆，作为九运会场馆，2001年投入使用，其融资模式采用了PPP，由广州市政府和广州珠江实业集团有限公司共同投资建成，建成后交给企业投资方进行运营，但是并未引起各方面太大反响。

表5-5　　　　北京奥运会场馆的主要融资模式概况

项目名称	总投资（人民币）	融资方式	运作模式	联合体的权益
国家体育场（鸟巢）	33亿元	PPP	政府（以北京市国有资产经营公司为代表）出资58%，中信联合体出资42%，并负责项目的设计优化、投融资、建设、运营及移交	拥有国家体育场30年特许经营权。政府给予的土地使用及其他方面的优惠政策

续表

项目名称	总投资（人民币）	融资方式	运作模式	联合体的权益
国家体育馆及奥运村	奥运村33亿元、国家体育馆8.7亿元	BOT项目捆绑	北京城建联合体负责国家体育馆的投融资、建设、运营和移交以及奥运村的投融资、建设及运营	拥有国家体育馆30年的特许经营权。拥有奥运村的土地使用权，包括出租、出售奥运村内的住宅等
国家会议中心	21亿元	BOO项目捆绑	北辰实业联合体负责项目的设计、投融资、建设及经营和旁边商业用地的设计及开发	拥有50年的土地使用权和开发经营权
五棵松文化体育中心	45亿元	BOO捆绑	中关村建设联合体负责体育中心项目的设计优化、投融资、建设及运营和商业用地的开发	拥有50年的土地使用权和开发经营权
奥林匹克水上公园	20亿元	BOT项目捆绑	天鸿集团联合体负责项目的设计、投融资，建设、运营及移交和商业用地的开发	拥有奥林匹克水上公园30年特许经营权。拥有周边商业用地的土地使用权和开发经营权

资料来源：陈元欣．大型场馆投融资实务［M］．北京：北京体育大学出版社，2012：68．

其他具有一定影响力的地方性场馆还有深圳湾体育中心、武汉体育中心、长沙新世纪体育中心、南京奥体中心等。

二、增量型大型场馆的规制

对于2014年以来推出的PPP项目，财政部PPP综合信息平台的建立为大型场馆民营化监管奠定了一个很好的基础。

综合信息平台可以发布信息、管理PPP项目，还可以对不符合条件的项目进行清理。信息的公开透明，本身就是监管措施之一，它有利于社会各界、项目的利益相关方对项目进行监管，过去，由于信息不透明，我们吃过很多亏。现在，综合信息平台对于那些表现不好的项目进行清理，几年来，这一功能的实施"枪毙"了不少项目，规范了大型场馆的营建。据报道，至2018年3月末，综合信息平台已累计清退管理库项目1160个，累计清减投资额 1.2 万亿元①。青岛体育中心项目就因为不具备继续采取 PPP 模式的实施条件，被调整出第一批 PPP 示范项目。

PPP 综合信息平台用于收集和管理国家 PPP 政策、工作动态、项目信息等，促进项目实施过程中的公开透明竞争，提高政府对 PPP 大数据的利用，提高政府服务水平和对 PPP 工作的监督效力。

按照相关规定②，所有 PPP 项目必须列入项目库，而项目库是 PPP 综合信息平台的核心组成部分，并且项目入库与否与 PPP 综合信息平台挂钩奖惩机制，"原则上，国家级和省级示范项目、各地 PPP 年度规划和中期规划项目均需要从综合信息平台的项目库中选择和识别。未纳入综合信息平台项目库的项目，不得列入各地 PPP 项目目录，原则上不得通过财政预算安排支出责任"。同时，在该通知的附件政府和社会资本合作（PPP 综合信息平台运行规程）中提出，由各级财政部门会同相关部门评估、筛选的 PPP 项目，基本信息均应录入 PPP 综合信息平台。也就是说，若 PPP 项目欲从财政预算安排支出，原则上应纳入综合信息平台项目库。

又根据《财政部关于规范政府和社会资本合作（PPP）综合信息平台运行的通知》（财金〔2015〕166 号）的规定，PPP 综合信息平台项目库将在 PPP 项目规划、示范项目选择、财政支出责任预算安排、PPP 项目规范运行等方面发挥重要功能。

一是 PPP 项目规划的来源。各地 PPP 年度规划和中期规划的项目均需要从 PPP 项目库中筛选和识别。二是国家级和省级示范项目的备选池。国家级和省级示范项目的选择和识别，必须依托和源自 PPP 项目库。三是 PPP 项目政府支出责任安排的依据。项目库是各地财政 PPP 项目目录的唯一来源。未纳入项目库的项目，不得列入各地 PPP 项目目录，原则上不得通过财政预算安排支出责任。这与《政府和社会资本合作项目财政承受能力论证指引》（财金〔2015〕21 号）的要求是对接和统一的。四是监督 PPP 项目规范实施。项目库将根据《财政部 PPP 模式操作指南》规定的识别、准

---

① "中国 PPP 大数据"之全国 PPP 综合信息平台项目管理库，http://www.zgppp.cn/hyzx/zxdt/5912.html。

② 财政部关于规范政府和社会资本合作（PPP 综合信息平台运行的通知）（财金〔2015〕166 号）规定，http://fgw.fuxin.gov.cn/webinfoshow.asp?wid=2731。

备、采购、执行、移交等五个阶段，要求PPP项目按照国家PPP的规范开发、实施，将每一阶段的重要信息录入项目库并予以公开，便于各方监督。

PPP综合信息平台包括PPP信息发布平台和PPP信息管理平台两大部分。PPP信息发布平台以外网形式对社会发布PPP政策法规、工作动态、PPP项目招商与采购公告以及知识分享等信息。

按照《政府和社会资本合作（PPP）综合信息平台运行规程》规定，PPP综合信息平台应录入的信息包括PPP项目的基本信息，以及项目识别、准备、采购、执行和移交阶段的信息。且《政府和社会资本合作（PPP）综合信息平台信息公开管理暂行办法》（财金〔2017〕1号）具体规定了项目识别、准备、采购、执行和移交阶段应公开的信息内容。

其中，以项目库形式展示的信息是PPP综合信息平台的核心组成部分。项目库包含储备库、执行库和示范库三个子库。省、市、县级财政PPP业务部门和信息技术部门需要配合财政部PPP中心维护和管理PPP信息管理平台下的项目库。

由于大部分场馆PPP项目尚未完成（事实上相当数量的场馆还处于落地前期），就目前而言，新推出的项目的规制重点还在于抓好项目落地过程中各个环节规制的规制：工程进度、质量控制、建设成本、环境安全等。对于场馆PPP项目运营方来说，既要克服场馆类项目盈利难、业主（通常是政府）看重运营效果同时要求节约政府支出、工期紧张但要取得好结果等问题，又要考虑精准的回报机制，对市场进行充分调研，设计合理的风险分担机制，拥有高效的咨询团队，同时还要争取政府在申报审批等方面的支持。

就通过PPP方式已经建成并投入运营的场馆而言，放松政府规制是一个非常值得重视的问题。从调研的和参阅文献所得到的结果来看，政府对于场馆的过度干预，在场馆民营化过程中已经成为一个明显的障碍。政府的过度干预往往体现为运营前和运营后两个方面：运营前体现为排斥企业参与场馆规划设计环节、单方面修改设计图纸等；运营后则体现为审批审核制度过多、规定严格的经营范围等，条条框框过多。两种情况都会导致运营企业难以开展业务。

第三节 案例分析

本书所涉及的案例大多是课题组访谈的对象,包括天河体育中心、中山体育中心、武汉洪山体育中心、广州体育馆、五棵松体育馆、深圳湾体育中心、国家体育场。案例部分分为存量和增量两大部分,按照管理模式则分为事业单位管理模式、国有企业管理模式和民营企业管理模式三类。在本章中案例对应关系如表5-6所示。需要指出的是这三种管理模式与存量还是增量场馆并没有必然对应关系,对于存量型场馆而言,其经营管理模式可能包括上述三种方式,而增量型场馆虽然在本章的定义中明确指出属于民营化(PPP)类型的场馆,但是,在特殊的情况下,也可能会改变其经营模式,如鸟巢,最初是一个民营化场馆,现在北京市政府已经把经营管理权收回。

表 5-6　　　　　　　　　　案例说明

	管理模式			存量/增量		备注
	非民营化模式	民营化(政府和社会资本合作)模式		存量	增量	
	事业单位管理模式	国有企业管理模式	民营企业管理模式			
中山体育中心	√			√		
天河体育中心	√			√		
洪山体育中心	√			√		每个案例分为五个部分:场馆概况、管理机构、运营特色、运营效益、规制评价
广州体育馆		√			√	
深圳湾体育中心		√			√	
国家体育场		√			√	
五棵松体育馆			√		√	

本部分案例中所展示的中山体育中心、天河体育中心和洪山体育中心都是传统的国家投资建设方式建设的场馆(存量场馆),这些场馆多属于事业单位管理模式,但是,也有部分场馆正在尝试向民营化/企业化的方

式转变。例如，五台山体育中心，从 2015 年全年开始就与南京奥体中心合作推进管理体制改革。

一、事业单位管理模式

（一）中山体育中心

1. 场馆概况

中山体育中心管理中心负责中山体育馆、兴中体育场、体育学校训练基地、全民健身广场以及紫马岭全民健身广场的五个市政体育馆的管理。提供各种体育活动、文化表演场所和专业服务，如组织、计划、制作等；提供青少年体育培训、职业技能训练。

中山体育馆位于兴中南路，总投资 1.3 亿元，占地面积 5.3 万平方米，建筑面积 2.5 万平方米，拥有座位 5000 余个。中山体育馆举办了第十二届世界青年女子手球锦标赛、第十六届世界航空乒乓球锦标赛、第九届全运会柔道比赛以及第十届广东运动会闭幕式。中山体育馆是根据国际标准设计的，除具有运动功能外，它还具有音乐会、展览、大型会议以及健身和娱乐等多种功能。

兴中体育场是中山市政府为迎接首届世界女足锦标赛而建造的。它位于中山市政治文化中心兴中路南段，总投资超过 2000 万元。其中，香港名人和中山名誉市民霍英东先生慷慨捐赠了 700 万元港币。兴中体育场设计新颖、线条明快、环境优美。它占地面积 69000 平方米，建筑面积 12000 平方米，可容纳 12000 名观众。它可以举办国际田径，足球比赛以及大型文化表演和会议。1998 年，为迎接第十届广东省中山运动会，在兴中体育场西侧兴建了 400 米标准田径运动场作为兴中体育场的子场，有绿化带 44203 平方米。

中山市体育训练中心位于中山二路，内有人民体育场、人民游泳场、乒乓球训练馆、球类训练馆、综合训练馆和谢硕文游泳馆等建筑，总面积 57669 平方米。人民体育场主要由草地足球场和 400 米跑道田径场组成，附设可容纳 1600 人的观众席和 80 人的主席台等设施，占地面积 48123 平方米，建筑面积 6973 平方米。人民游泳场有 50×25 米的训练池两个，

25×12.5 米的室内训练馆两个，设有可容纳 800 名观众的看台，以及更衣室、保管室、淋浴池、氯气消毒室、体能训练房等。乒乓球训练馆建筑面积 3368 平方米。训练馆是三层混凝土结构：楼下为武术、举重、技巧、棋类训练房；二楼为办公室；三楼为乒乓球室，可设球台 20 张，供比赛、训练之用。球类训练馆占地 2000 平方米，为塑胶地面，可设篮球场两个，或羽毛球场 10 个。综合训练馆建筑面积 3300 平方米，投资 535 万元，也是三层混凝土结构：一层为游泳训练馆，可供温水游泳；二层为散打、摔跤、柔道训练馆；三层为体操训练馆。谢硕文游泳馆建筑面积 1015 平方米，总投资 200 万元，其中中山市荣誉市民谢硕文先生捐助 100 万元，可供温水游泳训练之用。

中山市全民健身广场是中山市政府重要的民生工程。广场分两期建设：第一期于 2003 年初建成并投入使用，投资 1200 万元（其中省、市体彩公益金拨款 200 万元）；第二期工程投资 800 万元（其中省、市体彩公益金拨款 100 万元），于 2004 年年初建成并投入使用。广场总面积约 10 万平方米，内设多功能休闲健身广场 1 个、小型足球场 8 个、篮球场 12 个、网球场 8 个、排球场 6 个、门球场 2 个、溜冰场 1 个、羽毛球场 4 个、乒乓球台 32 张、环场跑道及军事跑道各 1 条、健身路径 3 条等体育设施，灯光、音响、环保卫生间、直饮水、休憩亭、停车场等辅助设施一应俱全，是目前全省乃至全国规模较大、设施较齐、功能较全的集中型开放式健身广场。

中山市紫马岭健身广场于 2007 年 4 月落成投入使用，该健身广场（含游泳池、游泳馆）占地面积约 20000 平方米，绿化面积约 4000 平方米，游泳馆建筑面积约 3200 平方米，设有 25×25 米室内游泳池 1 个、25×50 米室外游泳池 1 个、室外儿童游泳池 1 个，还有篮球场、羽毛球场、健身器械区等体育设施，是以游泳运动项目为主的多功能健身广场。

2. 管理机构

中山市体育场馆管理中心是中山市教育和体育局直属事业单位，人员构成情况：编制 54 人，在职人员 52 人，离退休人员 23 人。中山市体育场馆管理中心主要职责是：负责市属体育场馆的管理、维护和保养工作；负责本市承办、举办的体育比赛及运动员训练场馆保障工作；为群众体育活动提供场馆服务；完成上级交办的其他工作任务。

根据上述职能，中山市体育场馆管理中心内设 8 个部门，分别是办公室、业务股、设备股、中山体育馆、兴中体育场、体育训练中心、全民健身广场、紫马岭全民健身广场。8 个部门的职能分工如表 5-7 所示。

表 5-7　　　　　　　　　中山体育中心各部门职能分工

机构	职能
办公室	负责中心的人事、政工、档案、文秘、统计、财务、仓库管理、采购、车辆管理等工作
业务股	负责对外业务联系，场地、物业租赁；承接各项竞赛、运动会及展会的组织策划工作
设备股	负责机械、电气设备、管道、线路、构件、器具、设施的使用管理、维护保养以及加工、制作、安装、改造；提供体育设备的技术指导与服务
中山体育馆	
兴中体育场	
体育训练中心	
全民健身广场	
紫马岭全民健身广场	

资料来源：根据中山体育中心官网资料整理。

3. 运营特色

中山体育馆是独立核算的单位，市体育局主要在政策方面对其进行监管，其他不进行过多的干预。在运营业态中有 CBA 赛事、演唱会、全民健身和一些其他活动，同时包括商业用房的出租，球场内下面的房子有承包给私人做其他场馆、餐饮场所的；兴中体育场主要侧重于足球和演唱会，还有场地租赁。

全民健身广场建成投入使用后，全日免费向广大市民开放到 20：00，受到了广大市民的广泛欢迎。据不完全统计，每天到全民健身广场锻炼身体的群众达 3000 多人，每年约 100 万人次；有组织的较大型群众体育活动 50 多场次；健身广场健身指导站每天组织指导群众跳健身舞等活动 500 多人次。全民健身广场成为中山市民主要的健身休闲场所，是最深得民心的民生工程，中山因此被定为全国全民健身样板城市，中山市全民健身广场被评为全国十大全民健身活动中心。

紫马岭游泳馆是紫马岭全民健身广场的主营项目。自 2007 年开放至今，连续三年被市卫生监督所评为卫生量化分级管理卫生信誉度A级单位。在2009年全市现有的148家游泳池馆中，仅10所游泳池馆荣获A级卫生信誉度单位，紫马岭游泳馆名列前茅。水质卫生是游泳池馆的生命。2009年9月，紫马岭游泳馆参加了全国优秀游泳池馆的评选。于2010年获国家游泳协会、国家救生协会批准为第八批"全国优秀游泳池馆"的先进单位。

中山市市属公共体育场馆开放服务指南如表5-8所示。

表5-8　　　　中山市市属公共体育场馆开放服务指南

市属场馆	惠民时间	备注
中山体育馆	周三、周六、周日：8：30～17：30	5～9月半价优惠开放
兴中体育场（主场）	周三：8：30～12：00 周六：14：30～17：30 周日：8：30～12：00 14：30～17：30	惠民时间免费开放，需电话预定，限7人足球，每个单位每场使用时间为1小时
兴中体育场（副场）	周三：8：30～12：00 周六：14：30～17：30 周日：8：30～12：00 14：30～17：30	惠民时间半价开放
体育训练中心人民游泳池	周六：17：30～19：30 周日：5：45～8：45 17：30～19：30	惠民时间半价开放
体育训练中心田径场	周一至周五：5：30～8：30 17：30～21：30 周六：5：30～8：30 12：00～21：30 周日：5：30～21：30	免费开放（此场所仅供休闲健身活动）
紫马岭全民健身广场（游泳池、游泳馆）	周三、周六、周日：6：00～9：00 16：30～19：30	半价开放
紫马岭全民健身广场（乒乓球场、篮球场）	周一至周日全天	免费开放 （开灯时间：19：00～22：00）
全民健身广场（轮滑场）	周一至周六：8：30～12：00 周日：8：30～21：30	免费开放（周一至周六：18：00～21：30为青少年体育俱乐部培训时间，不对外开放）

续表

市属场馆	惠民时间	备注
全民健身广场（足球场）	周一至周五：17：30～22：00 周六、周日：8：00～22：00	免费开放
全民健身广场（羽毛球场、乒乓球场、健身区等）	周一至周日全天	免费开放 （开灯时间：19：00～22：00）

注：①国家法定节假日及8月8日全民健身日，市属体育场馆免费向社会开放（游泳池低收费开放）。②中山市常住人口60周岁以上老年人及学生凭证件可享受半价优惠；特殊困难群体凭相关证明可免费优待。③学生在寒暑假期间凭学生证可享受半价优惠。④如遇承接大型活动或其他特殊情况，上述场馆将暂停对外开放。

资料来源：根据中山体育中心官网资料整理。

4. 运营效益

中山体育中心属于全额拨款的公益二类单位，收支两条线，创收全部交财政。经营业态主要有三个方面：一是大型活动，包括体育赛事、文艺演出、会展；二是商业租赁；三是群体活动。场馆大型租赁活动，首先以满足体育赛事为主，空余时间物业租赁。目前来说，整个场地的收入和支出基本持平，中心业务主要以公益为主，首先是满足全民健身，在有冲突的情况下，以全民健身为主，商业为辅。

2018年市体育场馆管理中心全年共承接了各类体育赛事及展会活动达160场次，其中市属公益类活动达48场次；市属5个体育场馆共接待健身群众达165万人次。场馆租赁、会展演出、体育竞赛业务持续发展，全年实现非税收入达585万元，取得了良好的社会效益和经济效益（见表5-9和表5-10）。

表5-9　　中山市体育场馆管理中心收入情况表　　单位：万元

项目＼年份	2017	2016	2015
财政拨款收入	2604.81	2138.66	1991.81
上级补助收入	0	0	0
事业收入	248.60	267.28	237.92
经营收入	0	0	0
附属单位上交收入	0	0	0
其他收入	0	0	0
合计	2853.41	2405.94	2229.73

资料来源：根据中山体育中心官网资料整理。

表 5-10　　　　　中山市体育场馆管理中心支出情况表　　　　　单位：万元

项目＼年份	2017	2016	2015
一般公共服务支出	2.00	0	7.98
文化体育与传媒支出	2247.61	2203.23	2133.7
社会保障和就业支出	203.28	101.50	87.98
城乡社区支出	342.61	0	0
住房保障支出	27.51	0	0
其他支出	30.40	101.21	2.16
合计	2853.41	2405.94	2231.82

资料来源：根据中山体育中心官网资料整理。

5. 规制评述

根据分类改革的思想，我国大型场馆会有部分作为公益性场馆仍然保留在事业单位序列，这种场馆主要提供基本公共服务，经费由政府提供，这部分场馆暂时不会实施民营化。

具体到中山体育场馆管理中心，这是一个公益二类的场馆，在现有的体系中定位是非常明确的。然而，在走访中了解到，场馆员工对于定位上还存在一定的模糊认识，部分员工对场馆定位为公益二类还有一定的异议。由此，可能会影响运营中的效率。

访谈中负责人反映场馆人事制度陈旧，缺乏有效的激励机制。在事业单位体制下，公共体育场馆多数员工都由上级部门直接分配，另外，薪酬制度陈旧，工作业绩与福利待遇不挂钩，缺乏有效的激励机制，使体育场馆成为"铁饭碗"。是否可以通过一定的奖励机制来调动职工积极性，如完成的超过多少之后，政府可以给予一定的福利或是奖励（"百分之几"的浮动）。

本书认为，像中山体育中心这样场地规模较小（体育场座席数1.8万），定位为公益二类体育场是比较适当的，也与其主要提供公共服务（全民健身、群体活动等）的使用性质相符。然而，在调研中了解到，也存在员工对运营机制尤其是激励机制不满的状况，这种现象可能会影响士气，进而影响运行的效率。因此，对于此类场馆如何激发员工的积极性，这是一个值得进一步研究的问题。

(二) 武汉洪山体育中心

1. 场馆概况

洪山体育中心是湖北省体育局直属正处级事业单位,是湖北省历史悠久的综合性体育中心,由洪山体育馆、英东游泳跳水馆、洪山网球俱乐部等体育设施组成。占地面积153亩,体育健身面积近7万平方米。

洪山体育中心溯源于两个主要场馆:一个是1986年建成开放的洪山体育馆,另一个是1994年落成的英东游泳馆。2008年,洪山体育馆与英东游泳馆机构人员合并,与代管的湖北省体育用品管理中心一起合并组建洪山体育中心。同时赋予洪山体育中心湖北省赛事中心和湖北省基金会的管理职能,揭开了改革发展新的一页。

湖北洪山体育馆于1986年1月1日对外开放,是湖北省第一座大型、多功能的体育馆、具有电脑控制的电子计时计分、良好的音响、先进的灯光照明、冷暖空调和内部调度等设备。体育馆可举行篮球、排球、室内五人制足球、体操、乒乓球、羽毛球、拳击、手球、摔跤、武术等各类室内比赛项目。经全国第六届城运会组委会决定,湖北洪山体育馆正式确定为六城会的乒乓球比赛场地。也是第八届中国艺术节开幕式备用主会场。

英东游泳跳水馆于1994年建成,建筑面积20000平方米,投资3000万元,为湖北省规模较大、设备先进、功能齐全、管理一流的集训练、比赛、健身娱乐为一体的综合性游泳场馆,馆内有标准游泳池、跳水池和训练池各1个。建馆以来,湖北英东游泳跳水馆接待社会各界健身群众达350万人次。湖北省跳水队培养了周继红、伏明霞、肖海亮、李青、童辉等一批世界跳水明星。2007年,英东游泳跳水馆作为六城会备用场馆,由省体育局投资790万元进行了改造,其功能和设施得以进一步完善。

洪山网球俱乐部系英东游泳馆与民营企业合资创办的湖北省第一个集健身、娱乐、休闲、培训、商务活动为一体的经营性体育场馆,主要服务场所有室内网球馆、室外网球场、壁球室、乒乓球室、棋牌室、健美健身会所等设备设施。俱乐部以网球经营为主,辅以壁球、乒乓球、客房、餐饮等项目相结合的方式,俱乐部年接待的健身群众达到40万人次,常年开设的各类培训班达2000多人次,承办的各类大、小型乒乓球、网球比赛达

40 余次。

2. 管理机构

武汉洪山体育中心是由湖北省体育局主管，主管内容主要包括：一是对领导班子的监管，对领导班子的考核任命，人员的进出管理；二是全额预算管理，包括收入支出监管；三是对服务质量和价格监管，对公益指标的监管等。洪山体育中心由九个部门组成，包括体育中心主任、人力资源部、财务与资产管理部、物业保护、动力设备部、资产开发部、体育馆、游泳馆、少儿体校。目前，洪山体育中心正在着手体制改革，计划将洪山体育中心注册成立洪山体育文化发展有限公司，将其打造为母公司，旗下将成立物业公司以及与其他公司合作，负责运营运动 APP、公益免费场地等业务。但是，在由事业改企业的过程中包括在未来改制成功后，洪山体育中心的主管单位和监管单位都不会发生改变，都是湖北省体育局。

3. 运营特色

洪山体育中心目前经营模式主要采取自主经营、租赁经营、合资经营这三种形式，综合体租赁、广告冠名、演出收入为主要的无形资产收入。2006 年拍卖冠名权，但冠名的商家并不多，冠名时间也很短。洪山体育中心的主要资产的收益是将综合体租赁给承包商，靠门票收益来维持综合体的运营。如英东游泳跳水馆、洪山体育训练馆、洪山网球俱乐部均以租赁权出售的方式汲取资金。洪山体育中心为了赶上经济发展的脚步也在积极探索多样化的经营渠道。

洪山体育中心积极探索多样化经营。目前，已在运营一家广告公司，筹备成立了洪山体育文化产业发展有限公司，对中心场馆无形资产进行开发，提供体育赛事、全民健身品牌活动的组织策划服务，承接文艺汇演，进行门票代理，对体育旅游、体育会展、体育组织及俱乐部进行营销与推广，对外输出体育场馆运营管理，提供体育场地建设与咨询等服务，正在打造集体育培训、品牌赛事、会展博览、文艺汇演、休闲娱乐等为一体的复合平台。下属物业公司采用公司化合作运营的方式，由洪山体育中心与另一家物业公司合作注册成立新物业公司，并且新物业公司主要以洪山体育中心业务为主，以形成专门服务体育的体育类物业公司。

洪山体育中心积极开展体教联合运营模式，2014年洪山体育中心由洪山体育文化发展有限公司出面，与洪山区少儿体校合作，托管了武汉理工大学体育中心游泳馆，让这个闲置的场馆重获新生。体教结合、优势互补促共赢，目前，洪山体育中心已经和武汉小学、中南路小学和何家垅小学达成合作，武昌区教育局派出专班现场督导，顺利推行。据武汉小学校长李强介绍，武汉市教育局启动了游泳进课堂的试点活动，但学校的场地和师资都难以完成这样的任务，与洪山体育中心的合作正好可以取长补短。与此同时，武汉小学在教学理念上也非常强调"童心教育"，注重要让孩子有"孩子样"。从这个理念出发，武汉小学和洪山体育中心此前就已经在篮球、足球、羽毛球、乒乓球、武术和田径等多个体育项目上展开了合作，洪山体育中心提供专业的师资支持，协助培训了超过1500名学生。

同时洪山体育中心开展"互联网+湖北"模式，2014年，洪山体育中心联合湖北日报传媒集团荆楚网组建了湖北爱运动体育信息科技有限公司，推出了全国首个互联网体育公共服务平台——"去运动"APP，目前已累积50万名注册用户和全省633家体育场馆的庞大资源。

4. 运营效益

洪山体育中心运营多年以来取得了较好的社会效益和经济效益，但也面临规划设计落后、体制机制不活、运行成本过高、公共服务能力不强等一系列问题，使中心场馆的利用效率不高，存量资源未能得到充分利用，增量资源未能得到充分开发，场馆的功能未能得到充分发挥等问题，也存在一直备受诟病的本体产业与非本体产业布局不合理等问题。

洪山体育中心坚持公益性与经营性相结合，事业化与企业化相融合，推进公共服务标准化，资源开发市场化、整体效益最大化。一手抓安全运营，一手抓场地改造；一手抓改革创新，一手抓机制再造；一手抓公益服务，一手抓公司组建。2013年共投入400多万元增建3000平方米室外全民健身设施，新增50余套全民健身器材和1.5片室外篮球场。将闲置的燃煤锅炉房改建为体质测试中心，面积达600平方米，免费向群众提供服务。同时加快内部环境的洁化、净化、美化，统一绿化设计规划，加强平面绿化管理和卫生整治，进一步优化健身服务环境和条件；另外，设法向群众提供免费低价公共体育服务,除每年 8 月 8 日对健身人群免费开放外,在五一、十一节日当天所有场馆向社会免费开放,在妇女节、儿童节、建军节、教师节等节日对特定群体免费开放。在非高峰时段,羽毛球馆、乒乓球馆和游泳馆低价向社会开放。

5. 规制评述

洪山体育中心有两个特点:一是与民营企业合作运营的模式,二是正在事业型转企业型的改革过程中。由于其运营模式的特殊性以及正处于企业转型的关键时期,政府的合理规制就显得尤为重要。由于目前中国体育场馆的法律体系仍不健全,因而法律规制是政府应当首先面临的问题,完善的法律体系的建立可以保障企业的利益,也能够确保政府没有越位监管,同时也可以对企业起到良好的监督作用。由于洪山体育中心正处于事业转企业的特殊时期,政府部门没有过此方面的经验,更易出现"越位监管、错位监管、缺位监管"的现象,因此,政府对体育中心进行法律规制是刻不容缓的。在事业转企业阶段,体育中心为了盈利,可能会忽略大型场馆的公益性,或者是无法找到公益性与经济效益之间的平衡点,针对这一点政府应采取一定的社会效益规制。由于现阶段缺少法律法规的约束,政府应当采取一定的激励性规制手段,构建政府、私营、第三部门多维互动的公共服务新秩序,向社会提供众多的公共服务,在政府与企业、政府与市场之间进行协调、沟通。在面对复杂多变的市场环境时,企业难免需要对服务产品价格、门票价格作出相应的变化,所以政府应对价格进行价格规制,鉴于企业尚在转型阶段,应根据不同阶段作出不同规制,在不断变化中寻找政府、体育消费者、生产者三方面的均衡点。

(三)广州天河体育中心

1. 场馆概况

天河体育中心位于广州市天河区,始建于 1984 年 7 月 4 日,地处广州市金融商业中心地带,毗邻广州东站,与中信广场相对,总占地面积 52 万平方米。1984 年 7 月 4 日,为迎接第六届全国运动会在广州举办,广东省政府、广州市政府在天河机场原址上兴建天河体育中心,经过三年建设,

1987年8月30日举行隆重的落成典礼。天河体育中心是六运会开幕式和闭幕式的主会场，也是九运会的主赛场。六运会后，体育中心不断发展，在全国开创同时建成体育场、体育馆、游泳馆三大场馆的先河。至今已陆续增建了网球学校、棒球场、篮球城、保龄球馆、门球场、亚运体育文化中心六个场馆，以及全国首条全民健身路径、全国首个儿童乒乓乐园等一批免费开放的户外体育设施，运动项目达20多个。2011年广州恒大淘宝足球俱乐部把广州天河体育场定为主场。2016年2月初，广州市体育局与恒大俱乐部签订了承租合同，俱乐部承租天河体育中心内场，每期出租年限5年，实行有条件续签，总租期累计不超过20年。

天河体育中心主体建筑包括"一场两馆"三大建筑。天河体育场坐落在天河体育中心腹地，1987年竣工，承担了第六届全运会的开闭幕式，田径运动项目的11场次决赛，足球半决赛、决赛等共29场赛事活动。天河体育中心以其先进的硬件设施和全场职工的敬业奉献精神，使"六运会"在该场的赛事办得"隆重、热烈、精彩、圆满"，受到国际奥委会主席萨马兰奇的高度称赞。天河体育馆占地面积25600平方米，主馆建筑面积17159平方米，可容纳观众9000人。天河体育馆于1987年8月30日落成使用，是一座综合性多功能的场馆。其能承接篮球、排球、羽毛球、乒乓球、网球、手球等室内项目国际比赛。同时具备大型文艺演出、会议展览等功能。天河体育馆得天独厚的地理位置，使它在不同形式的广告发布中，具备了直接有效的效果，成为商家必争的阵地。天河游泳馆可满足游泳、花样游泳、水球等水上竞技项目的要求。游泳池水净化系统采用国际先进的循环过滤和臭氧消毒设备；比赛灯光采用从英国引进的GEC灯；音响系统采用进口高品质设备，备有三路数字延时电路，使观众席、池面及水下音响效果达到同步，为花样游泳比赛提供完美的音质和音量；电子计时计分系统采用SEIKO提供的最新设备，确保精确性能。馆内观众席分六个区，共有3000多个座位。2003年游泳馆对跳台进行了改造，增设了5米和10米的双人跳台，完全满足举办各种国际大赛的需要。

2. 管理机构

广州天河体育中心不同的场馆有不同的上级主管单位，下面以三个主场馆进行说明，天河体育中心体育场和体育馆是由天河体育中心主管，游泳馆是由广州市体育局直管。天河体育中心体育场、体育馆、游泳馆都属于事业单位，但是只有游泳馆受政府财政资助。天河体育中心由广州市体育局直接监管，广州市财政局、广州市工商局、广州市物价局等部门参与间接监管，间接监管内容包括国有资产的出租出借、广告开发、票价制定等。

天河体育中心作为广州市体育局直属的处级行政事业单位，下辖体育场、体育馆、游泳馆、棒球场、网球学校和武术馆六大场馆，自2003年实行大中心统一管理后，中心机关及各场馆在编人员总人数为273人，中心属下各场馆依然保留独立法人的资格，财务独立编制预算、独立核算。中心机关设有办公室、政工部、经营部、场管部、竞训部、财务部、保卫部七个行政部门。天河体育中心作为政府的公益事业单位，不但开放场馆为广大市民提供一流的健身运动场所，而且还充分利用了各种社会资源举办各种体育活动和赛事，形成政府主导和社会、民间力量共同参与的多元化经营格局。

广州天河体育中心为财政核补的事业单位（除武术馆属于政府财政全额拨款单位外，其他均为财政差额核补单位），根据体育中心日常体育事业发展的需要，市财政局每年都向体育中心拨款，以保证中心的正常运营。

3. 运营特色

天河体育中心作为大型公共体育场馆，进入21世纪后在场馆经营管理等方面有较大突破，大多数场馆实现了由行政型管理向经营型管理的转化，场馆一改过去单纯依靠租赁、出租业务等简单经营方式，利用自身的场馆资源、专业培训能力开展了形式多样的经营模式，经营收入日趋多元化。天河体育中心以突破场馆经营"瓶颈"着手，加大体育产业链开发，通过项目门类较为齐全的体育活动开发和树立场馆的品牌，同时积极拓展体育经济互动圈，达到体育场馆的经营方面互动、互利的目的。其主要表现在以下几个方面：

一是积极拓展竞赛、表演市场。中心各场馆主办和承办国内外重大体育比赛每年都超过了40场次；让广州市民能近距离欣赏到国内乃至世界最高水平的体育赛事；群众体育活动每年数百场次，包括每年一度的体育节、广场体育嘉年华活动、元旦万人健步行、中外友人运动会、英语体育夏令营等，大多都为形式新颖、多样，群众喜闻乐见的群体活动，这些活动的蓬勃开展，标志着广州市竞赛体育和群众体育市场的日渐成型和快速发展；各场馆安排和组织的多项企业赛事既丰富了中心办赛的种类，也对场馆的经营创收形成了有益的补充。积极举办大型文艺演出：举办了大型文艺表演活动和演唱会120多场，每年引进、举办了各类展会、人才交流会逾百场次，获得国家体育总局和社会各界的广泛好评。

二是全面提高全民健身服务水平。天河体育中心各场馆为市民群众提供体育健身、休闲、娱乐等服务项目51项，利用现有的场馆设施，积极对社会开放。既满足了群众体育健身需求，又取得了良好的经济效益。

三是积极培育和发展体育培训业。中心各大场馆充分发挥场地和教练的资源优势，满足社会需要，有针对性地开设个人体育技能的提高和训练，开展了足球、篮球、游泳、武术、网球、羽毛球、乒乓球、棒垒球等10多个项目的社会培训班。

四是无形资产的开发。广州天河体育中心的无形资产开发的方式主要有出售体育广告赞助、电视转播权、广告媒体出租和管理、体育技术服务甚至将无形资产转让，大型赛事的广告冠名商有恒大冰泉、加多宝、白云山等，某些赞助商赞助费用达到1000万元人民币。此外，恒大俱乐部此前已经开通了衍生产品的天猫店，在天河体育中心也有实体店，销售的品种包括球队训练服、比赛服、球迷服、帽子、围巾以及许多官方授权生产的恒大足球队纪念品。

4. 运营效益

广州市天河体育中心收入主要由三个部分组成：第一，事业收入，主要包括体育比赛收入、门票收入、广告赞助收入、体育技术服务收入和无形资产转让收入；第二，经营收入，主要包括销售收入和租赁收入；第三，财政资金收入，一般包括财政补助收入、上级补助收入和彩票公益金收入。

广州天河体育中心支出项目可以分成三类：第一类为人员支出，即公共体育场馆经营中与人员相关的一切费用，主要包括两部分：一部分是职工工资、奖金、社保等费用；另一部分为离退休员工退休费、生活补助、医疗费、住房补助等。第二类为经营业务支出，体育场馆经营业务所产生的各种费用，主要包括水电气费、绿化安保费、办公费、交通费、差旅费、会议费及各种税费等。第三类为场地器材支出，即场地器材的购置和日常维修的费用。由于场馆运营时间长，大规模更新和维修场地器材产生的费用一般以政府专项拨款或上级财政补贴的方式支出，场馆自身并未承担。

天河体育中心作为利用社会资源配置建立起来的公共体育场馆，其社会公益性是区别于其他商业设施及建筑的显著特点，也是充分利用场馆资源的有效办法和途径。因此，天河体育中心秉承"积极回馈社会"的宗旨，每年投入大量的资金和精力于社会公益事业，增加公益活动的支出，以实际行动来回馈社会。

中心及下属各场馆每年为社会公益性活动作出力所能及的贡献，受到社会各界的好评。下面一组数据显示了中心每年举办和协办的社会公益活动的频繁程度，其中，除了赛事活动、商业演出和场地租赁的时间外，中心充分地将场馆的资源进行优化配置，把场地有效地调动和利用起来，积极投入社会公益性活动中，珍惜每一部分宝贵的社会资源。

天河体育中心还针对市民群众的需要，推出多项便民措施：（1）中心对南大门广场进行了综合改造，改造后的南广场为市民群众提供了更宽敞的休闲体育场地；（2）原南广场两边的大草坪拆除了围栏，种上了特殊的草种，可供市民在上面踩踏和休憩、活动，大大地增加了市民群众的活动范围和空间；（3）每月定期在南门大草坪上，免费为外来务工人员和市民群众露天播放主旋律电影，深受人们的喜爱和好评；（4）为弱势群体如老人、残疾人和下岗人员提供优惠或减免他们的门票；（5）热心支持公益事业，中心平面和各场馆每年积极参与举办、协办各种公益活动。在举办这些公益活动时，中心都给予减收甚至免收场地租金的优惠政策，如为"客家山歌飘天河"扶贫晚会无偿提供演出场地，并积极进行了捐款，共为梅州兴建兴宁体育馆募集285万元，探索出一条扶持贫困地区体育事业发展的新路子。还积极响应市委、市政府号召鼓励各场馆开展对口扶贫活动，每年为广州周边的贫困村、镇捐钱捐物。通过这些活动，充分体现了天河体育中心作为一个社会公益性单位，时刻不忘为人民服务的宗旨。

5. 规制评述

通过对天河体育场相关负责人的访谈资料进行整理后发现天河体育中心在日常的运营管理工作中存在一些问题，如赋税压力大、维修成本过高、管理部门职责划分不清晰等。在场馆规制过程中应当注意以下一些问题：

（1）法律规制。广州市目前有关体育场馆的法律、条例、办法仍不足以支撑起管理部门对体育场馆全方位的管理，在管理过程中管理部门职责划分不明，如广告招商权的问题、广告收入分配的问题、广告布置过程中的城市管理问题等。所以政府对场馆的法律规制迫在眉睫，必须进一步加强立法，尽快构建体系完善、门类齐全的体育场馆法律体系。

（2）安全规制。天河体育中心建成至今已有30年历史，时间长，设备老化，容易造成安全问题，所以体育中心每年需要申请大量资金用于场馆维修，同时应注意到在经济利益的趋势下，体育场馆会不会挪用维修资金用于其他方面的运营，从而增大场馆的安全隐患。所以政府应加大安全检查力度，定期对体育场馆进行安全排查，降低事故发生可能性，并建立评估体系对每次安全检查进行评估并作出奖惩。

（3）服务质量规制。在政府对大型场馆的公益性原则作出明确规定后，体育场馆需要牺牲一定的经营收入以满足社会公益性需求，与此同时可能会出现服务质量下降的问题，如果为了满足社会公益性而服务水平、公共产品质量并没有进步，那么这种情况的公益性价值是消减的。所以政府对体育场馆服务产品质量的规制就显得尤为重要，应建立服务产品质量评估体系，从而明确服务质量优劣。

（4）准入规制。天河体育中心的安保、绿化、保洁等业务采用外包的形式外包给更专业的公司，在外包的过程中，是否采用公平、公开、透明的招标方式是政府应该参与监管的，并且应对外包公司的资质进行全方位的评价，以此避免将资质差的公司混入。

二、国有企业管理模式

（一）广州体育馆

1. 场馆概况

广州体育馆位于广州新广从公路原白云苗圃地段，是广州市的重点建设项目，是广州市跨世纪的标志性建筑之一，它是室内体育场馆，可进行国内外球类、田径项目、各类体操比赛等大型比赛，此外还可以举办各类会展、文艺演出，是一所名副其实的多功能综合性体育场馆（以体育比赛为主，兼顾文娱会展等）。作为一项综合性多功能的体育设施，已取代原位于解放北路和流花路交会处、越秀公园附近，已于2001年5月18日爆破拆除的原广州体育馆。

广州体育馆是为中国第九届运动会投资13亿元建设的一座现代化综合性多功能体育设施，奠基开工时间为1999年2月11日，历经约16个月时间的修建，竣工及投入使用时间为2001年6月30日，是"九运会"体操、篮球等项目的比赛地和盛大的闭幕式举办地。广州体育馆由法国著名建筑设计师保罗·安德鲁设计，项目占地约24万平方米，建筑面积近10万平方米，主要建筑包括：1号馆主场馆（比赛馆）、2号馆训练馆、3号馆大众活动中心三个场馆和行政楼、能源中心、运动员村、停车场和商业设施等，其中1号馆能容纳10088人，是一个以体育比赛为主，兼顾文艺表演、会议、展览的多功能综合性体育建筑。其主场馆的建筑面积近4万平方米，座位1万多个，在入口设有圆形广场，方便人流集散。训练馆总建筑面积近2万平方米，馆内设有体育项目练习区、游泳池、篮球场、赛前热身室、科技厅等配套设施。大众活动中心建筑面积9000多平方米，设有体育娱乐活动场、健身活动场及体育娱乐商业区。

新体育馆位于白云大道，与白云山浑然一体，从白云山顶看去，可见由三片形似树叶相连的白色建筑物，融入了白云山秀丽的景色之中。到了夜晚馆内灯光直透顶层，呈现三个透明的亮斑，犹如三朵白云环绕在白云山山腰。新体育馆主要由包括主场馆、练习馆、大众活动中心3个场馆组成，3个场馆均为椭圆花瓣造型，组合起来就像是广州的市花——木棉花。

广州体育馆的建设与经营管理采取的是以政府投资为主、企业参与投资，并由企业负责全面建设经营管理的PPP模式，其工程建设及场馆经营管理的招标投标于1998年揭晓，经过公开招标和竞标，广州珠江实业集团有限公司（以下简称"珠江实业集团"）一举中标，被广州市政府定为建设经营管理单位。同年9月25日，双方在广州举行了签约仪式。广州体育馆的建设总投资约13亿元，由广州市政府主投资约7亿元，广州珠江实业集团有限公司参与投资约6亿元，珠江实业集团负责全面建设与经营管理。体育馆建成后形成的资产，属于体育竞赛场所的产权归属市政府，属于商业服务场所的产权归属经营投资单位,经营单位同时享有体育馆及其附属设施的经营权,经营收益归经营单位所有,并要按合同规定的数额回报政府的投资;运动员村在"九运会"无偿使用后,作为商品房出售,所得收益归经营单位所有。这一由政府与企业联合投资、企业经营管理大型体育馆设施的模式在国内为首例。项目建成后,珠江实业集团成为大众体育活动中心的业主,除此以外的其他建筑物的业主仍然是市政府代表机构——广州市体育局。珠江实业集团在项目竣工时(2001年6月30日)成立了广州珠江体育文化发展有限公司,全面负责广州体育馆的经营管理工作。

2. 管理机构

广州体育馆的运营完全按照企业化、市场化的模式进行经营管理。广州珠江体育文化发展有限公司实行董事会领导下的经营班子负责制,对决策、执行、监督的各个环节实行全程管理,在组织设计上围绕高效运作目标来设置组织架构,做到因事设岗,严格进行成本核算和控制;在人员使用上除了经营班子由珠江实业集团聘任外,其他员工全部实行合同聘任制。公司实行自负盈亏,政府不再支付体育馆的管理费用,人员工资与福利、水电费、办公费以及设备设施的日常维护等费用,都从公司对体育馆的经营收入中开支。

(1) 组织架构:广州珠江体育文化发展有限公司设置市场经营部、项目部、行政部、财务部、设备工程部和保安部六个部门,广州珠江体育文化发展有限公司现行组织构架如图5-2所示。广州珠江体育文化发展有限公司各子部门承担职责情况见表5-11。

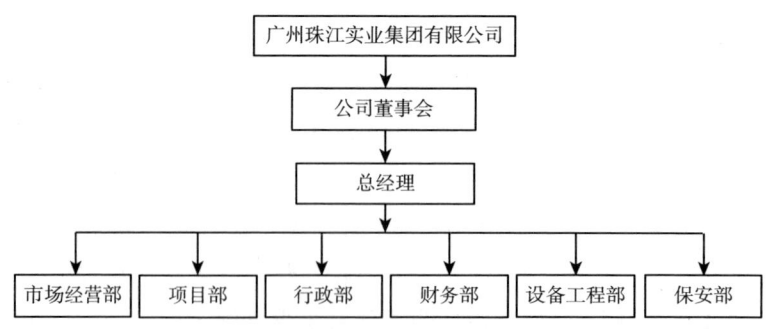

图5-2 广州珠江体育文化公司组织结构

资料来源:根据广州体育馆官网资料整理。

表5-11　广州珠江体育文化发展有限公司各子部门承担职责情况

部门名称	承担职责
市场经营部	负责市场开拓、自营项目经营管理、大型活动的承办策划、经纪和客户服务
项目部	负责公司有关体育文化产业的调查研究,对外拓展项目的甄选立项及执行等工作
行政部	负责公司的行政事务,协调政府主管部门关系,组织人力资源和物业管理
财务部	负责公司的财务管理
设备工程部	负责场馆设施设备保障、保养、维护,舞台、灯光音响制作及其出租业务的经营管理
保安部	负责公司的安全保卫、治安管理和消防安全管理

资料来源:根据广州体育馆官网资料整理。

(2) 管理体制及规章制度:广州珠江体育文化发展有限公司运营管理各方面的规章制度已经基本建成,建立了一整套部门、岗位的责任制度,对设备设施的管理、治安与消防管理、资金与财务管理、人力资源管理和经营场所与服务管理制定了一系列的工作程序和工作标准,特别是对大型活动的保障和场馆的紧急情况的应急处置都形成了有效的方案与措施,并在运营实践中不断充实和完善。

3. 运营特色

广州珠江体育文化发展有限公司在经营方面,主要做了以下方面的工作:

(1) 开拓大型活动市场。组织和保障专业展览、文艺演出、体育竞赛和大型企业会议等活动,通过优质服务打动、吸引和留住客户,努力培养品牌项目,如明星演唱会、羊城晚报举办的"汽车嘉年华"、广州电视台举办的"美在花城"和汽车市场咨询调研、新车上市的新闻发布等活动,这些都成为广州体育馆具有影响力的品牌项目。这些大型活动自2008年以后发展迅速,业务量大,已经成为该场馆的主要收入来源之一。

(2) 悉心培育群众体育活动市场。充分利用广州体育馆场地资源为广大市民提供最喜爱的体育运动项目,如羽毛球、乒乓球、篮球和游泳等,建成了广州市羽毛球场地最多的羽毛球场馆;组织体育专业人才,主动为企、事业单位提供体育竞赛的策划、组织和裁判服务;利用寒、暑假积极开展青少年体育文化的培训,将广州体育馆建成青少年体育文化的培训基地。

（3）尽可能开展物业租赁业务。在可用于商业开发的物业非常少的情况下，尽可能地压缩本公司的办公用房，而将通风条件较好的行政楼和场馆的部分原办公场地用于出租。

（4）提升管理水平、培养优秀的体育场馆管理人才。事实上，通过对相关负责人的访谈了解到，广州体育馆在短短3年的时间里迅速实现扭亏为盈的光鲜外表下，与广州市政府在签订协议时给予的优惠政策"运动员村在'九运会'无偿使用后，作为商品房出售，所得收益归经营单位所有"密不可分。早期2001~2003年的广州体育馆亏损金额主要靠这部分商品房的赢利来维持场馆的正常运营，这也体现了在谈判初期，中标单位与政府之间良好的沟通。

（5）管理理念与手段：探究其运营管理方式发现"星级酒店管理"理念是亮点：①服务型理念，顾客就是上帝；②按不同身份制定整齐职业套装；③各项规章制度明晰全面；④打造企业文化，树立优质品牌。在管理手段方面：①严格控制用人规模，降低用人成本，调整组织结构和人员编制，鼓励和培养员工一专多能，提高工作效率；②组织节能改造，降低能耗成本；③减少对外委托项目，提高对外委托效率；④采取行之有效的激励措施，调动员工积极性；⑤加强财务与资金管理，严格控制费用开支，降低经营管理成本。

多年来，广州珠江体育文化发展有限公司积极开展文化体育产业的研究与项目开发，在场馆管理、赛事推广、文化康体项目开发方面进行了大胆尝试，形成了独特优势。公司在运营管理广州体育馆的过程中，将珠江实业集团在酒店和物业管理领域的专长，融于体育场馆的管理，开创了国内体育场馆酒店式管理的先河，率先在国内建立起了符合现代服务业要求的体育场馆管理体系。凭借在体育场馆运营管理领域的丰富经验和专业品质，公司已成为国内为数不多的最具影响力的体育场馆管理的专业机构。未来，该公司对广州体育馆的定位为广州市民的健康加油站、企业活动和庆典会展的最佳平台、华南地区最具影响力的演艺中心、国内最具特色的青少年运动培训中心，广州的文化名片，国内体育场馆运营管理的标杆之一。

4. 运营效益

广州体育馆经营收益主要包括大型活动、商业租赁、文体活动三部分，其中大型活动收益为主要部分，占 30%～50%，商业租赁收益占 20%～30%。广州体育馆用于长期租赁的建筑面积约 11000 平方米，其中包括高档 KTV 3000 多平方米，SPA 水疗 3000 多平方米，还有健康食府、小型艺术馆、茶餐厅等。2015 年广州体育馆年度经营收入为 3341 万元，年度经营支出为 2779 万元；2016 年广州体育馆年度经营收入为 3500 万元，年度经营支出为 2992 万元。2015 年利润为 562 万元，2016 年利润为 508 万元，虽然略有下降，但基本可以做到略有盈余。广州珠江体育文化发展有限公司在 10 年的探索与创新中，始终坚持"以人为本，顾客为尊，合作有序，创新发展"的经营理念，发挥广州体育馆环境与人文的优势，整合白云新城日益成熟的商业、旅游、文化资源，形成了以广州体育馆为主要运营平台，以体育场馆管理、赛事推广、文化康体项目开发为发展平台的独具特色的经营格局，包括演唱会、文化交流、体育竞赛、庆典会展、团体文体活动、青少年运动培训、餐饮、娱乐、休闲、羽毛球、游泳、乒乓球、篮球等，探索出中国体育场馆企业运营管理的一条路子。

如表 5-12 所示，2017 年 9 月至 2019 年 8 月广州体育馆承办活动共 45 场。其中体育赛事共 10 场，占到了 22%；演唱会 31 场，占到了 69%；会展等其他活动共 4 场，占 9%（见图 5-3）。可以看出广州体育馆大型活动主要以商业演出为主，体育活动不是太多。

表 5-12 2017 年 9 月至 2019 年 8 月广州体育馆承办活动一览表

时间	类型	活动名称
2019.8.23	体育赛事	2019 年"珠江实业杯"中巴国际男篮对抗赛
2019.7.21	体育赛事	2019 年"珠江实业杯"中塞国际女篮对抗赛
2019.7.13	演唱会	Gin Lee 李幸倪 First Of All Live 2019——广州站
2019.7.6	演唱会	李克勤庆祝成立 30 周年演唱会——广州站
2019.7.6	演唱会	陈绮贞 20 周年演唱会——漫漫长夜 Cheer 20 广州站
2019.6.29	演唱会	一万天荒爱未老 周慧敏 30 周年演唱会 广州站
2019.6.16	演唱会	"向男孩地带说再见" BOYZONE 男孩地带中国告别演唱会——广州站

续表

时间	类型	活动名称
2019.5.12	演唱会	FanFan 范玮琪"在幸福的路上"世界巡回演唱会广州站
2019.4.12	演唱会	花泽香菜 2019 巡回演唱会广州站
2019.3.30	演唱会	生和堂之夜 We are Mister 音乐会广州站
2018.12.29	演唱会	洪卓立拉阔演唱会
2018.12.15	体育赛事	2018 年世界柔道大师赛
2018.12.8	演唱会	Nights with AGA 演唱会巡演 2018——广州站
2018.12.8	演唱会	二十·羽泉 20 周年宝骏 530 广州演唱会
2018.11.24	演唱会	I'm A-Lin 世界巡回演唱会——广州站
2018.11.10-11.11	体育赛事	首届粤港澳大湾区乒乓球联赛总决赛
2018.9.15	演唱会	经典琴歌——蔡琴 2018 广州演唱会
2018.9.1-9.2	会展活动	2018 广州第三届南方国际惠民车展
2018.8.18	演唱会	2018 乐华七子-NEXT 巡回粉丝见面会——广州站
2018.8.11	演唱会	草蜢 17385 世界巡回演唱会广州站
2018.8.8	体育赛事	2018 白云区全民健身日"体彩杯"第三届广场舞大赛
2018.6.29	体育赛事	"走进新时代,羊城夕阳红"广州市社会化管理退休人员趣味运动会
2018.6.22	体育赛事	广州市第九届职工运动会
2018.6.6	演唱会	橄榄现场·Joanna 王若琳音乐会——广州站
2018.6.2	演唱会	崔健滚动三十 OLive 橄榄现场广州演唱会
2018.5.26	演唱会	邓丽欣——等你约会我演唱会——广州站
2018.5.19-5.20	体育赛事	2018 年广州市第十届"市长杯"时代中国乒乓球百姓系列和谐赛
2018.4.29-5.1	会展活动	2018 年南方国际汽车展
2018.4.21-4.22	体育赛事	2018 盈通杯大客户羽毛球联谊赛
2018.1.27	演唱会	次元纪之仙音召唤演唱会
2018.1.20	演唱会	伍佰 China Blue 摇滚全经典之全面对决演唱会
2018.1.19	演唱会	Nights with AGA 演唱会广州站
2018.1.13	演唱会	2018 杨宗纬"声声声声"VOCAL 巡唱 PLUS——广州站
2018.1.7	演唱会	2018 MC JIN 欧阳靖"I AM HIPHOPMAN"巡回说唱演唱会——广州站

续表

时间	类型	活动名称
2018.1.2	音乐会	"浪漫辉煌四十年"理查德·克莱德曼全球纪念巡演音乐会——广州站
2017.12.31	戏曲综艺	2017 德云社——岳云鹏相声"爱岳之城跨年专场——广州"
2017.12.24–12.24	演唱会	音乐剧《刀剑乱舞》——真剑乱舞祭 2017 年 12 月 24 日场
2017.12.16	演唱会	2017 魏晨旅程十周年巡回演唱会广州站
2017.11.11	演唱会	TWO R 嘻哈风暴 广州站
2017.10.28	演唱会	《古巨基"我们"世界巡回演唱会 Part 2》广州站
2017.10.14	体育赛事	GLORY46 荣耀格斗——世界格斗冠军赛（首战中国——广州）
2017.10.7	演唱会	"青年晚报"——许嵩 2017 广州演唱会
2017.9.23	演唱会	周柏豪 ONE STEP CLOSER PAKHO LIVE 2017 广州演唱会
2017.9.9	演唱会	2017 许冠杰巡回演唱会——广州站
2017.9.2	演唱会	侧田 Chapter Free 演唱会 2017——广州站

资料来源：根据中山体育中心官网资料整理。

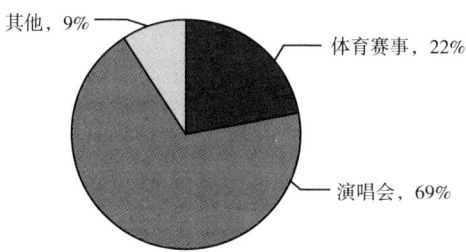

图 5-3 2017 年 9 月至 2019 年 8 月广州体育馆承办活动比例

5. 规制评述

广州体育馆作为一个较早的 PPP 项目，经过近 20 年的运营，现在已经成为一个较为成功的政府和社会资本合作的范例。现在，运营方（广州珠江体育文化发展有限公司，以下简称"珠江公司"）不但把广州体育馆做得风生水起，而且输出了管理经验，目前由其运营或协助管理的场馆还有广州亚运城体育馆、济宁体育中心、兖州体育中心、微山体育中心等。就本案而言，广州体育馆能够取得成功，与政府较为宽松的管制政策带来的良好的发展外部环境是分不开的。

尽管如此，广州体育馆在建设和运营过程中，政府不良规制也带来了一些消极的影响。

首先，场馆设计违反 PPP 理念，政府主导场馆设计，企业意见缺席。据了解，珠江公司并没有参与广州体育馆的设计环节，政府拿出一个设计方案后进行公开招标，珠江公司作为中标企业是从建设环节开始运作的。政府的干预结果是场馆在修建方面带来很多问题：过于注重美观不实用；设计问题导致能耗大；商业面积小，严重影响后续经营。在经营过程中，还存在履约不到位的现象，存在部分欠款、答应的事情不能兑现等。另外，在同为珠江公司运营的广州亚运城场馆配套设施存在严重问题。

政府在建设体育场馆之前由于缺乏合理规划，对场馆赛后经营考虑较少，逐渐暴露出空间布局不合理、功能单一等问题，严重影响了场馆的经营开发。广州体育馆采用的下沉式设计，增加了排水排污的水泵能耗、功能房的照明能耗和通风能耗，给赛后经营带来困难。因此，应当在项目设计阶段开始就让社会资本全程参与进来，特别是设计阶段，场馆的运营能否成功，设计方案是一个非常关键的因素，而赛后运营是由企业来（如珠江公司、华熙集团等）来运营，因此，他们的意见、观点是非常重要的。

在建设场馆初期，应当全方位考虑宏观外部因素、微观外部因素和场馆内部环境等。结合大型场馆周边的地理区位、人文环境、政治、经济、文化等宏观外部因素；市场供求、场馆行业竞争力、体育产业发展情况等微观外部因素以及场馆内部环境等进行综合考虑，找准场馆的功能定位。

（二）深圳湾体育中心

1. 场馆概况

深圳湾体育中心位于南山后海中心区东北角、深圳湾15公里滨海休闲带中段，毗邻香港，北临滨海大道，西临科苑南路，东临沙河西路，南临深圳湾内湖，东西长约720米，南北宽约430米，占地30万平方米，总建筑面积33.5万平方米，总投资约24.5亿元，包括体育场、体育馆、游泳馆、运动员接待中心、全民健身设施及商业配套设施。体育场作为足球预赛场，可容纳观众2万人，体育馆为乒乓球决赛场，可容纳观众1.3万人，游泳馆为游泳训练池，可容纳观众2000人。深圳湾体育中心是2011年第26届世界大学生夏季运动会的主要分会场，在大运会期间体育中心承担足球预赛、乒乓球决赛、游泳训练等功能和赛会的开幕式，也是深圳的重点城市景观和公共活动空间。

深圳湾体育中心，寓意"春茧"的独特设计通过银白色的巨型屋面网格结构对"一场两馆"及商业设施进行了建筑空间的一体化紧凑设计，对赛前和赛后的综合利用十分有利。同时，这一场两馆是开放式的，东西南北四个方向均有通透的开口，均可以通过舒展的缓坡轻松进入，方便市民出入，也达到了人与自然的融合。

深圳湾体育中心作为因大运会而生的新建场馆，采用了"政企合作"的创新型建设运营模式将深圳湾体育中心整体交由华润集团投资、建设并运营，经营期满后移交给政府。据悉，华润集团先后投资24.5亿元用于兴建深圳湾体育中心，在建成之后的50年由华润集团经营管理，经营期满后移交给政府。深圳湾体育中心举办过世界大学生运动会之后，华润与南山区政府合作将体育场馆进行赛后利用，华润主要针对室内外体育场、体育馆、游泳馆和其他用房进行改造，统一招商引资，把深圳湾体育中心完整地运行起来。物业出租、大众健身、大型活动构成体育中心经营收入的三大支柱。

2. 管理机构

"春茧"的土地性质为划拨，项目所有权属于政府，经合法的采购程序，华润集团被确定为"春茧"的运营主体。华润集团为"春茧"成立了专门的项目公司，属于华润集团的全资子公司。纯市场化运营，关于运营绩效考核，在运营合同中有初步约定，但线条较粗。而华润自身有详细和严格的内部考核体系，可以保证运营质量。深圳湾体育中心上级主管部门是深圳市体育局，但深圳市体育局委托南山区文体局来监管，在这个方面，相对来讲深圳湾体育中心自由度非常大，还是按照自己的经营方向去走。

（1）政府职责：为深圳湾体育中心的经营争取政府相关优惠政策；尽力同深圳市相关政府部门及其他有关单位协调，为深圳湾体育中心创造宽松的经营环境，维护企业的合法权益；对企业进行监督，并通过相关职能部门对企业运营管理的场馆及其设施进行具体监管。

（2）企业职责：在受托期限内对深圳湾体育中心依法自主进行运营管理；保证在受托运营管理期限内，深圳湾体育中心正常运营，其中公共体育设施部分应保证每年不少于280天对外开放，场馆设施均获得正常的维护及保养；体育中心采取企业兴建、委托运营、政府补贴、产权归政府所有的模式，在投入运营的当年即实现了盈利，经营收入规模排在全国同类场馆前列。

3. 运营特色

采用"BT+委托运营"运作模式进行，具有前瞻性，奠定了运营主导的基础。本项目由华润代建，建成后移交给政府，为大运会赛事之用，赛事之后，政府再将"春茧"委托给华润运营。运营期为50年，这样的设计有利于企业更用心去经营、更着力去维护、更长远去考虑。目前，"春茧"的辐射和带动效应已经逐渐显现，围绕"春茧"的综合片区开发正在大规模展开。

以运营为核心的设计、建设和运营一体化模式贯穿始终，是"春茧"运营成功的关键。（1）设计阶段即遵循以运营为核心的理念，请专业的运营团队参与和把关设计，诸如"春茧"体育馆的体量即是上述理念的成果。（2）实现赛事期到运营期的顺畅过渡及高效转换。华润负责运营管理的工作人员与组委会的公务员组成联合团队，协助完成亚运赛事期的管理和运维服务。华润团队一直在协助赛事期的管理，对整个"春茧"的情况十分熟悉，所以从赛事期到正式运营期的转换是非常高效和顺畅的。2010年8月10日，大运会赛事刚刚结束，"春茧"即于9月6日成功举办大型明星演唱会，10月10日商业正式开业，转换期仅仅用了两个月的时间。目前，参与过赛事期管理的华润员工，仍占项目公司骨干团队的八成以上，是确保"春茧"高效运转的中坚力量。

以举办大型活动为基础，全民健身为导向。在完成第26届世界大学生夏季运动会规定的比赛任务以后，"春茧"即成为南山区全民健身的核心场所，成为国内外大型体育赛事的重要赛场，深、港、澳博览会展的亮丽平台，逐步发展为辐射珠三角的知名演艺中心。"春茧"大大提升了整个后海地区以及深圳的影响力。"春茧"无法容纳的大型活动，都转而放到深圳大运中心举办，进而提升了整个深圳大型文体活动的影响力，形成了一定规模的集群效应。

以"儿童体育文化教育类为主的目的性消费"配套商业模式日臻成熟。华润将商业定位于"寓教于乐"的儿童培训，2011年，这被看作是一种"不走寻常路"的表现，在当时以文体配套消费以及功能房出租为主流的商业模式看来，显得格格不入。但几年的实践下来，上述商业模式已经日臻成熟。"春茧"不但培育了一批像金宝贝和万国击剑等连锁经营的儿童文体培训机构，也聚集了一批"80后"和"90后"及其子女的年轻客户群，实现了人群的聚集效应，形成了文体业态相关的早教培训、运动培训、艺术培训和配套餐饮零售等全产业链的整合。

场馆设计的空间布局是关键。深圳湾体育中心主体育场采用了2万座位的设计，这样的中型体育场既能满足市场化的需求，也能节约人工和能耗成本。而当时国内6万座以上的体育场运营多为亏损状态，这样的大型体育场并不符合主流的市场需求，同时巨额的成本支出又是政府沉重的负担。此外，深圳湾体育中心的设计也是节能的典范，因有众多的通风口，深圳湾体育中心的自然通风非常好，利用峰谷电价、采取冰蓄冷的方式，可节约空调电力，降低能耗支出。另外，场馆将闲置的过道改造成12片羽毛球场，此举不但可以高效利用空间、增加场馆的创收能力，又可满足深圳市民高涨的全民健身需求。

4. 运营效益

深圳湾体育中心运营首年即实现盈利，这在国内也是比较鲜见的。政府每年对深圳湾体育中心有2000万元左右的财政补贴，但需要场馆在开展全民健身方面满足最低考核要求的前提下才可以拿到。华润置地负责深圳湾体育运营的团队，在大运会结束后预见性地提出了"平战结合，常用常新"的理念。在建设初期便将赛后运营充分考虑在内，从集约规划的"三馆合一"，到运动设施的"按需配置"，再到配套商业的"主题定位"，使深圳湾体育中心在大运会后迅速完成转型。2014年，除去木棉花酒店收入，整个深圳湾体育中心有约1.2亿元的收益，其中有大概1000万元的利润，这在国内是非常罕见的。

深圳湾体育中心的大型活动开展得非常理想，演唱会特别多，基本每月都有几场，大型活动对深圳文体产业发展形成明显的带动效应。其次是在商户定位上瞄准了儿童培训行业，在春茧2.6万平方米的配套商业里，关于儿童培训的店铺五花八门。有武当大学堂、天骄射箭学院、橄榄球学院、壁球会、击剑馆、非常歌手、港龙舞蹈、国乐飘香、跆拳道馆、马斯特音乐中心、汉普森英语、科睿机器人、街舞艺术馆、国际滑翔伞等，很多深圳的小孩周末和寒暑假都是整天泡在里边的,这也带动了餐饮等商业的进驻。

深圳湾自大运会使用以来,盈利状况良好,是深圳乃至全国大部分体育场(1~2年)不能达到的状态,深圳湾在大运会结束以后逐渐转变成一个体育商业综合体,商业入住率已经达到了94.7%,成为深圳南山区的地标性建筑。深圳湾现阶段盈利主要分为三个方向:大众健身,包括篮球、网球、游泳等;大型活动,一般在体育场、体育馆;物业出租,寓教于乐,一般以青少年为主要群体,深圳湾体育中心有丰富的培训班可供公众选择,种类繁多且质量上乘,受众面广泛,极大地丰富了群众的文化生活(见表5-13)。

表5-13　　　　　　　　2017年培训机构分类

培训机构类别	培训机构名称
运动健身类	万国(深圳)国际击剑运动中心
	邓肯舞蹈私立学校
	演舞会街舞艺术馆
	正一道场跆拳道教育中心
	港龙舞蹈
早教类	家盒子family box深圳旗舰店
	金宝贝
	七田真国际教育
	龅牙兔儿童情商乐园
音乐美术类	小燕画院
	欧润音乐
	橡皮堂艺术中心
	玛斯特音乐艺术机构
	国乐飘香
英语教学类	瑞恩英语
	汉普森
	易贝乐国际少儿英语

资料来源:根据深圳湾体育中心官网资料整理。

深圳湾体育中心目前的店铺数量有53个,商业配套建筑面积约3.5万平方米，商业出租率达到99%。2016年，"春茧"举办的各类活动有258场，其中，体育馆大型赛事演唱会50场左右，体育场大型活动10场左右，人流可达600万人次/年。游泳馆2016年的客流为31.4万人次/年，体育培训项目招生5000人/年，游泳馆年营业收入约为1000万元，暑期收入约为600万元。目前，深圳湾体育中心没有赞助和冠名，由于深圳湾体育中心已经成为深圳的新地标，冠名可能会弱化"春茧"的影响力，因而暂时不会考虑冠名的问题。

5. 规制评述

近年来，为顺应市场经济的发展，作为市属公共体育场馆的管理部门，深圳市体育局虽然下放了场馆经营权，但是实践中仍干预较多。一些经营项目必须向市体育局甚至市政府申报，程序烦琐且耗费时间。另外，一些场馆在对外经营的同时，还要承担专业运动队的训练任务，两者存在冲突。因此，政府相关部门行使权力应适当。

体育场馆作为提供公共体育服务的重要物质载体，其经营应以体育培训、健身、大型赛事等体育本体行业为主，以房屋出租、文艺演出、展览展销等非本体产业为辅，从而确保其发挥社会职能，满足大众的体育需求。委托经营性场馆在运营过程中，由于经营者的趋利性以及信息的不对称，受托企业可能擅自变更服务内容，忽视体育本体服务的提供，政府部门特别是体育行政部门作为公共体育设施的组织管理者，应在不侵犯受托企业经营自主权的基础上对场馆的经营服务进行监管，以确保提供充足的体育服务。

为了实现监管的有效性，避免政府部门重复监管和权责利不清的现象，可根据委托场馆的性质，确定不同监管模式，实行分类监管。对于主要从事生产经营活动的场馆，在委托经营过程中，可由国资委下设专门部门监管；对于主要从事公益服务的场馆，在委托经营过程中，可由国资委委托体育行政部门进行监管。

（三）国家体育场

1. 场馆概况

国家体育场位于奥林匹克公园中心区南部，工程总占地面积21公顷，建筑面积25.8万平方米，场内观众座席约为91000个，其中临时座席11000个，项目2003年12月24日开工建设，2008年6月28日正式竣工。

"鸟巢"是按照PPP模式来建设和运营的。2003年8月9日，北京2008年奥运会主体育场——国家体育场举行项目签约仪式。中标人中国中信集团联合体分别与北京市人民政府、北京奥组委、北京市国有资产有限责任公司签署了《特许权协议》《国家体育场协议》和《合作经营合同》三个合同协议。之后，联合体与代表北京市政府的国有资产经营管理有限公司共同组建了项目公司——国家体育场有限责任公司，该公司也如愿注册为中外合营企业，以享受相关税收优惠。国家体育场有限责任公司负责国家体育场的融资和建设工作，北京中信联合体体育场运营有限公司负责30年特许经营期内的国家体育场赛后运营维护工作（见表5-14）。

表5-14　　　　　　　　　鸟巢PPP基本情况

项目名称	总投资（人民币）	融资方式	运作模式	联合体的权益
国家体育场（鸟巢）	33亿元	PPP	政府（以北京市国有资产经营公司为代表）出资58%。中信联合体出资42%，并负责项目的设计优化、投融资、建设、运营及移交	拥有国家体育场30年特许经营权。政府给予的土地使用及其他方面的优惠政策

在举办奥运会一年后，中信联合体放弃国家体育场的经营管理权。2009年8月29日，北京市政府与中信联合体签署《关于进一步加强国家体育场运营维护管理协议》，对鸟巢经营者进行股份制改造：中信联合体放弃了30年特许经营权，转而获得永久股东身份；国家体育场有限责任公司董事长、总经理等公司高层由北京市国资委派任。这意味着鸟巢PPP模式宣告失败。

2. 管理机构

国家体育场有限责任公司成立于2003年12月，拥有国家体育场（鸟巢）全部所有权、运营权和收益权，承担国家体育场的投融资、建设和运营工作。北京市国有资产经营管理有限责任公司是国家体育场公司的控股股东，并主导其运营。

在北京市委、市政府及国家体育场运营维护协调小组的指导下，国家体育场公司按照"政府主导、社会参与、企业运作"的要求，利用奥运场馆遗产，积极打造鸟巢旅游新亮点，引进顶级赛事演出活动，创办青少年公益赛事，培育鸟巢自主品牌项目，打造全新商业产业链，探索场馆多元化经营。

国家体育场公司积极推行精细化、标准化、规范化管理，健全场馆运行管理制度、服务标准和流程系统，努力构建全面体育场馆管理模式，在设施维护、品牌管理、市场开发、活动组织保障等方面积累了丰富经验，打造了一支专业化运营管理团队。同时，依托北京市委、市政府的有力支持和品牌的巨大影响力，与众多国际体育组织、单项运动协会、世界著名场馆、知名体育及演出运营机构建立密切的合作关系，积累了丰富的场馆运营资源。

鸟巢负责组织管理的运营团体中，普通员工约100人，中高层管理人员约20人。鸟巢运营团队在总经理的领导下，采用直线型结构，团队组织构架具有管理层次简单清晰、人员专业精良、分工明确、团队合作默契高效等特点（见表5-15）。

表5-15　　　　　　　　　　鸟巢的组织结构

总经理											
一线部门				支持部门				后台部门			
战略客户及会展中心	市场开发部	运营活动事业部	旅游服务部	安保部	设施管理部	合同与采购部	工程部	舞美服务中心	综合行政部	人力资源部	计划财务部	信息中心

资料来源：陈文倩. 我国大型公共体育场馆事业单位分类改革研究［M］. 北京：北京体育大学出版社，2018：98.

3. 运营特色

自从北京市政府收回了鸟巢的经营权，迄今为止近十年的运营历程中，国家体育场公司认真谋划，在北京市政府和各部门的大力配合下，大力推进参观旅游、体育赛事、大型演出、会议展览、无形资产开发（商标授权、赞助招商、广告开发、包厢等）、文化展览以及公益活动，形成了以旅游为特色，大型活动、无形资产、公益活动多点开花的产业格局。

（1）旅游特色。鸟巢具有其他场馆不可比拟的优势，它是中国第一次承办 2008 年奥运的主场地，承担了开、闭幕式以及田径、足球等重要赛事。作为 2008 年奥运的场地代表，具有象征意义。国家体育场公司把它当作一个重要的卖点，将其当作旅游目的地来打造。过去的 10 年间，这一策略执行得非常成功，尤其是在奥运会刚结束几年间，参观旅游人数暴涨，也为体育场营收贡献颇多。但是，也存在隐忧，奥运热潮毕竟是有时效性的，当这波热潮过后，怎么办。鸟巢要想延续以往的旅游业绩，需要制造更多持续性吸引眼球的活动。

（2）大型活动。大型设施讲究"内容为王"，作为鸟巢的经营者也深谙此道，他们不断通过各种活动来吸引流量（人流、物流、资金流、媒体关注度/信息流），为体育场馆增加曝光率。这些大型活动包括赛事、演艺、会展、游艺活动等。有提供场地出租类型的（如 2015 世界田径锦标赛以及一些商业性赛事），也有场馆自办或参与主办的活动（欢乐冰雪季、"鸟巢·吸引"等），据不完全统计，自奥运结束以来，鸟巢举办各种大型活动 140 场以上。

（3）无形资产开发。在无法取得体育场冠名收益（由于种种原因，鸟巢尚未开放体育场冠名权）的前提下，充分利用所拥有的鸟巢商标或品牌，鸟巢的赞助合作体系（"全球战略合作伙伴""战略合作伙伴""合作伙伴""供应商"四个层级），鸟巢所具有巨大影响力和卓越的地理广告效应以及大众关注鸟巢发展、热爱体育文化活动、追求健康生活理念的心理，进行商标授权、赞助招商、广告开发、贵宾卡（鸟巢卡）等品类无形资产商业开发（见表 5-16 和表 5-17）。

表 5-16　　　　　　　　　鸟巢广告资源

广告资源	数量	规格
场内南北 LED 大屏幕	2 个	MP4 标清，分辨率：1024∶768
场内东侧看台 LED 大屏幕	2 个	MP4、AVI、JPEG
环棚广告位	1 个	500×14 米（约 7000 平方米）
1 层及 5 层核心筒电视广告位	45 个	MP4 标清，分辨率：1600∶900
1 层集散厅电视广告位	10 个	MP4 标清，分辨率：1600∶900
1 层坐席上方电视广告位	76 个	MP4、AVI、JPEG
普通观众座套广告位	8 组	0.35×0.4 米/个（1 万个/组）

续表

广告资源	数量	规格
旅游关怀标识广告位	13个	0.15×10.08米
主场入场口广告位	5组	正西通道：0.25×3.7米；东北通道：0.8×11米；西北通道：0.8×11米；东南通道：0.75×5米；西南通道：0.75×5米
看台应急出口广告位	56组	0.75×1.35米
看台外沿环形广告位	3组	二层：0.6×622米；四层0.75×769米；五层：0.6×704米
电梯内部广告位	20个	0.5×0.7米
西侧外立面	1个	MOV；分辨率：1600∶900
12个验票口（小翅膀）广告位	12组	1×72米
台阶立面形象展示	24个	0.14×2.9米，约150阶/个（2个一组）
围栏广告位	40个	2.5×6米
道旗广告位	137个	1.8×0.6米
基座广场橱窗展示区	8个	30平方米
水鸟售票亭	15个	4~20平方米
火炬广场底座橱窗站位	1个	30平方米
绿地认养指示牌	20个	0.2×0.4米
南北检票口广告位	2个	2.9×8.7米，侧长3米
汉堡王区域广告位	5个	1.3×3米

资料来源：根据鸟巢官网资料整理。

表5-17　国家体育场赞助商权益目录

合作类型	拟合作数量	目前实际合作数量与品牌（2015年11月）
战略合作伙伴	10个	1个：Hanergy（汉能）
指定供应商	20个	33个：中国移动、三星、强生、联想、中粮、北科建集团、北汽集团、PEUCEOT、CITROEN、中国石化、红牛、伊利、王老吉、可口可乐、九朵玫瑰、世家味、金赢世家、统一企业、达美乐比萨、BIMBO、北京金融洲际酒店、北京中奥马哥、李罗大酒店、Disney、Nike、Gillell、OZARK、探路者、绅宝、工商银行、银联、新华保险、银联商务、华夏银行
	赞助权益	说明

续表

合作类型	拟合作数量	目前实际合作数量与品牌（2015年11月）
品牌使用权	无形资产使用权	可在产品宣传过程中使用鸟巢品牌的无形资产，包括鸟巢场馆标志标识、吉祥物、场馆形象
	产品排他性	在指定的产品类型中拥有排他性权利
	合作产品开发权	拥有根据鸟巢活动开发的合作纪念产品许可权
	感谢信/推荐信	以国家体育场名义对企业的感谢信或推荐信
VIP接待服务	高级包厢使用权	高级包厢命名权，使用权
	VIP包厢使用权	1 每场比赛提供VIP包厢
	展示厅或商铺使用权	选定场馆设施（如1个展示厅/商铺）的命名权和使用权
	定制活动及命名权	在国家体育场内组织活动并命名
	停车位	提供长期免费VIP停车位5个
	场馆通行证	场馆功能区年度通行证10个
	接待讲解	接待组织方安排的参观服务10次，配专业导游
广告资源	路牌广告	入口位置广告牌展示
	户外雕塑冠名	鸟巢户外雕塑企业冠名展示
	滚动广告条幅	场馆第2～3层的滚动广告条幅，国家体育场每场活动播放广告
	屏幕广告	场内大、中、小屏幕广告显示，每场活动和日常均可播放广告企业及产品广告
	包厢广告	鸟巢高级包厢内做产品展示或广告展示
	场地广告	在鸟巢主办大型活动期间摆放企业产品广告
	新闻发布厅广告	新闻发布室和媒体中心的标志和品牌展示
	供应产品广告	供应产品（礼品、奖品）上的品牌标识展示
	印刷品广告	国家体育场宣传册、纸袋、车证、门票（票封）等印刷品广告标识展示
	样品展示	在场内允许的范围内可进行公司产品样品展示
	网站广告	国家体育场官方网站首页两边条幅广告，二级页面合作专题广告，首页赞助商超链接广告
优惠	租用优惠	国家体育场内额外租用场地，设施享有优惠
	赛事门票购买	享有国家体育场场馆赛事门票的优先购买权，并提供一定数量的员工购票优惠卡

资料来源：屈萍．公私合作伙伴关系在公共体育场馆中的应用［M］．广州：世界图书出版广东有限公司，2017：114．

未来，国家体育场公司将立足旅游服务、大型活动、商业开发三大业务领域，全力做精做强主业，拓展新业务领域，提升精细化管理水平，推动公司向集团化方向发展，将鸟巢打造成为国际大型综合文化体育中心，塑造世界级的奥运场馆赛后运营品牌。

4. 运营效益

北京市政府收回经营权由其下属企业进行运营以来，鸟巢已经运营了10年左右，这期间，公司运营以经济效益为主，场馆收入主要来自旅游、会展演出活动、体育比赛出租场地三个方面。尽管经历了一些争议事件，鸟巢在2011年底就基本实现了收支平衡，在一定程度上反映了鸟巢运营团队良好的市场开发和场馆经营能力。

鸟巢基本上每月都有活动，全年活动不断，吸引力不衰，运营管理得当，较好地发挥了其公共体育场馆的职能，以举办或承办体育赛事为主，同时根据场馆特色与运营需要，举办各类高水平的演唱会、音乐会、文化展览、商业发布会、相关体育活动等。例如，国际田联北京挑战赛、大型驻场视听盛宴《鸟巢·吸引》、中国好声音决赛等众多文化体育品牌赛事、演出，以及每年冬天由鸟巢自主策划的"鸟巢欢乐冰雪季"和各类冰雪项目的体验活动，承办的"沸雪"世界单板滑雪赛、自由式滑雪空中技巧世界杯等高水平的国际赛事，已使这里成为北京高水平的冬季冰雪赛事举办场地和群众性冰雪活动体验中心（见表5-18）。

表5-18　　　　　　　　鸟巢主办大型活动一览表

年份	场次（场）
2009	6
2010	12
2011	11
2012	12
2013	16
2014	15
2015	13
2016	21
2017	17
2018	22
总计	145

资料来源：根据鸟巢官网资料整理。

5. 规制评述

鸟巢作为体育设施领域的 PPP 项目曾经被外界广泛地寄予厚望，然而，随着北京市政府将经营权收回，鸟巢 PPP 正式宣告失败，回顾这段历程，造成鸟巢失败的原因可以说是多元的，既有协议各方的原因，也有经验不足的原因，毕竟这是我国大型场馆民营化早期案例，没有太多经验可以借鉴。然而，政府在其中角色定位不准、干预过多也是一个非常重要的原因。

政府干预过多主要体现在以下方面：

建设方面。事先约定的风险分配方式对合同双方都有约束力，可以认为是公私双方的承诺。可是政府单方面的干预，实质上等于是打破了原有的承诺，启动了合同的重新谈判。建设阶段政府多次提出修改场馆设计（去除顶棚、商业设施面积减少、停车位减少）。而且，由于设计修改，造成暂停（因为等施工图纸），后来又赶进度，从而造成了造价超支。

运营方面。运营方在诸如企业冠名、观众座位椅冠名等商业运作方面均招致非议，出现了所谓商业化与公众利益的冲突，运营商不断提出的举办演唱会等文艺活动申请，也被相关部门以消防安全等原因驳回。有专家说：企业想做一些事，但政府部门的限制比较多。

从规制的角度来看，政府干预过多，放松规制还做得不够。政府管制太多，会影响企业的市场运作。对于体育场馆这种设施，在不违反法律的前提下，应当放手让运营方去经营。这方面上海世博会梅赛德斯奔驰文化中心、五棵松体育馆都可以做参照。对于经营内容、经营方向，在 PPP 合同中进行约定，此后，按照合同办事（除非重大事项需要进行报告）即可，政府及其下属部门更要杜绝各种额外的要求、规定。如果设定太多，这不许做、那不许做，必然束缚了企业的手脚。

李克强总理多次强调"放管服"，那么政府就要管住任性干预的"可见的手"，让市场这只"无形的手"去发挥充分作用。减少政府干预，减少政府违约。作为 PPP 合作中签约的甲方、乙方，政府和企业是一种平等合作的关系，而不是行政级别的上下级关系，政府部门要放下架子。课题组在调研中常感觉到运营方最担心的就是政府不真正放权，干预太多，企业就不敢做事。对于政府违约，我们还缺乏有效的办法进行约束。在本案中政府方多次修改设计方案，这对于鸟巢的商业运作造成了巨大的影响。

现在有一种观点认为鸟巢现在运营的不错，因此收回由政府运营也是一个不错的选择。

政府收回鸟巢的运营权以来，确实在营收和社会影响力上取得了很好的成绩，国家体育场运营公司在这方面做出了很大的努力，北京市的相关部门也营造了一个很好的外部运营环境。然而，对于一个 PPP 项目来说，政府收回自己运行肯定不是第一选择。

三、民营企业管理模式——五棵松体育馆

1. 场馆概况

五棵松体育馆（凯迪拉克中心）位于海淀区复兴路 69 号，毗邻长安街延长线，周边地铁、公交线路发达，是 2008 年北京奥运会篮球项目比赛场馆，是国内首家获冠名赞助的奥运场馆。奥运会后，场馆业主——华熙集团斥资数亿按照世界顶级演唱会场馆标准对场馆进行了改造，使之成为适合举办大型体育及娱乐活动的综合性场馆。

五棵松建筑面积 6.3 万平方米，拥有约 18000 个观众座席。分竞赛层（场地所在层，含后台房间、媒体区、装卸区等）、观众席首层、包厢层和观众席四层，其中包厢层拥有 47 个包厢，活动期间可为赞助商、合作伙伴提供专属优质服务。

五棵松场地设施主要包括五棵松体育馆及 M 空间（以大型活动为主），Hi - Park 篮球公园（对外营业性场地），五棵松文体广场（经营"五棵松冰世界体育乐园"），南广场目前仅对各类活动主办单位开放预约。

五棵松体育馆从运行至今已经获得三个企业冠名。2011 年，万事达卡国际组织宣布获得五棵松体育馆的冠名权，五棵松体育馆也正式更名成万事达中心。这份合约持续了 5 年。随后，乐视体育在 2016 年获得了五棵松体育馆的冠名权，五棵松也更名为乐视体育生态中心。2017 年 11 月 5 日，华熙国际集团和凯迪拉克品牌联合在时代美术馆举行凯迪拉克中心冠名签约仪式，由此，五棵松体育馆正式冠名"凯迪拉克中心（CADILLAC ARENA）"（见表 5 - 19）。

表5-19　　　　　　　　　五棵松三次冠名

2011~2016年	万事达中心
2016~2017年5月	乐视体育生态中心
2017年11月至今	凯迪拉克中心

资料来源：根据五棵松官网资料整理。

作为一个民有民营（华熙国际集团采用"BOO+项目捆绑"方式进行投资，由其自有文体集团运营）的大型场馆，在场馆运营界，五棵松体育馆拥有五个第一：第一个民营资本投建的奥运场馆；第一个获得商业冠名的奥运场馆；第一个采用市场化运作的大型场馆；第一个同时承接职业篮球和职业冰球的场馆；第一个承接夏季奥运会和冬季奥运会的"双奥运"场馆。

2. 管理机构

五棵松体育馆在奥运会后首先聘请国际一流的体育场馆运营商AEG公司进行运营，在该公司运营数年之后由华熙集团下属子公司华熙国际文化体育发展有限公司接手场馆运营。至此，华熙集团实现了由建设方向运营方转变的跨越。

华熙国际（北京）五棵松体育场馆运营管理有限公司（隶属于华熙国际投资集团有限公司）是五棵松体育馆的直接运营机构。公司采取扁平化管理体制，公司下设活动服务部、资产管理部、技术服务部、安保部、篮球公园运营部、行政人力事务部、财务部等部门。

公司的发展经历了中国本土优秀场馆运营经验与国际活动管理专业技能以及国际级赞助商资源的融合过程，场馆运营公司分为4个运营组分别进行独立运营——五棵松运营组、M空间运营组、Hi-Park运营组及五棵松文体广场运营组。团队工作人员已经扩展到近70人（2015年）。

3. 运营特色

文化体育产业作为行业的朝阳产业，是华熙集团近年来发展的重心。华熙集团作为集投资、运营及实体产业为一体的集团公司，旗下拥有多个知名大众体育、文化项目，基于已建成的五棵松体育馆、五棵松篮球公园（HI-PARK）、北京时代美术馆，以及正在建设的五棵松"HI-UP"、"华熙·528艺术村"项目，华熙集团为大众体育和文化传播搭建平台，服务社会，惠及大众，积极承担企业应有的社会责任。经过多年的运作，五棵松的运营管理已形成了自己的特质。

（1）"商业开发运作"模式。

五棵松采用了"商业开发运作"（属于 PPP 的一种场馆建设模式）模式，由五棵松篮球馆、5A 写字楼和大型综合购物中心等建筑群落构成高端综合体项目。通过搭配一定面积的酒店商业娱乐设施，项目整体效益得到较好实现。

这种方式将预期盈利比较弱的体育设施搭配一定面积的商业设施，一起打包交给项目负责人（在该项目中中标企业是华熙集团）融资、设计、建设并且运营和管理。意图通过赢利性的商业设施项目来弥补公益性较强的体育设施。这是五棵松体育馆非常重要的一个经营特色，也是项目顺利实施的背景。

（2）无形资产开发。

五棵松是第一个获得冠名赞助的奥运场馆。作为民营化场馆，五棵松充分发挥机制灵活条条框框少的优势，在无形资产运作方面走出了一条新路。在场馆的冠名、包厢、广告、赞助、特许经营等方面，开发出多种产品组合，满足了市场的需求。就拿冠名来说，主场馆自运营以来就获得了三个冠名，投资冠名的均是知名企业（先后为万事达、乐视、凯迪拉克），而且，不仅是主场馆，其他的一些设施包括训练馆 M 空间以及包厢都获得了企业冠名。

目前五棵松主要提供三种不同的合作机会：创始合作伙伴、独家合作伙伴或包厢合作伙伴。

（3）职业球队驻场。

五棵松是奥运场馆中唯一一个有职业球队进驻的球场，而且是两支球队——CBA 北京首钢队、KHL 北京昆仑红星队——的主场，这在全国所有大型的场馆中也是非常罕见的。在"内容为王"的时代，职业球队的进驻对体育场馆意味着流量（人流、物流、资金流、信息流）和商业利益（变现）。两支球队可以为五棵松带来至少 54 赛事（首钢 23 场，昆仑红星 31 场），这还只算常规赛，如果进入季后赛，随着球队往前走，将会带来更多的赛事。可以说，职业球队的进驻使场馆的使用和商业收益有了很好的保障，确定了一个稳定的运营基础。

（4）自有活动。

运营方突破以往场馆作为场地租赁提供方的定位，自办或参与主办各类活动。这些活动包括赛事、表演、演唱会等各种大型活动。例如，FIBA 国际篮联 3 对 3 大师赛、韩庚演唱会等都属于五棵松体育馆自行投资的活动。3 对 3 篮球大师赛，面向全球篮球爱好者开放，全球的篮球爱好者可自行组队进行 PK，各地最后的优胜者集中到五棵松 Hi-Park 篮球公园进行终极的总决赛，这个赛事已经成为一年一度的业余篮球盛事。自有活动扩大了场馆的影响力，拓展了业务，又在收入方面获得了更多的话语权，由于自己直接主办赛事，省去了包括中介等在内的诸多中间环节，在票房、广告、赞助、电视转播等领域可以获得更多收益。

（5）大型活动。

奥运会后，华熙集团斥资数亿将体育馆改造成适合举办大型体育及娱乐活动的综合性场馆。五棵松体育馆经营活动多元化，场馆利用率高。五棵松体育中心（包括 M 空间等）平均每年举办超过 200 场（大型活动超过 80 场）的活动，场地利用率高达 70%，其中体育赛事和演唱会等娱乐活动各占到一半左右。直接接待超过 100 万观众，场馆户外广告接触人数 1600 万人次，场馆全媒体宣传价值超过 37120 万人次。

目前五棵松体育馆不仅是 CBA 北京首钢队、KHL 北京昆仑红星队的主场，举办 NBA、NHL 中国赛等体育赛事，也是 2019 年世界杯篮球赛、2022 年冬奥会的比赛场地，也曾举办碧昂斯、Super junior、王菲等明星演唱会和大型歌舞晚会等娱乐活动（见图 5-4）。

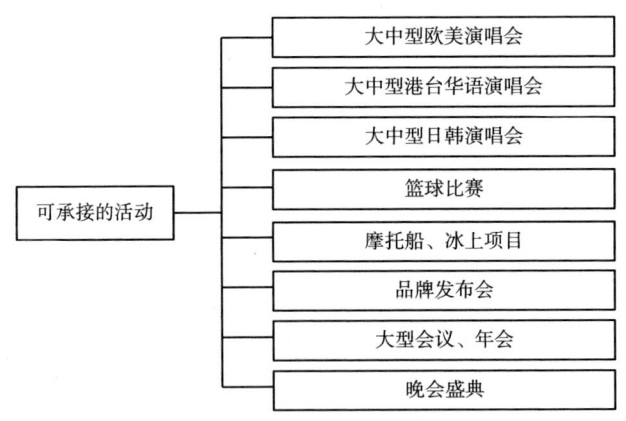

图 5-4　五棵松体育馆可承接的活动

资料来源：根据五棵松官网资料整理。

(6) 技术支持。

五棵松作为专业的现场演出及体育比赛场地，拥有与之配套的技术支持以保障活动的顺利进行。例如，能承重50吨的母架可实现最高难度的舞台搭建，采用美国达科LED显示系统的漏斗屏和环形屏可提供最清晰的视觉效果，宽敞的后台和数量充足、五星级标准的后台房间可为主办方提供最亲切的保障服务。与此同时，五棵松实现了Wi-Fi场馆全覆盖。由于具有强大的技术支持做后盾，五棵松可以在很短的时间内完成场地转换，极大地提高了场地使用效率和场馆承接大型活动的能力。

五棵松还可以向活动主办方提供以下方面的支持与协助：根据主办方活动特点制定成熟的场馆运作管理方案及合理化建议，有效提高主办方与场馆协作效率，简化活动运作成本（提供活动申报及审批咨询，后台运行管理方案）。根据《北京大型群众性活动安全管理条例》的相关规定及不同活动特点向主办方提供活动安保合理化建议（活动安保方案支持）。

4. 运营效益

五棵松体育馆自运营以来，组织活动规格高，数量多，影响力大，接待人次多，取得了很好的社会反响，同时，从商业的角度来看，也具有很好的效应。

奥运结束改造后初期，凭借国际顶尖的硬件设施和高标准的服务，即成功举办了碧昂斯"非我莫属"北京演唱会、Super junior第二次亚洲巡演北京演唱会、后街男孩世界巡演北京演唱会、天后王菲演唱会、加拿大小天王贾斯丁·比伯演唱会以及NBA中国赛、CBA系列赛事等一系列高端演唱会和体育赛事（见表5-20）。

表5-20　　　　　　　五棵松体育馆举办活动一览

时间（年月）	场次（场）	备注
2010年1月至12月	56	其中涵盖演唱、体育赛事、品牌发布会、大型会议等
2011年1月至12月	75	
2012年1月至12月	93	
2013年1月至12月	136	
2014年1月至12月	124	

资料来源：根据五棵松官网资料整理。

近几年，场馆更是以平均每年百余场的高频次活动，吸引了大批观众，场地利用率高达 70%。据统计，这里每年吸引着上百万人次前来观赏 NBA 中国赛、CBA 联赛和全明星周末、花式摩托车世锦赛、全国职业美式室内橄榄球巡回赛等体育盛事，以及国内外娱乐巨星的演唱会。五棵松体育馆还是 2019 年男篮世界杯和 2022 年冬奥会冰球比赛用馆。

由于场馆运营业务种类繁多，收入来源也呈现多样化。不同于国内大部分场馆对租金的依赖，五棵松体育馆的收入中有 55% 是来自赞助商、广告、包厢的收入。

五棵松体育馆不仅仅是北京的一个崭新地标，还是出色的品牌推广媒介。几乎各种宣传方式都可以在这里得到实现。所提供的是一个整体的市场合作伙伴机会。可通过场馆本身及其相关特性相结合，为合作伙伴量身定做一套全方面、多功能的 B2C、B2B 或 B2G 的交流途径。场馆拥有独特的营销宣传方案，协助提升公司品牌在北京乃至中国的知名度。

5. 规制评述

作为一个民有民营的大型场馆，五棵松充分地体现了民营企业对市场的适应能力，以及放松规制对于激发场馆运营活力的作用。

从 2008 年奥运会结束以来，10 余年的经营，五棵松在商业领域通过多元化运营，完全通过强大的运作能力把整个场馆运营下来，不但能够覆盖掉相应的支出，还能获得可观的利润。这真正做到了自主经营、自负盈亏、自我发展、自我约束。同时，五棵松还取得了良好的社会效益，通过每年上百场的演艺、比赛、会展、休闲等活动，接待观众过百万，极大地丰富了周边社区、北京市的公众余暇生活，其影响力甚至辐射到更广阔的地区。五棵松可以说是在场馆运营方面树立了一个民营化的标杆。

在五棵松的成功经验中，以下几点是值得重视的：作为一个民营化的场馆，在场馆修建（改造）、运营等方面拥有较大的自由度；受到的外界干预、约束较少。

首先，在建造时就为后期运营留下了余地，在此基础上进行商业化改造。为了避免奥运赛后的亏损和空置，改造前期就花了数百万元的咨询费。这样的设计方案为之后五棵松举办 NBA 中国赛埋下了伏笔，也让五棵松体育馆在奥运会之后再次出现在公众的视野。五棵松运营方华熙集团在奥运会后对场馆进行了大规模改造，按照国外大型场馆经验，将其打造成一座适合商业运作的场馆：增加商业面积是一方面；另一方面，为了承接大型演唱会，对内部进行了较大改变，舞台母架的引入以及音效方面的改造，都为场馆未来承办多种活动打下了基础。

场馆正式进入赛后运营期后，运营方做了很多体制内体育馆想做而不敢做的事：把冠名权卖给了外国企业（万事达公司），场馆包厢进行租售，引入职业篮球和职业冰球队进驻，都体现了民营企业的灵活性和敢为天下先的创业精神。

其次，五棵松受到了较少的约束和来自外界的干预。作为民营化场馆，五棵松没有太多体制内场馆的条条框框。而体制内场馆在运营业务、场馆修造等方面都必须经得相关部门的审核允许，需要反复打报告、审核、盖章，程序烦琐，等待时间长。在这样的等候和烦琐的程序中，往往失去最佳商机。而且，体制内场馆还有很多业务禁区。

对于五棵松体育馆来说，取得成功不是偶然的，它的成功与国家倡导PPP模式的，提倡政府和社会资本合作的大环境密切相关。在这样的背景下，放松规制是PPP的一个重要的趋势，五棵松的运营中我们可以看到，企业在没有过多干预的情况下，可以把一个场馆做到很好的一个运营状态，既不成为政府包袱，给社会带来负担，还能创造不菲的经济和社会价值。

小结

纵观我国大型场馆民营化发展现状，存在"存量少，增量多"的现象，即存量场馆民营化的数量、比例比较少，增量场馆中较多。如前所述，近年来政府大力推动PPP模式在公共服务和基础设施供给中的应用，在这样的大背景下，2014年以来新建的体育设施采用PPP方式民营化的数量越来越多（截至2018年9月底，共有体育PPP项目195个，总投资1632.5亿元），而存量场馆中推进民营化的进度则相对较慢，如五台山体育中心和洪山体育中心，两个场馆在课题组调研时（2015年）均开始民营化改制，但目前还未完成。五台山体育中心由于人员分流问题，合并前景仍处于不明朗状态，目前仍然保持差额拨款事业单位性质。[①]

[①] 2015年，媒体报道五台山体育中心与南京奥体中心等合并成立江苏省体育产业集团。四年过去，课题组再次对五台山体育中心进行访谈时发现合并并未取得实质性的成果，在五台山体育中心的官网介绍中对中心的定位仍然是事业单位。

这种情况（存量少、增量多）表明地方政府对于新上项目仍然保持较高的兴趣，地方和企业的投资愿望（特别是地方政府）较为强烈。然而，对于大型场馆新上项目一定要保持谨慎，因为，大型场馆在我国总体上处于供过于求的状况①。从PPP综合信息平台披露的信息来看，大型场馆项目的回报方式多为政府付费和可行性补贴方式，盈利能力不强，因此，要警惕投资冲动带来的财务"陷阱"。对于存量场馆，要加快民营化的推进步伐，以盘活现有的场馆存量资产。作为体育产业领域最大的一批存量资产，大型场馆经营状况对于体育事业和体育产业的意义都是极为重大的。在存量场馆中推广民营化，不管是公益一类、二类还是经营型大型场馆，都可以大胆地尝试民营化的手段。经营性的场馆自然可以整体委托给企业（如专业场馆管理公司）进行运营，对于公益一类和公益二类的场馆也可以对局部业务进行民营化。如场馆的保洁、绿化等业务可以采用外包方式交给企业去做，这在很多场馆已经被证明是非常成熟的做法，值得推广。

当前场馆专业化和市场化经营的需求愈加强烈，具有赛事组织、广告营销经验的综合型体育管理公司更有可能在场馆管理中取得成功。因此，在存量场馆民营化选择社会合作方和增量场馆组建联合体时，要考虑吸纳具有相关资质和经验的管理公司。

民营化改革通常面临两大问题：一是民营化的方式选择及操作问题，二是民营化之后原有的政府规制方式、体制的调整问题。换言之，这是一个放松规制和规制重建（创新）的问题。大型场馆民营化改革同样如此，而且，场馆由事业体制转向企业体制②，其跨度更大，受到的阻力可能更大，因此，在大型场馆民营化时要特别注意处理好原有职工的去留问题，注意化解矛盾，在此过程中，政府部门可以发挥政策的引导优势，注意民主方式在解决问题中的使用。

本部分对于场馆民营化政府规制问题从实践角度以案例方式进行横向展示，包括存量和增量场馆两大类，从场馆属性角度来讲包括事业单位、国有企业和民营企业三类。事实上，本书认为场馆民营化是一个不断演化的渐进过程，起点是事业单位终点是民营企业，所用的民营化方式涵盖下

---

① 大型场馆在我国供过于求的状况分析，详见本书第二章第二节。
② 市政公用事业是从国企转向民企（私企），或混合所有制企业，跨度相对更小，更容易适应，且国企改革具有丰富的经验。

图 5-5 中的形式。

政府部门	国企	服务外包	运营维护外包	合作组织	租赁、建设、经营（LBO）	建设、转让、经营（BTO）	建设、经营、转让（BOT）	外围建设	购买、建设、经营（BBO）	建设、拥有、经营（BOO）

完全公营 ←————————————————————————————————→ 完全民营

图 5-5 公私合作类型联合体

资料来源：（美）萨瓦斯. 民营化与公私部门的伙伴关系 [M]. 北京：中国人民大学出版社，2002：254.

在此过程中，广义的政府是民营化的规制者，狭义的政府和企业是民营化的参与者，在七个案例中，三类场馆（事业、国企、民企）代表着我国从"公益性到经营性"的不同类型场馆在民营化过程中的缩影：中山主要提供基础公共服务，开放时间长、免费低收费时间长；洪山体育中心地处闹市，正处于场馆转制阶段；天河体育中心在企业化运作上卓有成效；广州体育馆、深圳湾体育中心作为国企经营的典范，在业内均获得高度评价；国家体育场，是我国大型场馆通过 PPP 方式进行建造运营的标志性场馆，曾经名噪一时，现在已被地方政府收回经营权，但是对于民营化的影响力（正面和负面）巨大；五棵松是民营企业运营大型场馆的典范，也是我国大型场馆民营化的标杆。

上述场馆构成了一幅我国大型场馆民营化全过程的图景，虽不完整，但是具有相当的代表性。在中国，大型场馆民营化还是少数派，但是，它们代表着场馆未来发展的方向，它们是中国场馆事业的探索者，在它们发展的过程中，与大型场馆民营化相配套、相适应的政府规制体系也在生长，它从无到有，脱胎于计划，产生于市场；从简单粗暴的行政干预到灵活多变的激励规制；从非独立到相对独立，筚路蓝缕，一路走来。展望未来，民营化与政府规制作为驱动我国大型场馆发展的双轮，将会发挥更多、更大的作用。

第六章 结 论

本书以大型场馆为切入点对公共体育场馆的民营化和政府规制问题进行了较为深入的研究,经过研究主要得出以下结论和建议。

一、大型场馆是综合性体育娱乐设施,主要服务于大型活动

大型场馆在运营的过程中应当与节日、会议、展览、旅游等活动结合起来,大型场馆在各种大型娱乐活动中能最大化地发挥其作用和价值,而不仅仅是单纯的体育活动。

二、大型场馆民营化

民营化不但包括所有权和经营权都发生转移,也包括单一的所有权或经营权转移。例如,国有场馆以租赁、外包等方式,将经营权全部或部分移交民营企业,都属于民营化的范畴。

三、PPP

PPP模式存在以下共性:(1)涉及行业领域应是基础设施和公共服务领域;(2)PPP模式下主要参与方应包括政府、私人部门(社会资本)以及公众;(3)基于合作关系,政府和社会资本应利益共享、风险共担。

四、规制

规制是一个复杂的现象和制度安排：（1）它体现在某些政府机构在各种政治力量达成协议的前提下行使职能的行政过程中；（2）规制通常采用法律的形式和程序；（3）规制的结果将影响市场交易的特征以及买卖双方之间的合同条件。在对大型场馆民营化进行规制时要灵活运用各种经济、法律和政治领域的方法和手段。

五、大型场馆供给

大型场馆民营化议题的实质是探讨场馆供给。通过对大型场馆供给的驱动力、供需关系、政府补贴大型场馆原因以及投资决策等问题的分析来看，市场力量在大型场馆的产生发展和运营中都起到非常重要的作用。因此，在大型场馆的存量资产的盘活、增量资产的配置中，善用市场力量都成为一个中心的议题。这与民营化理念——倡导企业积极参与到公共体育场馆的建设、运营和维护中去——无疑是相合的。

六、民营化作为大型场馆供给的一种方式

（一）场馆民营化的原因

大型场馆提供的服务具有体现个体偏好的准公共物品属性的特点，可以由市场和政府共同提供，为大型场馆民营化提供了来自经济学理论的支撑。我国地方政府面临的财政压力使大型场馆民营化成为现实的选择。

（二）民营优先、整体渐进的民营化取向

对于中国大型场馆而言，民营优先竞争是可以选择的改革取向。从制度层面考察，没有民营企业参与的竞争是伪竞争，甚至是恶性竞争，其效率也不会有改善。

渐进民营化应成为中国大型场馆民营化的主要选择。其发展路径可能

是：事业单位管理模式——国有企业管理模式——民营企业管理模式。在速度上，大型场馆应当采取"摸石头过河，小步快跑"，即整体上稳健、部分地区激进的方式推进民营化。

（三）民营化应当完善相关政策、法律

大型场馆要实施民营化，政策、法律要先行，要做顶层设计。只有这样，才能保证民营化主体的权益和信心。此外，场馆的民营化必须与反垄断改革、价格改革、国资改革、社会改革、财政体制改革等配套改革并举。

（四）民营化的操作方式合规性分析

企业要对照国家相关法规政策，了解项目的合规性，以规避可能的风险。由于新一轮民营化（PPP）的目标主要是在不增加地方政府负债的情况下，吸引社会资本投资基础设施和公共服务领域，因此，民营化模式使用过程中是否会增加政府财政负担成为是否能够获取政策支持的重要考量。

（五）分类民营化

1. 公益性场馆和经营性场馆

经营性场馆商业开发价值大，具备较多的盈利点，对于民营企业具有较强的吸引力，民营化的操作性强，从民营化的角度看，这类场馆在方式和手段选择上非常广泛。公益性场馆商业开发价值小，赢利点不足，对于民营企业吸引力低，民营化的操作性弱。从民营化的角度看，在方式和手段选择上比较局限。通常采用物业外包、政府购买服务等方式将一些非主营业务交由民营企业提供。

2. 存量和增量场馆

存量场馆若进行民营化，社会资本方大多以 TOT、ROT、O&M、MC 等方式参与到现有场馆的运营。BOT、BOO、BOOT、PPP（狭义）等方式是企业参与增量大型场馆营建的主要方式。

（六）民营化应因地制宜

民营化要提倡、要推进，但是在具体操作上应当"实事求是"。是否立项、采用什么方式,要结合场馆的特点(存量还是增量,公益性还是经营性),当地的政治、经济、社会、文化、法律、技术等条件进行综合考虑,要做充分的可行性分析。

(七)民营化不能搞"大跃进"

存量资产可以积极推进民营化。在进行分类的基础上,可适当加快民营化的步伐,充分利用O&M、外包、TOT等各种手段,以达到提高效率的目的。对于增量资产,应当持审慎态度,目前我国大型场馆总体上存在供过于求的问题,因此,PPP模式不能一拥而上,要避免"多快好省"的功利思想,要做真正的PPP。

七、大型场馆民营化的政府规制

(一)规制的原因

政府规制的原因可以从两个方面看,一方面市场存在"失灵",另一方面政府本身存在失范行为。政府"失灵"已经严重影响了规制效果的实现,治理市场"失灵",必须先对规制机构进行规制。

(二)政府规制中的政企关系

大型场馆民营化规制,首先要重建合理的政府和市场关系:企业与政府(狭义)在民营化中是PPP参与主体,是合同签约的甲方乙方,是平等的民事主体关系。在规制中的关系,两者互为监管主体,同时也是监管客体;从整个规制体系角度来看,独立规制机构是规制主体,政府(狭义)和企业两者都是客体,是被规制对象,两者都受规制机构制约。

在规制体系中,政府、企业、独立规制机构、人大、公检法等机构各司其职,各归其位,形成了一个机构相对独立、权力制衡的规制体系。

(三)政府规制的目标

根据我国场馆经营管理的现状,大型场馆民营化政府规制目标可以确立为:保证大型场馆资源的有效配置,避免因供给过多而引起资源浪费;

防止大型场馆凭借交易中的有利地位损害消费者利益和社会福利；防范企业利用信息不对称侵害场馆委托人利益；防范场馆民营化过程中的行政性垄断、政企合谋等现象；规范政府行为，依法行政。只有通过政府规制才能实现大型场馆民营化的良治。

（四）大型场馆民营化政府规制体系

1. 规制体制

（1）政府规制。改变体育行政部门作为大型场馆所有者（代表国家）、委托者和规制者三合一的身份，避免多重角色交叠、内在利益冲突。改善PPP推广中存在的财政部门和发改委双头领导的方式，在职权和责任的划分上进一步厘清，否则难免两家规制互相冲突，削弱规制的权威和效力。

（2）社会规制。加强体育场馆行业协会建设，增强服务能力。建立体育服务（含体育场馆）行业的消费者监督机构，保护消费者利益。借鉴西方国家（德国和日本）在行业协会的发展过程中的协商合作模式。

（3）规制机构设置。建立一个跨部委的联合工作机制，特别是在PPP形式推广的项目营建过程中，基于财政部、发改委、建设部等部门设立跨部门联合工作机构，可以在较大程度上弥补现在体育局系统对大型场馆营建进行单一监督管理的不足。在这一联合工作机构中，体育部门要发挥专业特长，在体育服务提供上，实施业务指导和监督，但不承担建设、运营管理职责。

2. 规制重点内容

（1）全过程规制。从大型场馆规制的角度来看，在进入阶段，主要以放松规制为主，打破传统的大型场馆行政性垄断格局，形成提供场馆服务的市场竞争格局。建设过程应当注意大型场馆设施质量安全性规制。规制机构应当会同项目协会共同制定体育场地体育设施标准，规范大型场馆的建设。运营阶段要加强大型场馆民营化的运行安全的监督管理。规制机构要设定服务提供的相关安全标准，对于大型活动安保、场地器材规范使用应出台详细可操作的规范，并监督运营企业执行。积极探索场馆民营化退出阶段制度体系。可以借鉴国内文化、旅游等民营化发展较快部门和国外体育场馆的成功经验，同时结合我国大型场馆特点，构建大型场馆民营化退出制度。

(2) 价格规制。大型场馆服务价格规制可以从两个方面入手：基本公共服务和非基本公共服务。针对非基本体育公共服务，可以实行以市场定价为主的政策。对于基本体育公共服务，可以采用价格上限和投资回报（成本加方法）等方法进行规制。

(3) 质量规制。由于体育服务本身的特征，服务生产者相对于消费者具有天然优势，消费者在维权方面存在较大困难，体育行政部门在该领域可以进行适度规制，以保护消费者权益。

3. 规制手段方式

(1) 法律与合同手段。加强对于推向市场的大型场馆的法律法规建设力度。从立法角度来看，大型场馆规制最高目标是场馆领域单独立法（单行法）。短期内，比较现实的目标是争取国务院等部门发布较高等级的法规；因为场馆具有很强的地域性特征，争取地方立法也是一个非常重要的途径（而且，当地方法律发展到一定程度，积累了较多的法律资源，也可以为更高层次的立法打下基础，推动高层次立法的发展）；积极推进合同法规、基础设施管理类法规在大型场馆营建中的应用。

(2) 激励性手段。通过激励性机制的设计来规避场馆民营化委托代理关系中的逆向选择和道德风险，减少委托者和代理者的目标不一致现象的发生。

(3) 常规化手段。首先，建立大型场馆信息共享制度，信息公示透明化，继续完善大型场馆信息披露；其次，民营化参与企业应当加大信息公开力度，民营化项目往往涉及广大公众利益，带有较强的公益性，应当出台规定强制要求企业公布民营化项目内容；最后，利用互联网进行场馆民营化管理，通过网络有利于政府部门了解社会对场馆服务、价格、需求的看法，也可以让公众更好地参与到场馆的建设、运营、定价等决策中。

4. 规制政策保障

(1) 加强行业规制，探索综合规制模式。一是提高现有行业规制能力。进一步明确界定各主管部门职能，整合行业内部规制资源。加强对规制人员的知识素质、岗位技能等全方位的培训，提高其规制的专业化业务水平；保证规制经费落实到位，促使行业主管部门能进行日常规制或委托第三方机构进行规制；加强信息化建设，提高行业主管部门的规制硬件条件。二是探索综合规制模式。由于大部分民营项目涉及等多个部门，因此可采取综合规制模式的理念，由一个部门进行统筹协调并加强各行业主管部门之间的沟通，提高规制效率。

（2）价格上放松规制和适度规制并举。对于非基本公共服务适合实行放松规制政策，可以实行以市场定价为主的政策。对于基本公共服务，利用第三方机构进行价格调整，通过对经营者成本的合理评估，形成规范、公允的价格和成本监督检查报告，为政府部门进行价格规制提供坚实的基础。对企业进行定期的价格和成本监督检查，要求企业上报经营状况、人员组成和各项支出，以便价格主管部门审查和确定其价格成本，消除不合理的价格成本。

（3）加强质量规制，完善质量指标体系。首先，根据大型场馆行业的特点和发展阶段以及社会经济发展水平，应相应改善质量控制指标体系；其次，抓紧加强服务质量规制，可以聘请第三方公司进行服务质量评估，并对投诉处理和服务态度进行评分，服务质量可列为指标，并且可以作为质量指标体系的重要组成部分。

（4）加强激励手段，提高经济的挂钩度。首先，创造良好的法律环境。必须制定或完善相关的法律法规，以确保法规的合法性。为了改善合同规制，合同设计必须明确双方的义务和权利，并建立有效的争议解决和风险保护机制。其次，改善激励措施与经济之间的相关性。为了改善企业的经营状况、生产效率和资源配置效率，要大力使用激励措施。另外，行政处罚可以作为现阶段的过渡，但不能作为主要手段。

（5）加强社会监督，形成上畅下达渠道。一是建立公众监督委员会，由该系统负责收集来自公众和民营公司的意见，并代表公众监督民营部门；二是成立民营企业投诉机构，以便民营公司在对规制决策有异议时可以提起上诉；三是利用民间社会组织等第三方机构进行监督，鼓励大型场馆的非政府组织（第三方机构）进行非正式的公共监督；四是完善信息共享机制，继续加强听证制度。

附　　录

由于日常生活中，市场化这个词用得比较多，因此，在访谈提纲中，市场化、民营化两个词会交替使用，虽然这两个词在意义上存在差异，但是，并不影响访谈进行和信息获取。同理，规制和监管两个词也会交替使用。特此说明。

附录一　场馆运营方访谈提纲

一、基本情况

1. 体育场馆投资额度多大，主要的投资人有哪些？
2. 体育场馆运营机构是什么性质，国营、民营还是混合经营？
3. 体育场馆运营的业务领域主要有哪些（比如体育赛事、文艺演出、广场活动、会展活动、体育培训、商业租赁、广告业务、票务等）？上述业态在运营时是平均发展还是有所侧重？

二、民营化

1. 体育场馆是否采用了民营化/市场化的方式？体育场馆在民营化/市场化方面采取过哪些措施（例如出售部分资产给民营企业，或者通过特许经营、业务外包、承包、出租等方式将场馆全部或部分设施交给民营企业经营）？

2. 体育场馆上述民营化/市场化业务主要涉及哪些业务领域，哪些设施？

3. 体育场馆民营化/市场化之后的经济效益和社会效益怎么样？

4. 体育场馆运营中是以公益性还是商业性为主？

5. 体育场馆民营化/市场化过程中是否面临一些困难和问题？主要表现在哪些方面？

6. 你认为阻碍场馆民营化运作的主要原因有哪些？

三、监管

1. 与当地体育局是一种什么样的关系？

2. 运营过程中主要有哪些部门监管（主管）？监管的内容包括哪些方面？一般以什么方式进行监管？

3. 在运营上对体育场馆影响较大的政策法规有哪些？

4. 目前的政府监管方式对于体育场馆运营有哪些不利影响？

5. 作为场馆的经营者，您认为政府对于场馆的监管方式上有哪些需要改进的地方？能具体说说吗？

6. 您觉得目前的监管方式主要存在哪些问题？

附录二　场馆规制方访谈提纲

1. 为什么把体育中心/体育场交由民企运营，是否有特定的政策背景？或是出于某些政治、经济、社会因素的考虑？

公益性问题、国有资产流失、员工分流等问题有没有困扰过政府/您？

2. 中标单位是通过什么方式产生的？

为什么选择该企业作为大型场馆的运营单位？

3. 运营单位是以合同方式确定的吗？

委托还是承包？

期限多长？

运营中的定位是什么，政府对运营方的总体要求是什么？

运营方有哪些权利、义务、责任？

政府有哪些权利、义务、责任？

4. 怎么监管：

由什么机构监管？

监管哪些内容？

以何种方式监管？

针对民营化，制定了哪些配套的法规、政策？

5. 对于大型场馆民营化的前景，您怎么看？

6. 您认为政府对于大型场馆的监管方式上有哪些需要改进的地方？

7. 体育系统内的大型场馆，多数都是体育系统内部人员经营，体育局进行监管，您怎么看待这个问题？

这种自我监管的方式能够起到真正的效果吗？

附录三　专家访谈提纲

一、民营化

1. 对于大型场馆的运营，近年来出现了一种民营化的动向，您怎么看待这种现象？大型场馆可以民营化吗？民营化是改变大型场馆运营现状的出路吗？
2. 你认为大型场馆民营化是否面临困难，影响大型场馆民营化的因素主要有哪些？
3. 民营化之后在经营取向上要不要进行限制？

二、规制

1. 体育系统内的场馆，多数都是体育系统内部人员经营，体育局进行规制，存在着自己经营，自己规制的现象。您怎么看待这个问题？

这种自我规制的方式能够起到真正的效果吗？

2. 对于由国家和民企合资或完全由民营资本投资的大型场馆，是否承担规制责任？

采取怎样的规制方式，其规制与完全由国家投资的体育场馆有什么不同？

3. 运营过程中主要有哪些部门规制？
4. 在运营上对大型场馆影响较大的政策法规有哪些？
5. 目前的政府规制方式对于大型场馆运营有哪些不利影响？
6. 您认为政府对于场馆的规制方式上有哪些需要改进的地方？

规制目标

规制机构设置

规制方法

规制运作机制

参考文献

[1]（美）阿蒙，索撒尔，巴利尔. 体育场馆赛事筹办与风险管理[M]. 沈阳：辽宁科学技术出版社，2005.

[2]（美）奥尔森. 国家的兴衰：经济增长、滞胀和社会僵化[M]. 上海：上海人民出版社，2007.

[3]（美）奥尔森. 集体行动的逻辑[M]. 上海：格致出版社，上海人民出版社，2014.

[4]（美）奥斯本，等. 改革政府：企业家精神如何改革着公共部门[M]. 上海：上海译文出版社，2006.

[5]（美）奥斯特罗姆，加德纳，沃克. 规则、博弈与公共池塘资源[M]. 西安：陕西人民出版社，2010.

[6]（美）奥斯特罗姆. 公共事物的治理之道：集体行动制度的演进[M]. 上海：上海译文出版社，2012.

[7] 白让让. 边缘性进入与二元管制放松[M]. 上海：上海人民出版社，2006.

[8] 鲍明晓. 财富体育论[M]. 北京：人民体育出版社，2012.

[9]（美）彼得斯. 政府未来的治理模式[M]. 北京：中国人民大学出版社，2012.

[10]（美）波蒂特，詹森，奥斯特罗姆. 公共合作：集体行为、公共资源与实践中的多元方法[M]. 北京：中国人民大学出版社，2012.

[11]（瑞）博利亚特，[法] 马斯顿. 世界各国足球联赛与俱乐部治理模式研究报告[M]. 天津：天津人民出版社，2017.

[12]（瑞）博利亚特，[瑞] 波利. 世界各国足球协会与职业联赛治理模式研究报告[M]. 天津：天津人民出版社，2017.

[13]（美）博克斯. 公民治理：引领 21 世纪的美国社区 [M]. 北京：中国人民大学出版社, 2012.

[14]（美）布彻尔, 克洛迪. 体育运动管理（第 12 版）[M]. 北京：清华大学出版社, 2005.

[15]（美）布雷耶. 规制及其改革 [M]. 北京：北京大学出版社, 2008.

[16] 财政部政府和社会资本合作中心. PPP 模式融资问题研究 [M]. 北京：经济科学出版社, 2017.

[17]《财政支出学》编写组. 财政支出学 [M]. 上海：上海财经大学出版社, 2009.

[18] 曹可强. 上海市公共体育场馆经营管理现状与对策研究 [J]. 沈阳体育学院学报, 2003（4）：7-9.

[19] 曹思源. 国企改革：绕不开的私有化 [M]. 北京：知识产权出版社, 2003.

[20] 陈飞飞, 陆亨伯, 刘遵嘉. 公共体育场馆民营化模式政府规制研究 [J]. 沈阳体育学院学报, 2014, 33（4）：19-21, 27.

[21] 陈辉. PPP 模式手册：政府与社会资本合作理论方法与实践操作 [M]. 北京：知识产权出版社, 2015.

[22] 陈明. 亚运会对广州体育场馆建设及经营管理的影响 [J]. 广州大学学报（社会科学版）, 2006（2）：44-47.

[23] 陈明. 中国城市公用事业民营化研究 [M]. 北京：中国经济出版社, 2008.

[24] 陈通, 等. 大型场馆项目的政府监管框架研究 [J]. 天津师范大学学报, 2011（5）：44-47.

[25] 陈文倩. 我国大型公共体育场馆事业单位分类改革研究 [M]. 北京：北京体育大学出版社, 2018：1-2.

[26] 陈秀莲. 美国体育设施的风险管理及启示 [J]. 军事体育学报, 2016.

[27] 陈宇. 大型场馆公私合作的契约治理问题研究：基于不完全契约的理论 [D]. 南昌：江西财经大学, 2016.

[28] 陈元欣, 王健, 王涛. 大型场馆市场化运营中的政府监管 [J].

上海体育学院学报，2012（5）：36-40．

[29] 陈元欣，张崇光，王健．大型体育赛事场馆设施的民营化探析[J]．上海体育学院学报，2008（1）：25-30．

[30] 陈元欣．大型场馆设施供给研究[M]．武汉：华中师范大学出版社，2011．

[31] 陈元欣．大型场馆投融资实务[M]．北京：北京体育大学出版社，2012．

[32] 陈元欣．国外体育场馆运营案例集锦[M]．武汉：华中师范大学出版社，2014．

[33] 陈元欣．美国路易斯安那州体育场馆的委托管理[J]．环球体育市场，2010（5）：57．

[34] 陈振明，等．政府改革与治理：基于地方实践的思考[M]．北京：中国人民大学出版社，2013．

[35] 陈振明．公共管理学[M]．北京：中国人民大学出版社，2005．

[36] 陈宗胜，等．中国是市场经济国家吗[M]．北京：中国发展出版社，2010．

[37] 程名望，等．公共项目管理与评估[M]．上海：同济大学出版社，2009．

[38] 仇保兴，等．市政公用事业监管体制与激励性监管政策研究[M]．北京：中国社会科学出版社，2009．

[39] 仇保兴，王俊豪．中国城市公用事业特许经营与政府监管研究[M]．北京：中国建筑工业出版社，2014．

[40] 丛湖平，郑芳，等．我国体育产业政策研究[J]．体育科学，2013（9）：3-12．

[41] 丛湖平，郑芳，童莹娟，等．我国体育产业政策研究[M]．杭州：浙江大学出版社，2014．

[42] 崔瑞华．我国公共体育场馆建设与布局的经济学分析[M]．大连：东北财经大学出版社，2016．

[43] 大成企业研究院．2017年民间投资与民营经济发展重要数据分析报告[M]．北京：社会科学文献出版社，2018．

[44] 大型场馆基本公共服务规范 [Z]. 国家体育总局, 2014.

[45] 大型场馆免费低收费开放补助资金管理办法 [Z]. 国家体育总局, 2014.

[46] 戴昌桥. 中美地方公共产品供给模式比较研究 [J]. 中南财经政法大学学报, 2013 (3): 30-35.

[47] 戴健, 等. 公共体育服务体系建设 [M]. 上海: 上海交通大学出版社, 2015.

[48] 戴健, 等. 中国公共体育服务发展报告 (2013) [M]. 北京: 社会科学文献出版社, 2013.

[49] (美) 登哈特, 等. 新公共服务: 服务, 而不是掌舵 [M]. 北京: 中国人民大学出版社, 2010.

[50] 丁美东, 等. 公共管理学 [M]. 北京: 清华大学出版社, 北京交通大学出版社, 2009.

[51] 董洪刚. 体育场馆产业政策研究 [R]. 国家社科基金重大招标项目《中国体育产业政策研究》子课题研究报告.

[52] 董俊. 高校体育场馆开放的法律规制 [J]. 四川体育科学, 2010 (3): 1-4, 31.

[53] 杜娜. 事业单位类型公共体育场馆分类改革研究 [D]. 武汉: 华中师范大学.

[54] 杜泽超. 基于PPP视角的中国大型场馆建管体系研究 [D]. 天津: 天津大学, 2011.

[55] 樊炳有, 等. 体育公共服务: 内涵, 目标及运行机制 [M]. 北京: 人民体育出版社, 2010.

[56] 方曙光, 陈元欣. 民营机构参与体育场馆市场化运营研究 [J]. 天津体育学院学报, 2012 (1): 22-26.

[57] (英) 费恩塔克. 规制中的公共利益 [M]. 北京: 中国人民大学出版社, 2014.

[58] 冯欣欣, 邹英, 荆俊昌. 西方国家大型场馆民营化改革研究 [J]. 沈阳体育学院学报, 2009, 28 (4): 35-38+46.

[59] 高培勇, 等. 公共经济学 [M]. 北京: 中国社会科学出版社, 2007.

[60] 高培勇. 公共经济学 [M] 北京：中国人民大学出版社，2008.

[61] 高雪莲. 公共部门战略管理和绩效评价的新方法：平衡记分卡法在公共体育场馆运营管理中的应用 [J]. 青岛科技大学学报（社科版），2006（3）：43-48.

[62] 高扬，闵健. 大型场馆建设与产业化运作研究 [M]. 成都：电子科技大学出版社，2011.

[63] 高阳. 综合型体育场馆设施供给的民营化研究 [D]. 武汉：武汉体育学院，2009.

[64] （法）戈丹. 何谓治理 [M]. 北京：社会科学文献出版社，2010.

[65] 顾基发，等. 物理-事理-人理系统方法论：理论与应用 [M]. 上海：上海科技教育出版社，2006.

[66] 顾江，等. 经济转轨中文化产业发展：市场、模式与规制 [M]. 南京：东南大学出版社，2008.

[67] 管斌. 混沌与秩序：市场化政府经济行为的中国式建构 [M]. 北京：北京大学出版社，2010.

[68] 郭惠平，李明. 公共体育场馆经营管理问题的诊断及对策 [J]. 武汉体育学院学报，2005（8）：12-16.

[69] 郭钟伟. 风险分析与决策 [M]. 北京：机械工业出版社，1987：3.

[70] 国家发展和改革委员会社会发展司，国家体育总局体育经济司. 《国务院关于加快发展体育产业促进体育消费的若干意见》100问 [M]. 北京：人民体育出版社，2015.

[71] 国家体育总局政策法规司. 全国青年体育理论研讨会文集（2009~2011）[M]. 北京：北京体育大学出版社，2012.

[72] 国家体育总局政策法规司. 全面深化体育改革理论研讨会文集 [C]. 北京：北京体育大学出版社，2016.

[73] 国务院第二次全国经济普查领导小组办公室，国家体育总局体育经济司. 中国体育产业发展研究报告 [Z]. 北京：中国统计出版社，2011.

[74] （美）汉弗莱斯，霍华德. 体育经济学（第1卷）[M]. 上海：格致出版社，上海人民出版社，2012.

[75] (美)汉弗莱斯,霍华德. 体育经济学(第2卷)[M]. 上海:格致出版社,上海人民出版社,2012.

[76] 韩亚品,蒋根谋. 基于合作博弈 Shapley 解的 PPP 项目风险分担定量研究[J]. 商场现代化,2009(11):39.

[77] 何寿奎. 公共项目公私伙伴关系合作机理与监管政策研究[D]. 重庆:重庆大学,2009.

[78] 胡鞍钢,等. 影响决策的国情报告[M]. 北京:清华大学出版社,2002.

[79] 胡家勇. 一只灵巧的手:论政府转型[M]. 北京:社会科学文献出版社,2007.

[80] (美)霍华德,克朗普顿. 体育财务(第2版)[M]. 北京:清华大学出版社,2007.

[81] 江小涓,等. 体育产业的经济学分析——国际经验及中国案例[M]. 北京:中信出版社,2018.

[82] 江小涓. 网络空间服务业:效率约束与发展前景——以体育和文化产业为例[J]. 经济研究,2018(4):4-17.

[83] 江小涓. 职业体育与经济增长:比赛、快乐与 GDP[J]. 体育科学,2018,38(6):3-13.

[84] 江小涓. 中国体育产业:发展趋势及支柱地位[J]. 管理世界,2018(5):1-9.

[85] 焦金雷. 公用事业民营化的政府监管[J]. 山东师范大学学报(人文社会科学版),2005(5):140-143.

[86] 金诺律师事务所. 政府和社会资本合作(PPP)全流程指引(第2版)[M]. 北京:法律出版社,2017.

[87] 金汕. 当代北京体育场馆史话[M]. 北京:当代中国出版社,2015.

[88] 金祥荣,等. 民营化之路:轨迹与现象的理论解释[M]. 杭州:浙江大学出版社,2008.

[89] 巨鹏. 基于信息费用的 PPP/BOT 项目风险分配研究[D]. 北京:清华大学,2008.

[90] (美)卡梅伦,尼尔. 世界经济简史:从旧石器时代到20世纪

末［M］．上海：上海译文出版社，2009．

［91］（德）康宝锐．市场与国家之间的发展政策：公民社会组织的可能性与边界［M］．北京：中国人民大学出版社，2009．

［92］康天成．谁动了中国体育产业的奶酪［M］．北京：人民日报出版社，2015．

［93］（美）科克利．体育社会学：议题与争议［M］．北京：清华大学出版社，2003．

［94］（英）克莱因路丁，唐健．项目风险管理［M］．北京：中国宇航出版社，2005：6．

［95］（英）克里斯·查普曼，（英）斯蒂芬·沃德著．项目风险管理过程、技术和洞察力［M］．北京：电子工业出版社，2003：8．

［96］（英）柯林斯．体育简史［M］．北京：清华大学出版社，2017．

［97］（英）科斯，等．变革中国：市场经济的中国之路［M］．北京：中信出版社，2013．

［98］（美）科斯．企业、市场与法律［M］．上海：格致出版社，上海人民出版社，2009．

［99］（德）柯武刚，史漫飞．制度经济学［M］．北京：商务印书馆，2000．

［100］匡小平，等．财政学［M］．北京：清华大学出版社，北京交通大学出版社，2008．

［101］（美）莱特．民治政府：美国政府与政治（第23版）［M］．北京：中国人民大学出版社，2013．

［102］李广子．中国国有企业民营化改革：理论与实证［M］．北京：中国社会科学出版社，2013．

［103］李海龙，陆亨伯，等．公共体育场馆经营管理年限交接的程序化设计及其操作模式：以浙江省典型场馆为例［J］．浙江体育科学，2008（6）：18-21．

［104］李海龙，陆亨伯．公共体育场馆制度设计的路径选择［G］．第三届全国体育产业学术会议文集，2008，12：21．

［105］李明强，等．地方政府学［M］．武汉：武汉大学出版社，2010．

［106］李娜，陆亨伯，李海龙．公共体育场馆民营化后监管体系中的

政府规制 [C]. 第22届中国国际体育用品博览会体育产业与体育用品业发展论坛论文集, 2008, 5: 374-377.

[107] 李娜. 委托经营型公共体育场馆政府规制研究 [J]. 科技信息, 2008 (30): 345-346.

[108] 李文. 宏观税负的成因: 基于公共品供求的非正常影响因素 [J]. 税务研究, 2013 (8): 25-30.

[109] 李秀芬, 贾文彤. 大型场馆民营化改革思考 [J]. 体育文化导刊, 2010 (10): 61-64.

[110] 李秀辉, 张世英. PPP与城市公共基础设施建设 [J]. 城市规划, 2002 (7): 74-76.

[111] 李永强, 苏振民. PPP项目风险分担的博弈分析 [J]. 基建优化, 2005 (5): 19-21, 24.

[112] 李郁芳. 体制转轨时期的政府微观规制行为 [M]. 北京: 经济科学出版社, 2003: 48.

[113] (美) 利兹, 阿尔门. 体育经济学 [M]. 北京: 清华大学出版社, 2002.

[114] 梁学平. 财政支出视角下我国公共物品供给规模变化的实证分析 [J]. 中央财经大学学报, 2013 (7): 7-12.

[115] (美) 林登. 无缝隙政府: 公共部门再造指南 [M]. 北京: 中国人民大学出版社, 2013.

[116] 林显鹏. 国外体育场馆建设与发展的趋势 [C]. 2009 (深圳) 第六届绿色数字化体育场馆与运营高峰论坛论文集, 2009 (3): 224-240.

[117] 林显鹏. 现代奥运会体育场馆建设及赛后利用研究 [G]. 第18届中国国际体育用品博览会体育产业与体育用品业发展论坛文集, 2006, 4: 225-261.

[118] 刘波, 邹玉玲. "公共物品理论" 视角下我国公共体育场馆民营化改革的思考 [J]. 首都体育学院学报, 2008 (4): 46-48.

[119] 刘东峰. 我国公共体育场馆运营模式的初步研究 [D]. 武汉: 武汉体育学院, 2008.

[120] 刘冬梅. 美国大型场馆经营管理成功经验的案例分析及其对我国的启示 [D]. 武汉: 华中师范大学, 2009.

[121] 刘国靖,邓韬. 21世纪新项目管理理念、体系、流程、方法、实践 [M]. 北京:清华大学出版社,2003:297.

[122] 刘杰. 大型场馆市场化运营的体制性障碍研究 [J]. 武汉体育学院学报,2011 (6):39-44.

[123] 刘克利,等. 中国文化体制改革与建设研究 [M]. 北京:中国人民大学出版社,2009.

[124] 刘利,闵健. 国有体育场馆公益性与经营性关系分析 [J]. 成都体育学院学报,2005 (3):33-36.

[125] 刘倩,陈元欣. 委托经营型公共体育场馆运营中政府监管研究 [J]. 南京体育学院学报(社会科学版),2014,28 (3):62-66.

[126] 刘青. 体育场馆的经营与管理 [M]. 北京:人民体育出版社,2012.

[127] 刘伟,宋杨,赵克. 体育场馆民营化改革风险研究 [J]. 河北体育学院学报,2012,26 (2):31-33.

[128] 刘小玄. 转轨过程中的民营化 [M]. 北京:社会科学文献出版社,2005.

[129] 刘璇. 中国大型场馆运营管理效益及对策的研究 [D]. 北京:北京体育大学,2010.

[130] 刘毓. 城市基础设施PPP项目中的政府责任研究 [D]. 成都:西南交通大学,2009.

[131] 刘直. 公用事业民营化进程中的政府规制问题研究 [D]. 上海:上海师范大学,2010.

[132] 刘志群,陆亨伯. 浙江省委托经营型公共体育场馆绩效评价指标构建:基于典型场馆的调查研究 [C]. 第八届全国体育科学大会论文摘要汇编(二),2007,10:752-753.

[133] 柳学信. 中国基础设施产业市场化改革风险研究 [M]. 北京:科学出版社,2009.

[134] 卢洪友. 公共部门经济学:严谨脉络与发展趋势 [J]. 财经问题研究,2013 (7):64-71.

[135] 卢元镇. 中国体育社会学评说 [M]. 北京:北京体育大学出版社,2003.

[136] 陆亨伯, 等. 论公共体育场馆民营机制选择 [J]. 浙江体育科学, 2008 (3): 7-9.

[137] 陆亨伯, 等. 委托经营: 公共体育场馆民营化可操作模式——基于浙江省典型体育场馆的调研 [J]. 宁波大学学报 (人文社科版), 2007 (5): 15-19.

[138] 陆亨伯, 等. 我国公共体育场馆民营化经营模式的选择: 基于典型体育场馆的分析 [J]. 北京体育大学学报, 2008 (1): 5-7.

[139] 陆亨伯, 陆方喆, 戴美仙. 论公共体育场馆民营化后经济与社会效益的均衡: 基于典型体育场馆的调研 [J]. 体育文化导刊, 2007 (8): 18-20.

[140] 陆亨伯, 庄永达, 刘遵嘉. 公共体育场馆民营制度选择与效益评价研究 [M]. 北京: 人民体育出版社, 2015.

[141] 马骏, 等. 国有资本管理体制改革研究 [M]. 北京: 中国发展出版社, 2015.

[142] (美) 马鸥, 贝雷斯, 杰米森. 娱乐体育管理 (第4版) [M]. 沈阳: 辽宁科学技术出版社, 2009.

[143] 马润凡. 非均衡: 当前中国公民社会影响政策过程的主要特征 [J]. 云南行政学院学报, 2013 (3): 50-53.

[144] (美) 曼昆. 经济学原理 (第5版): 微观经济学分册 [M]. 北京: 北京大学出版社, 2009.

[145] 孟延春, 等. 转轨时期的政府管制: 理论、模式与绩效 [M]. 北京: 经济科学出版社, 2008.

[146] 闵健, 柳伯力, 刘利, 乔霞. 以市场为导向, 把国有体育场馆建成现代体育企业——成都市国有体育场馆改革与发展研究 [J]. 成都体育学院学报, 2005 (6): 12-16.

[147] (英) 缪勒. 公共选择理论 (第3版) [M]. 北京: 中国社会科学出版社, 2010.

[148] 聂正安, 等. 国有企业的民营化改革 [M]. 北京: 中国财政经济出版社, 2001.

[149] (美) 诺斯, 托马斯. 西方世界的兴起 [M]. 北京: 华夏出版社, 2009.

[150] 浦坚,等.PPP的中国逻辑［M］.北京：中信出版社,2016.

[151] 戚聿东.垄断行业改革报告［M］.北京：经济管理出版社,2011.

[152] 秦晖.共同的底线［M］.南京：江苏文艺出版社,2012.

[153] 屈萍.公私合作伙伴关系在公共体育场馆中的应用［M］.广州：世界图书出版广东有限公司,2017.

[154] 曲振涛,等.规制经济学［M］.上海：复旦大学出版社,2006.

[155] 全面深化体育改革理论研讨会报告文集［M］.北京：北京体育大学出版社,2015.

[156] （澳）全球基础设施中心.政府与社会资本合作合同风险分配［M］.北京：经济科学出版社,2017.

[157] 戎爱琴,陆亨伯.公共体育场馆委托代理下的运营风险分析［C］.第八届全国体育科学大会论文摘要汇编（一）,2007,10：1039.

[158] 阮伟,钟秉枢,等.中国体育产业发展报告（2013）［M］.北京：社会科学文献出版社,2013.

[159] 阮伟,钟秉枢,等.中国体育产业发展报告（2014）［M］.北京：社会科学文献出版社,2014.

[160] （美）萨拉蒙.公共服务中的伙伴：现代福利国家中政府与非营利组织的关系［M］.北京：商务印书馆,2008.

[161] （美）萨瓦斯.民营化与公私部门的伙伴关系［M］.北京：中国人民大学出版社,2002.

[162] 邵春保.国资监管格局［M］.北京：中国经济出版社,2013.

[163] 沈亚平,等.转型社会中的系统变革：中国行政发展30年［M］.天津：天津人民出版社,2008.

[164] 盛和太,等.特许经营项目融资（PPP/BOT）资本结构选择［M］.北京：清华大学出版社,2015.

[165] 盛洪.现代制度经济学（第二版,上下卷）［M］.北京：中国经济发展出版社,2009.

[166] 盛菊霞,谢萍萍.公共体育场馆民营化后社会效益保障机制研究［A］.中国体育科学学会体育产业分会（Chinese Association of Sport Industry）.第五届全国体育产业学术会议文集［C］.中国体育科学学会体育

产业分会（Chinese Association of Sport Industry）：中国体育科学学会，2010：1.

[167]（美）史普博. 管制与市场 [M]. 上海：格致出版社，上海人民出版社，2008.

[168] 石淑华. 中国公用事业民营化改革的若干反思 [M]. 北京：中国经济出版社，2012.

[169] 史忠良. 产业经济学（第2版）[M]. 北京：经济管理出版社，2005.

[170] 舒兆良，等. 东亚传奇：上海东亚集团体育产业探索 [M]. 上海：上海交通大学出版社，2015.

[171]（美）斯图尔特. 公共政策导论（第3版）[M]. 北京：中国人民大学出版社，2010.

[172] 宋睿，赵松，宋顺，魏志成. 浅谈体育场馆民营化管理风险研究 [J]. 体育科技文献通报，2018，26（6）：12-13.

[173] 宋文阁，等. 混合所有制的逻辑：新常态下国企改革和民企机遇 [M]. 北京：中华工商联合出版社，2014.

[174] 苏东水. 产业经济学 [M]. 北京：高等教育出版社，2000.

[175] 隋路. 中国体育政策研究报告 [M]. 北京：人民出版社，2007.

[176] 隋路. 中国体育资源配置效率研究 [M]. 北京：社会科学文献出版社，2011.

[177] 孙成林，陈元欣，张波. 21世纪以来欧洲国家体育场馆建设发展研究 [J]. 西安体育学院学报，2016（1）：1-9.

[178] 谈群林. 体育场馆经营管理实务 [M]. 广州：华南理工大学出版社，2011.

[179] 谭刚，易剑东. 中国职业足球联赛的产品属性研究 [J]. 体育科学，2013（9）：29-35.

[180] 谭刚. 大型公共体育场馆公益与经营效益评估指标体系研究 [D]. 广州：华南师范大学，2004.

[181] 谭刚，谭洁. 大型体育场馆运营取向分析 [J]. 体育文化导刊，2015（12）：112-117.

[182] 谭刚. 中、美两国政府财政补贴大型场馆建设的比较研究

[J]．体育科学，2015（1）：60-67．

[183] 谭健湘，霍建新，陈锡尧，王德炜．体育场馆经营与管理导论[M]．北京：高等教育出版社，2014．

[184] 汤文艳．我国PPP公共项目公私合作机理研究：以重庆市奥体中心为例[D]．重庆：重庆大学，2011．

[185] 体银商学院．全国及各地政府关于加快发展体育产业促进体育消费的若干意见及实施意见[Z]．2017．

[186]（美）托马斯．公共决策中的公民参与[M]．北京：中国人民大学出版社，2010．

[187][丹]瓦格纳，等．当体育遇上商业：体育赛事管理及营销[M]．北京：中国友谊出版社，2018．

[188] 万来红．体育场馆资源利用与经营管理[M]．武汉：华中科技大学出版社，2010．

[189] 王德炜．体育场馆运行管理[M]．北京：人民体育出版社，2011．

[190] 王广起．公用事业的市场运营与政府规制[M]．北京：中国社会科学出版社，2008．

[191] 王国尊，陈融．公共体育场馆国有民营模式的剖析[J]．福建体育科技，2006（6）：13-14．

[192] 王健，陈元欣．大型场馆运营——理论与实务[M]．北京：北京体育大学出版社，2012．

[193] 王健，徐文强，陈元欣．我国公共体育场馆管理体制改革研究[M]．北京：北京体育大学出版社，2012．

[194] 王健．政府经济管理案例——国有资产管理与政府规制篇[M]．北京：经济科学出版社，2011．

[195] 王金秀，等．国家预算管理[M]．北京：中国人民大学出版社，2007．

[196] 王俊豪，等．中国城市公用事业民营化绩效评价与管制政策研究[M].]北京：中国社会科学出版社，2013．

[197] 王俊豪，等．中国垄断性产业管制机构的设立与运行机制[M]．北京：商务印书馆，2008．

[198] 王俊豪，等. 中国垄断性产业结构重组分类管制与协调政策[M]. 北京：商务印书馆，2005.

[199] 王俊豪. 政府管制经济学导论：基本理论及其在政府管制实践中的应用[M]. 北京：商务印书馆，2001.

[200] 王俊豪. 政府管制评论（第1期）[M]. 北京：中国社会科学出版社，2012.

[201] 王俊豪. 政府管制评论（第2期）[M]. 北京：中国社会科学出版社，2012.

[202] 王俊豪. 政府管制评论（第3期）[M]. 北京：中国社会科学出版社，2013.

[203] 王俊豪. 政府管制评论（第6期）[M]. 北京：中国社会科学出版社，2014.

[204] 王连伟. 行政人·经济人·复杂人：公共部门行为逻辑与治理模式的一种谱系——兼论改革开放以来我国政府治理模式的演化过程[J]. 岭南学刊，2013（3）：46–50.

[205] 王浦劬，萨拉蒙，等. 政府向社会组织购买公共服务研究：中国与全球经验分析[M]. 北京：北京大学出版社，2010.

[206] 王千华，等. 公共服务提供机构的改革：中国的任务和英国的经验[M]. 北京：北京大学出版社，2010.

[207] 王守清，等. 特许经营项目融资（BOT、PFI和PPP）[M]. 北京：清华大学出版社，2008.

[208] 王守清，等. 政企合作（PPP）：王守清核心观点（上中下册）[M]. 北京：中国电力出版社，2017.

[209] 王盈盈，等. 特许经营项目融资（PPP）实务问答1000例[M]. 北京：清华大学出版社，2017.

[210] 王莹. 山东省政府投资公共体育场馆建设项目治理模式研究[D]. 济南：山东大学，2010.

[211] 王永波. 体育管理体制改革和制度创新：无锡市体育局"管办分离"改革的个案研究[D]. 苏州大学，2009.

[212] 王泽彩. 政府和社会资本合作模式典型案例[M]. 太原：山西经济出版社，2016.

[213] 卫祥云. 国企改革新思路: 如何把正确的事情做对 [M]. 北京: 电子工业出版社, 2013.

[214] 魏成龙, 等. 政府规制创新 [M]. 北京: 经济管理出版社, 2016.

[215] 温阳. 大型体育赛事场馆运行风险识别与评估 [M]. 北京: 北京体育大学出版社, 2013.

[216] 吴爱明, 等. 公共管理名著精华: "公共行政与公共管理经典译丛"导读 [M]. 北京: 中国人民大学出版社, 2010.

[217] (德) 乌费伦. 2006世界杯足球赛场馆设计方案集 [M]. 沈阳: 辽宁科学技术出版社, 2005.

[218] 吴敬琏. 转轨中国 [M]. 成都: 四川人民出版社, 2002.

[219] 吴晓强, 张爱平. 珠三角体育场馆经营模式及市场运作机制的研究 [J]. 成都体育学院学报, 2006 (3): 33-36.

[220] 吴雅杰. 中国转型期市场失灵与政府干预 [M]. 北京: 知识产权出版社, 2011.

[221] (美) 西达克, 史普博. 美国公用事业的竞争转型: 放松规制与管制契约 [M]. 上海: 上海人民出版社, 2012.

[222] 肖华, 夏树花, 王钦澄. 公共体育场馆民营化管理模式研究 [J]. 沈阳体育学院学报, 2015 (3).

[223] 肖兴志, 等. 公用事业市场化与规制模式转型 [M]. 北京: 中国财政经济出版社, 2008.

[224] 谢萍萍, 陆亨伯. 公共体育场馆的高成本运作及其民营化改革 [J]. 广州体育学院学报, 2005 (6): 30-33.

[225] 谢萍萍, 陆亨伯. 公共体育场馆民营化的模拟实证研究 [C]. 首届中国体育产业学术会议文集, 2005, 12: 71.

[226] 熊晓正, 夏思永, 唐炎. 我国竞技体育发展模式的研究 [M]. 北京: 人民体育出版社, 2008.

[227] (澳) 休斯. 公共管理导论 [M]. 北京: 中国人民大学出版社, 2007.

[228] 徐晓慧, 等. 规制经济学 [M]. 北京: 知识产权出版社, 2009.

[229] 严小娟. 美国体育场馆委托经营研究 [J]. 成都体育学院学

报，2012 (8)：30 - 34.

[230] 杨风华. 对我国城市公共体育场馆服务民营化改革的认识 [J]. 首都体育学院学报，2008 (5)：22 - 24.

[231] 杨风华. 公共体育场馆服务的有效供给：民营化及政府职能研究 [D]. 北京：北京体育大学，2007.

[232] 杨风华. 武汉"六城会"大型场馆赛后民营化探索 [J]. 成都体育学院学报，2010，36 (9)：16 - 19.

[233] 杨桦，等. 转变体育发展方式的探索 [M]. 北京：北京体育大学出版社，2013.

[234] 杨京钟，等. 城市公共体育场馆运营：财税激励模式及中国思路 [J]. 体育科学，2013 (9)：14 - 21.

[235] 杨勇. 公共资源的民营化研究：英、法及澳门公共体育场馆民营化实例的比较研究 [D]. 北京：北京体育大学，2009.

[236] 杨远波. 体育场馆经营导论 [M]. 成都：西南财经大学出版社，2006.

[237] 叶朗. 中国文化产业年度发展报告 (2010) [M]. 北京：北京大学出版社，2010.

[238] （加）耶斯考比. 公共部门与私营企业合作模式：政策与融资原则 [M]. 北京：中国社会科学出版社，2012.

[239] 易国庆. 体育场馆的经营与管理 [M]. 北京：人民体育出版社，2009.

[240] 易剑东，等. 中国体育产业政策研究：总览与观点 [M]. 北京：社会科学文献出版社，2016.

[241] （美）尤素夫，等. 转型：中国国有企业民营化 [M]. 北京：中国财政经济出版社，2006.

[242] 余晖. 政府与企业：从宏观管理到微观管制 [M]. 福州：福建人民出版社，1997：1.

[243] 余文恭. 政府与社会资本合作 (PPP) 模式政策及法律文件汇编 [M]. 北京：中国建筑工业出版社，2015.

[244] 张宝华. 职业体育服务业研究 [M]. 北京：经济科学出版社，2009.

[245] 张宝钰,张林.公共体育场馆民营化的政府规制[J].体育科研,2009(6):29-31.

[246] 张红凤.西方规制经济学的变迁[M].北京:经济科学出版社,2005.

[247] 张林,等.长三角地区体育产业发展报告(2014~2015)[M].北京:社会科学文献出版社,2015.

[248] 张林,黄海燕.中国体育产业发展报告[M].北京:人民体育出版社,2013.

[249] 张维迎.什么改变中国:中国改革的全景和路径[M].北京:中信出版社,2012.

[250] 张文魁.解放国企:民营化的逻辑与改革路径[M].北京:中信出版社,2014.

[251] 张志勇.民营企业四十年[M].北京:经济日报出版社,2018.

[252] 赵钢,雷厉.体育场馆经营管理概论[M].北京:北京体育大学出版社,2007.

[253] 郑建新,等.政府和社会资本合作(PPP)模式解读[M].长沙:湖南美术出版社,2017.

[254] 郑娟.中国大型公共体育场馆公共服务协同治理研究[M].北京:经济管理出版社,2018.

[255] 郑艳馨.我国公用企业垄断力滥用之法律规制[M].北京:法律出版社,2012.

[256] 支晓云.基于博弈论视角的融资型特许经营项目综合管理模式研究[D].阜新:辽宁工程技术大学,2009.

[257] 中国建筑设计研究院.织梦筑鸟巢 国家体育场:设计篇[M].北京:中国建筑工业出版社,2010.

[258] 中国社会科学院经济研究所微观室.20世纪90年代中国公有企业的民营化演变[M].北京:社会科学文献出版社,2005.

[259] 中国体育科学学会体育产业分会.中国体育及相关产业统计[M].北京:人民体育出版社,2011.

[260] 中华人民共和国建设部,国家体育总局.中国体育建筑设计规范[M].北京:中国建筑工业出版社,2003.

[261] 周建亮. 城市基础设施民营化的政府监管 [M]. 上海：同济大学出版社，2010.

[262] 周建亮. 我国城市资产经营的民营化探讨 [J]. 经济与管理研究，2004（1）：52－55.

[263] 周志忍. 政府管理的行与知 [M]. 北京：北京大学出版社，2008.

[264] 朱超，陆亨伯，等. 我国公共体育场馆制度演进及展望 [J]. 体育文化导刊，2010（2）：5－8.

[265] 朱玮. 综合性大型体育赛事场馆设施经营管理现状、问题及其发展建议研究 [D]. 武汉：华中师范大学，2009.

[266] 朱亚坤. 2010年中国运动竞赛业发展报告 [M]. 北京：人民体育出版社，2013.

[267] 庄永达，陆亨伯. 公共体育场馆民营化经营管理的几个瓶颈问题思考 [J]. 北京体育大学学报，2011，34（5）：4－7.

[268]（日）植草益. 微观规制经济学 [M]. 北京：中国发展出版社，1992：19.

[269] Andrew Zimbalist. The Economics of Stadiums, Teams and Cities [J]. Policy Studies Review, 1998 (spring)：17－29.

[270] Arthur C. Nelson. Prosperity or Blight? A Question of Major League Stadia Locations [J]. Economic Development Quarterly, 2001 (3)：255－265.

[271] Atkinson, G., Mourato, S., Szymanski, S. and Ece Ordemiroglu, E. Are We Willing to Pay Enough to "Back the Bid"?：Valuing the Intangible Impacts of London's Bid to Host the 2012 Summer Olympic Games [J]. Urban Studies, 2008, 45 (2) 419－444.

[272] Baade, R. A, and Matheson, V. A. Bidding for the Olympics：Fools Gold, in P. B. Barros, M. Ibrahimo, & S. Szymanski, (Eds), Transatlantic sport [M]. Cheltenham, UK：Edward Elgar, 2002.

[273] Bailey, E. E. Economic Theory of Regulation Constraint [M]. Lexington, Mass.：Lexington books. 1973.

[274] Bateman, I., Carson, R. T., Day, B. Et al. Economic Valuation With Stated Preference Techniques：A Manual [M]. Cheltenham：Edward

Elgar, 2002.

[275] Borland, J. , and Macdonald, R. Demand for Sport [J]. Oxford Review of Economic Policy, 2003, 19 (4): 478 – 502.

[276] Buraimo, B. , and Simmons, R. , and Humphreys, B. R. Do Sports Fans Really Value Uncertainty of Outcome? Evidence From the English Premier League [J]. International Journal of Sport Finance, 2008, 3 (3): 146 – 155.

[277] Butler, M. R. Competitive Balance in Major League Baseball [J]. Nine A Journal of Baseball History & Culture, 1995, 9 (2): 46 – 52.

[278] Charles Santo. The Economic Impact of Sports Stadiums: Recasting the Analysis in Context [J]. Journal of Urban Affairs, 2005 (2): 177 – 191.

[279] Dena V. Baim. The sports stadium as a municipal investment [M]. Westport: Greenwood Press, 1994: 217 – 222.

[280] Dennis Coates, Brad R. Humphreys. The effect of professional sports on earnings and employment in the services and retail sectors in US cities [J]. Regional Science and Urban Economics, 2003 (2): 175 – 198.

[281] Dennis Coates, Brad R. Humphreys. The growth effects of sport franchises, stadia, and arenas [J]. Journal of Policy Analysis and Management, 1999 (Autumn): 601 – 624.

[282] El – Hodini M. , and Quirk J. An Economic Model of a Professional Sports League [J]. Journal of Political Economy, 1974, 79 (6): 1302 – 1319.

[283] Feddersen, A. , and Maennig, W. Trends in Competitive Balance: is there Evidence for Growing Imbalance in Professional Sport Leagues? [M]. Social Science Electronic Publishing, 2005.

[284] George J. Stigler. The Theory of Economic Regulation [J]. Journal of Economics and Management Science 2 (1): 3 – 4.

[285] Gratton, C. , Dobson, N. and Shibli, S. "The Role of Major Sports Events in the Economic Regeneration of Cities", in Gratton, C. and Henry, L. (Eds), Sport in the City: The Role of Sport in Economic and Social Regeneration [M], Routledge, London and New York, NY, 2001: 35 –

40.

[286] Harry, W., Alberto, L., Peter, D. A Contingent Valuation of the 2012 London Olympic Games - A Regional Perspective [J]. Journal of Sports Economics, 2008, 9 (3): 304 - 317.

[287] Howard, D. R., and Crompton, J. L. Financing Sport (2nd edn) [M]. Morgantown: Fitness Information Technology, 2005.

[288] Ian Hudson. The Use and Misuse of Economic Impact Analysis. The Case of Professional Sports [J]. Journal of Sport and Social Issues, 2001 (1) 20 - 39.

[289] John Crompton. Beyond Economic Impact: an Alternative Rational for the Public Subsidy of Major League Sports Facilities [J]. Journal of Sports Management, 2004 (1): 40 - 58.

[290] Kahn, A. E., The Economics of Regulation: Principles and Institutions [M]. New York: Wiley, 1970.

[291] Kevin J. Delaney, Rick Eckstein. Public dollars, private stadiums [M]. New Brunswick, New Jersey, and London: Rutgers University Press, 2003: 21 - 42.

[292] Knowles, G., and Sherony, K., and Haupert, M. The Demand for Major League Baseball: a Test of the Uncertainty of Outcome Hypothesis [J]. American Economist, 1992, 36 (2): 72 - 80.

[293] Lemke, R. J., and Leonard, M., and Tlhokwane, K. Estimating Attendance at Major League Baseball Games for the 2007 Season [J]. Journal of Sports Economics, 2010, 11 (3): 316 - 348.

[294] Leten L. J. A. Unobserved Components in Competitive Balance and Match Attendances in the Australian Football League, 1945 ~ 2005: Where is All the Action Happening? [J]. Economic Record, 2009, 85 (269): 181 - 196.

[295] Mark F Bernstein. Sports Stadium Boondoggle [J]. The Public Interest, 1998 (Summer): 45 - 57.

[296] Matheson, Victor A. and Baade, Robert A. Padding Required: Assessing the Economic Impact of the Super Bowl [J]. European Sport Management Quarterly, 2006, 6 (4): 353 - 374.

[297] Neale, W. C. The Peculiar Economics of Professional Sports [J]. Quarterly Journal of Economics, 1964, 78 (1): 1 – 14.

[298] Olson, M. The Logic of Collective Action. Public Goods and the Theory of Groups [M]. Cambridge, MA: Harvard University Press, 1971.

[299] Pawlowski, T., and Budzinski, O. Competitive Balance and Attention Level Effects: Theoretical Considerations and Preliminary Evidence [C]. Contemporary research in sports economics (Proceedings of the 5th ESEA Conference), 2014.

[300] Phillip A. Miller. The Economic Impact of Sports Stadium Contruction: The Case of the Contruction Industry in St. Louis, MO [J]. Journal of Urban Affairs, 2002 (2): 159 – 173.

[301] Preuss, H. Impact and Evaluation of Major Sporting Events [J], European Sport Management Quarterly, 2006, 6 (4): 313 – 316.

[302] Preuss, H. and Solberg, H. A. Attracting Major Sporting Events: The Role of Local Residents [J]. European Sport Management Quarterly, 2006, 6 (4): 391 – 411.

[303] Rascher, D. A. A Test of the Optimal Positive Production Network Externality in Major League Baseball [J]. Mpra Paper, 1999 (82): 111 – 124.

[304] Rick Eckstein, Kevin Delaney. New Sports Stadiums, Community Self – Esteem, and Community Collective Conscience [J]. Journal of Sport and Social Issues, 2002 (3): 235 – 247.

[305] Robert A Baade, Richard F. Dye. The Impact of Stadiums and Professional Sports on Metropolitan Area Development [J]. Growth and Change, 1990 (Spring): 1 – 14.

[306] Roger Noll, Andrew Zimbalist. "The Economic Impact of Sports Teams and Facilities" in Sports, Jobs, and Taxes [M]. Washington, D. D.: Brookings Institution Press, 1997: 62.

[307] Rose, A. K. and Spiegel, M. M. The Olympic Effect [J]. The Economic Journal, 2011, 121 (June): 652 – 677.

[308] Rottenberg, S. The Baseball Players Labor Market [J]. Journal of

Political Economy, 1956, 64 (3): 242 - 258.

[309] Samuelson, P. A. The Pure Theory of Public Expenditure [J]. Review of Economics and Statistics, 1954, 36 (4): 387 - 389.

[310] Schmidt, M. B., and Berri, D. J. Competitive Balance and Attendance: the Case of Major League Baseball [J]. Journal of Sports Economies, 2001, 2 (2): 145 - 167.

[311] Sloane, P. J. The Economics of Professional Football: the Football Club as a Utility Maximiser [J]. Scottish Journal of Political Economy, 1971, 18 (2): 121 - 146.

[312] Sterken, E. Growth Impact of Major Sporting Events, European Sport [J]. Management Quarterly, 2006, 6 (4): 375 - 389.

[313] Szymanski, S. The Economic Design of Sporting Contests [J]. Journal of Economic literature, 2003, 41 (4): 1137 - 1187.

[314] Tim Pawlowski, and Christoph Anders. Stadium Attendance in German Professional Football - the (Un) importance of Uncertainty of Outcome Reconsidered [J]. Applied Economics Letters, 2012, 19 (16): 1553 - 1556.